生活垃圾焚烧发电厂环境监管执法要点

生态环境部华南环境科学研究所 / 编著

中国环境出版集团·北京

图书在版编目（CIP）数据

生活垃圾焚烧发电厂环境监管执法要点 / 生态环境部华南环境科学研究所编著. -- 北京 : 中国环境出版集团, 2025. 6. -- ISBN 978-7-5111-6256-4

Ⅰ. D922.685

中国国家版本馆CIP数据核字第2025UB5780号

责任编辑 张 娣
封面设计 岳 帅

出版发行 **中国环境出版集团**
（100062 北京市东城区广渠门内大街 16 号）
网 址：http://www.cesp.com.cn
电子邮箱：bjgl@cesp.com.cn
联系电话：010-67112765（编辑管理部）
发行热线：010-67125803，010-67113405（传真）
印 刷 玖龙（天津）印刷有限公司
经 销 各地新华书店
版 次 2025 年 6 月第 1 版
印 次 2025 年 6 月第 1 次印刷
开 本 787×960 1/16
印 张 16
字 数 250 千字
定 价 68.00 元

中国环境出版集团郑重承诺：
中国环境出版集团合作的印刷单位、材料单位均具有中国环境标志产品认证。

编写委员会

前　言

习近平总书记在2018年的全国生态环境保护大会上指出，严密防控垃圾焚烧、对二甲苯（PX）等重点领域生态环境风险，推进"邻避"问题防范化解。

"十二五"时期以来，我国生活垃圾焚烧发电行业高速发展，生活垃圾焚烧发电厂数量从百余家增至千余家，行业规模从不足20万t/d增至110万t/d，约为全球总规模的2/3。全国生活垃圾处理格局由填埋为主转向焚烧发电为主，现有超过12亿人居住在生活垃圾焚烧发电厂50 km服务半径内，可享受更加清洁的环境卫生公共服务。

为推动生活垃圾焚烧发电行业同步实现高质量发展，生态环境部将生活垃圾焚烧发电行业全面达标排放专项整治作为贯彻习近平生态文明思想的重要实践，采用了诸多创新的手段和方法，实施了《生活垃圾焚烧发电厂自动监测数据应用管理规定》（生态环境部令　第10号）、《生活垃圾焚烧发电厂自动监测数据标记规则》、《生活垃圾焚烧发电厂现场监督检查技术指南》（HJ 1307—2023）等行业环境监管新政，开展了一系列卓有成效的工作，全行业"华丽转身"，率先实现基本达标排放，取得了显著的环境效益、社会效益和经济效益，真正实现了精准治污、科学治污和依法治污。

本书编写委员会从2016年起全程支撑生活垃圾焚烧发电行业全面达标排放专项整治，深度参与行业环境监管新政的制定，从2017年起在全国生态环境执法培训班和多个省份的省级生态环境执法培训班中讲解行业环境监管执法要点，牵头起草了HJ 1307—2023，出版了《生活垃圾焚烧发电厂自动监测数据管理新政解读》《生活垃圾焚烧发电知识问答》等图书，对增强行业环境监管执法起到了帮助作用。但是，生活垃圾焚烧发电行业工艺较为复杂、专业性较强，行业环境监管执法需要专业化的技术指导。为此，本书编写委员会结合参与行业专项整治的经验以及各地环境监管执法人员对行业环境监管执法的意见建议，编写了这本《生活垃圾焚烧发电厂环境监管执法要点》，供一线环境监管执法工作参考。

本书分为3部分。第1部分为"生活垃圾焚烧发电概述"，介绍了生活垃圾焚烧发电厂的组成和功能、我国及国外发达国家和地区生活垃圾焚烧发电的发展历程和环境监管要求，可使读者对生活垃圾焚烧具有较为全面的了解。第2部分为"生活垃圾焚烧发电厂运营与环境监管"，从稳定燃烧、热能转化、烟气净化、恶臭气体控制、焚烧残渣利用处置、废水处理、环境风险控制、自行监测等方面详细介绍了相关的技术方法、工艺设备、关键指标、环境监管执法要点，还给出了建筑和景观美化等"邻避"防控手段以及生活垃圾焚烧发电相关的产业政策，可深化读者对生活垃圾焚烧发电厂环境监管执法的认识理解。第3部分为"生活垃圾焚烧发电厂环境监管执法实战"，主要是对生态环境标准HJ 1307—2023的相关解读；为了使基层环境监管执法人员能够快速了解生活垃圾焚烧发电厂现场监督检查的要点，还给出了现场监督检查简明指引——"五步检查法"。

受编写人员水平所限，本书疏漏之处在所难免，恳请读者不吝赐教（编者邮箱：lujiawei@scies.org）。

目　录

第3部分　生活垃圾焚烧发电厂环境监管执法实战

第 1 部分

生活垃圾焚烧发电概述

1 生活垃圾焚烧发电的基本概念

1.1 垃圾、固体废物的区别和联系

1.1.1 法律法规和标准规范中的定义

《中华人民共和国固体废物污染环境防治法》对"固体废物"的定义为：在生产、生活和其他活动中产生的丧失原有利用价值或者虽未丧失利用价值但被抛弃或者放弃的固态、半固态和置于容器中的气态的物品、物质以及法律、行政法规规定纳入固体废物管理的物品、物质。经无害化加工处理，并且符合强制性国家产品质量标准，不会危害公众健康和生态安全，或者根据固体废物鉴别标准和鉴别程序认定为不属于固体废物的除外。

生活垃圾是固体废物的一个子类，根据《中华人民共和国固体废物污染环境防治法》第一百二十四条第三项的定义，生活垃圾是指在日常生活中或者为日常生活提供服务的活动中产生的固体废物，以及法律、行政法规规定视为生活垃圾的固体废物。《市容环境卫生术语标准》（CJJ/T 65—2004）对"垃圾（固体废物）"的定义为：人类在生存和发展中产生的固体废物。

工业固体废物也是固体废物的一个子类，根据《中华人民共和国固体废物污染环境防治法》第一百二十四条第二项的定义，工业固体废物是指在工业生产活动中产生的固体废物。

危险废物也是固体废物的一个子类，根据《中华人民共和国固体废物污染环境防治法》第一百二十四条第六项的定义，危险废物是指列入国家危险废物名录或者根据国家规定的危险废物鉴别标准和鉴别方法认定的具有危险特性的固体废物。

1.1.2 区别和联系

垃圾只是固体废物的俗称，且这种俗称并不严谨，实践中应该严格区分这些术语的应用环境。

固体废物按污染特性，可分为危险废物和一般废物；按燃烧特性，可分为可燃废物和不可燃废物；按化学组成，可分为有机废物和无机废物；按产生源，可分为农业固体废物、工业固体废物、城市固体废物等。通常，仅在城市固体废物和一般工业固体废物的应用场合，"垃圾"才能和"固体废物"等价使用。

1.1.3 生活垃圾焚烧发电厂环境监管执法涉及的固体废物类别

生活垃圾焚烧发电厂的环境监管执法通常涉及以下固体废物：

（1）生活垃圾。生活垃圾是生活垃圾焚烧发电厂的主要原料。

（2）一般工业固体废物、城镇污水处理厂污泥。一般工业固体废物、城镇污水处理厂污泥是可能的掺烧原料，生活垃圾焚烧炉渣属于一般工业固体废物。《生活垃圾焚烧污染控制标准》（GB 18485—2014）的适用范围中指出"掺加生活垃圾质量超过入炉（窑）物料总质量30%的工业窑炉以及生活污水处理设施产生的污泥、一般工业固体废物的专用焚烧炉的污染控制参照本标准执行"。

其中，一般工业固体废物的属性判定应同时满足以下3个要求：① 来自工业行业，根据国家统计局的有关表述[①]，工业行业是3个国民经济行业门类（采矿业、制造业、电力热力燃气及水生产和供应业）的合称；② 根据法律要求及《固体废物鉴别标准 通则》（GB 34330）的规定，属于固体废物；③ 未被列入国家危险废物名录，且依据《危险废物鉴别标准 通则》（GB 5085.7）、《危险废物鉴别技术规范》（HJ 298）等经鉴别判定不属于危险废物。一般工业固体废物分为两类：按照国家规定的固体废物浸出毒性浸出方法进行浸出试验而获得的浸出液中，任何一种污染物的浓度均未超过《污水综合排放标准》（GB 8978）最高允许排放浓度，且pH在6～9之内的一般工业固体

---

① https://www.stats.gov.cn/hd/cjwtjd/202302/t20230207_1902279.html.

废物，属于第 I 类一般工业固体废物；否则，属于第 II 类一般工业固体废物。

城镇污水处理厂污泥，指城镇污水处理过程产生的污泥，包括初沉污泥、剩余污泥和混合污泥。

（3）危险废物。根据国家危险废物名录，生活垃圾焚烧飞灰属于危险废物。根据 GB 18485—2014 第 6.3 条的要求，危险废物不得在生活垃圾焚烧炉中焚烧处置，但国家生态环境主管部门另有规定的除外。环境管理实践中，县级以上人民政府可根据实际情况启动应急响应，通过生活垃圾焚烧炉对相关的危险废物进行应急处置。

1.2 垃圾焚烧、垃圾燃烧的区别和联系

1.2.1 标准中的定义

《生活垃圾焚烧炉及余热锅炉》（GB/T 18750—2008）对"生活垃圾焚烧处理（municipal solid waste incineration）"的定义为：生活垃圾通过焚烧达到垃圾处理规定要求，生活垃圾焚烧残渣和烟气排放达到规定，质量和能量传递达到设计要求的过程。按照该定义，焚烧是一种生活垃圾处理手段，必须与后续的最终处置手段相结合，才能保证生活垃圾管理全过程满足"减量化、无害化、稳定化"的要求。而在后续的标准修订过程中将这一定义删除。《生活垃圾焚烧炉及余热锅炉》（GB/T 18750—2022）中指出，生活垃圾焚烧炉（municipal solid waste incinerator）是指采用层状燃烧方式对生活垃圾进行焚烧处理的装置，余热锅炉（heat recovery boiler）是指利用生活垃圾焚烧高温烟气携带热量生产蒸汽的热力设备。

《生活垃圾焚烧污染控制标准》（GB 18485—2014）未对焚烧进行定义，但定义焚烧炉为"利用高温氧化作用处理生活垃圾的装置"。

1.2.2 区别和联系

焚烧（incineration）与燃烧（combustion）概念的区别在于：燃烧在工程技术上泛指可燃物着火燃烧并转化为热能的过程；而焚烧的概念不仅包含着

火燃烧和热能转化，还在残余物排放、物质能量转化传递方面作出了要求。

1.3　生活垃圾焚烧发电厂的组成和功能

1.3.1　概览

典型生活垃圾焚烧发电厂的主要构成见图1-1-1，根据《城市生活垃圾焚烧处理工程项目建设标准》（建标〔2001〕213号）的规定，主要包括主体工程与设备、配套工程、生产管理与生活服务设施。

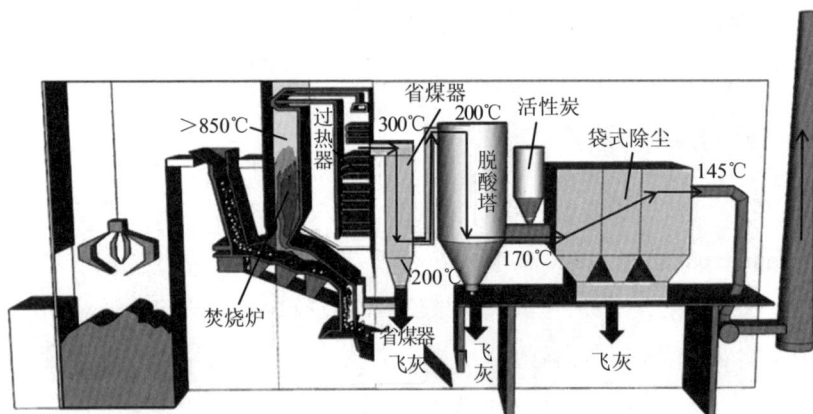

图 1-1-1　典型生活垃圾焚烧发电厂的主要构成

1.3.2　主体工程与设备

主体工程与设备包括受料及供料系统（包括垃圾计量、卸料、储存、给料等设施）、焚烧系统（包括垃圾进料、焚烧、燃烧空气、启动点火及辅助燃烧等设施）、烟气净化系统（包括有害气体去除、烟尘去除及排放等设施）、余热利用系统（包括余热锅炉、空气预热器、发电或供热等设施）、灰渣处理系统（包括炉渣处理系统和飞灰处理系统）、仪表与自动化控制系统共6部分。

（1）受料及供料系统：环境卫生部门将服务区的生活垃圾收集后，由专用垃圾运输车运送至厂区物流口进入厂区，经过地磅称重后进入垃圾卸料平台，卸入垃圾池中。垃圾池采用密闭和负压设计防止臭气外泄。

（2）焚烧系统：垃圾吊车将垃圾抓至焚烧炉给料斗，经溜槽落至给料炉排，再由给料炉排均匀送入焚烧炉内燃烧。垃圾燃烧所需的助燃空气因其作用不同分为一次风和二次风。一次风取自垃圾贮存坑，使垃圾池维持负压，确保坑内臭气不会外逸。一次风经蒸汽空气预热器加热后由一次风机送入炉内。二次风从锅炉房上部吸风，由二次风机加压后送入炉膛，使炉膛烟气产生强烈湍流，以消除化学不完全燃烧损失，也有利于飞灰中残余炭粒的燃尽。焚烧炉设有主燃烧器和辅助燃烧器，用天然气、柴油等作为辅助燃料，分别用于焚烧炉启炉或停炉时对炉膛进行加热，以及维持炉膛内焚烧温度。

（3）烟气净化系统：垃圾燃烧产生的高温烟气经余热锅炉冷却后，进入由"炉内脱硝+半干式脱酸+干石灰喷射+活性炭吸附+袋式除尘"等烟气净化单元组成的烟气净化系统，去除其中的 NO_x、酸性气体、重金属、二噁英类、粉尘及反应产物后，达到排放标准经烟囱排放至大气。

（4）余热利用系统：垃圾燃烧产生的高温烟气将余热锅炉中的水加热，产生高温高压蒸汽，供汽轮发电机组发电。产生的电力除供本厂使用外，多余电力送入地区电网。

（5）灰渣处理系统：垃圾中的可燃分已完全燃烧，炉渣落入出渣机，出渣机起水封和冷却渣作用，并将炉渣推送至炉渣贮坑。炉渣贮坑上方设有桥式抓斗起重机，可将汇集在炉渣贮坑中的炉渣抓取，装车外运处理。飞灰最终混合收集到灰库中，送入混炼机进行螯合处理，后送入飞灰养护车间进行养护，达到相关标准要求后送入填埋场进行填埋处理。

（6）仪表与自动化控制系统：对垃圾焚烧发电及污染防治过程中的温度、风量、烟气流量、压力、风机或水泵的转速、阀门开度等工况参数进行监视、存储、分析和反馈控制，确保设施设备正常运行。

1.3.3 配套工程及生产管理与生活服务设施

配套工程主要包括总图运输、供配电、给排水、污水处理、消防、通信、暖通空调、机械维修、检测化验、计量、车辆冲洗等设施。生产管理与生活服务设施主要包括办公用房、食堂、浴室、值班宿舍、绿化等设施。

2　国内外生活垃圾焚烧发电的发展历程和环境监管

2.1　全球生活垃圾焚烧发电

　　填埋是人类历史上记载的最早的生活垃圾处理处置技术。填埋最先出现在英国，城市化进程导致城市人口急剧增加，为了改善环境卫生状况，1848年英国政府制定并实施了《公共卫生法》，开始把垃圾集中起来送到离居住地较远的地方堆放或填埋。但填埋方法不当可能引发传染病的蔓延，垃圾焚烧就是在这种背景下应运而生的。

　　垃圾焚烧作为一种处理生活垃圾的专用技术，其发展历史与其他垃圾处理方法相比要短得多，大致经历了3个阶段：

　　（1）萌芽阶段，从19世纪80年代开始至20世纪初期。1874年和1885年，英国诺丁汉和美国纽约分别建造了处理生活垃圾的焚烧炉。1896年和1898年，德国汉堡和法国巴黎建立了世界上最早的生活垃圾焚烧设施。然而，由于当时技术原始，垃圾中可燃物比例低，焚烧过程中产生浓烟臭味，导致二次污染相当严重，这使垃圾焚烧技术在初期并没有得到广泛的应用。

　　（2）发展阶段，从20世纪初期至60年代末的半个多世纪。进入20世纪，随着城市建设规模的扩大，城市生活垃圾产量快速增长，垃圾填埋场饱和，垃圾焚烧技术的减量化优势重新得到重视。这一时期，垃圾焚烧技术有了显著的发展。炉排、炉膛等技术逐渐改进，从固定床到机械炉排炉，从自然通风到机械通风，技术不断进步。特别是20世纪60年代，随着烟气处理技术的进步，垃圾焚烧技术逐渐成熟，成为重要的垃圾处理方法。

　　（3）成熟阶段。从20世纪70年代往后的30多年是国外生活垃圾焚烧技术发展最快的时期（图1-2-1），这一时期，生活垃圾焚烧、余热发电以及烟气净化的相关技术逐步成熟，形成了标准体系并被我国引进使用。我国引入生活垃圾焚烧发电技术后，在消化吸收的基础上做出了大量再创新。总体来看，从20世纪70年代开始，全球范围内生活垃圾焚烧发电厂的数量和处理能力显著增加，成为循环经济的重要组成部分。

目前，全球生活垃圾焚烧发电厂主要分布在欧洲、美国、东亚地区，其他地区较少。综合多篇文献[1-5]以及我国生态环境部的最新公开数据，全球生活垃圾焚烧发电厂处理规模约为165万t/d，其中我国生活垃圾焚烧发电厂处理规模占比约2/3。

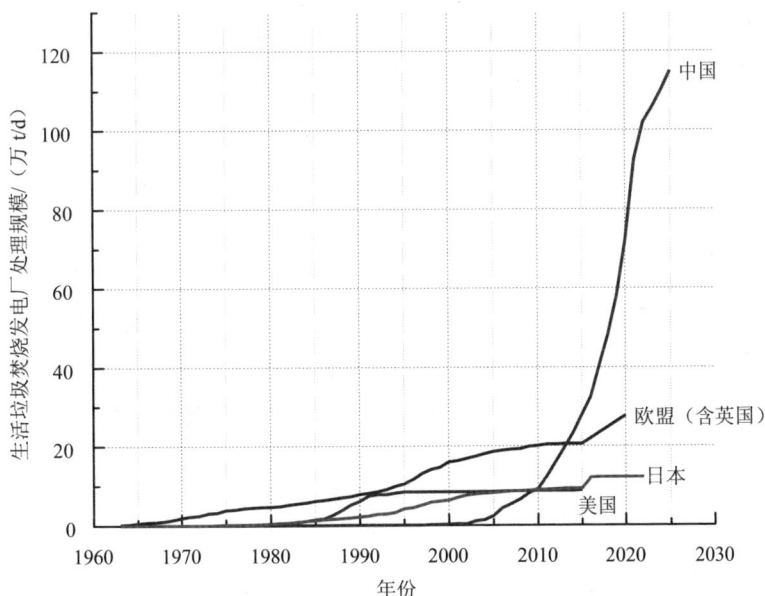

图 1-2-1　国内外生活垃圾焚烧发电厂处理规模的发展变化

注：图中我国数据未包含港澳台地区。

2.2 欧洲生活垃圾焚烧发电

2.2.1 发展历程

欧盟（含英国）的生活垃圾焚烧发电厂主要建于1975—2005年，2012—

2022年增长了约1/3，主要分布在西欧、北欧，东欧、南欧国家的设施相对较少。根据国际固体废物协会[1]、欧洲生活垃圾焚烧发电厂联盟（CEWEP）不定期的汇总情况以及欧洲统计局的历年统计数据，截至2022年，欧洲生活垃圾焚烧发电厂的总体处理规模约为27万t/d。

21世纪以来欧洲生活垃圾焚烧发电的发展，主要是受欧盟《垃圾填埋指令》（DIRECTIVE 1999/31/EU）的持续影响。为逐步减少可生物降解有机垃圾的填埋量，欧盟《垃圾填埋指令》提出了3个阶段性目标：第一阶段目标是到2006年进入填埋场的有机物在1995年的基础上削减25%；第二阶段目标是到2009年进入填埋场的有机物在1995年的基础上削减50%；第三阶段目标是到2016年进入填埋场的有机物在1995年的基础上削减65%。而德国、奥地利、瑞士等国提出了更高的要求，德国要求在2005年前实现进入填埋场的垃圾总有机碳（TOC）不超过5%，奥地利要求2004年前实现，瑞士要求2000年前实现。垃圾TOC小于5%，就是要求填埋的垃圾以无机灰渣为主，也就是说分离出可回收物和有害垃圾的剩余垃圾都要进行焚烧处理才能实现这一目标。事实上，包括德国在内的这些国家还不具备将剩余垃圾全部进行焚烧处理的能力，因此德国、奥地利又提出补充条款，剩余垃圾通过机械分选处理和生物处理后，其干态热值小于6 000 kJ/kg（相当于TOC为18%）可以进行填埋处理。欧盟这一指令在2006年开始实施后，生活垃圾焚烧发电得到进一步发展。以德国为例，2012年德国生活垃圾焚烧设施达到79座，焚烧处理能力达到2 332万t，实际焚烧量达到2 133万t[6]。

2.2.2 环境监管要求

与我国《生活垃圾焚烧污染控制标准》（GB 18485—2014）相比，欧盟《工业排放指令》（DIRECTIVE 2010/75/EU）存在以下异同[7]：①基本条件一致，烟气基准含氧量均为11%，标准状态均指0℃和1个大气压；②欧盟指令纳入监管的烟气常规污染物指标更多，多出了氟化氢（HF）和TOC；③欧盟指令中常规污染物达标评价的数据粒度包括日均值、0.5 h均值和10 min均值[仅针对一氧化碳（CO）]，日均值是1个自然日内所有0.5 h均值的算术平均值，且只允许最多5个无效的0.5 h均值，而根据我国行业标准《污染物在线监控（监测）系统数据传输标准》（HJ 212—2017），日均值是1个自然日内所有1 h均值的算术平均值，且只允许最多4个无效的1 h均值；④欧盟指令的达标评价方式分为两种，一种需要评价时段内100%的自动监测0.5 h均值满足A类限值，另一种只需要97%以上的自动监测0.5 h均值满足更严格的B类限值，而我国的达标评价方式仅有前一种；⑤欧盟指令以6 t/h为界，对不同规模焚烧炉的氮氧化物（NO_x）排放给出了差异化限值，而我国没有差异化限值。

欧盟《工业排放指令》要求焚烧厂采用自动监测手段来证明7项常规污染物达标，但又给出了若干免予监测条件：①若可证明酸性气体 [氯化氢（HCl）、HF和二氧化硫（SO_2）] 稳定达标排放，则酸性气体可不进行自动监测；②若焚烧规模小于144 t/d且可证明烟气NO_x稳定达标排放，则NO_x可不进行自动监测。在欧盟，颗粒物自动监测一般采用光透射/散射法，气态污染物自动监测可采用非分散红外光谱、傅里叶变换红外光谱、非分散紫外光谱、可调谐二极管激光吸收光谱等方法[8]，每年至少开展1次比对监测。欧盟标准《固定源污染物排放自动监测系统的性能要求与测试程序》（EN 15267-3）要求自动监测系统的准确度应在欧盟《工业排放指令》规定偏差范围的基础上再收严25%[9]。我国焚烧厂的烟气自动监测方法与欧盟相似，要求每年开展4次比对监测，对监测指标没有设置免予监测条件。

2.3 美国生活垃圾焚烧发电

2.3.1 发展历程

美国的生活垃圾焚烧发电厂主要建于1980—1990年，主要分布在美国东北部和五大湖区，其中五大湖区是美国的制造业核心地带，聚集了全美20%的人口。根据美国能源回收委员会（Energy Recovery Council）不定期给出的美国生活垃圾焚烧发电厂清单等文献[2,6]，2012年，美国运行的生活垃圾焚烧发电厂有84座，总规模约8.8万t/d，焚烧生活垃圾量2 650万t/a，约占生活垃圾产生量的12%[5]，而到2025年，美国能源回收委员会统计的生活垃圾焚烧发电厂数量已减少至75座。

美国人口约为欧盟人口的70%，但美国生活垃圾焚烧发电规模仅为欧盟的约30%，原因有二：①欧盟《垃圾填埋指令》以及高昂的填埋税对于生活垃圾焚烧发电具有推动作用。例如，英国生活垃圾填埋税为103美元/t[10]，高于垃圾填埋处置成本（约26美元/t），接近焚烧处置的平均费用（约102美元/t）[11]；而在美国，生活垃圾填埋处置费为43~49美元/t[12]，低于生活垃圾焚烧发电的处置费，所以从填埋处置转向焚烧处置的动力不强。②20世纪80年代以前的小型焚烧炉给居民留下的坏印象持续至今[13]。

2.3.2 环境监管要求

美国固体废物焚烧污染排放与环境监管的标准体系非常复杂。美国《联邦法规汇编第40卷第60部分 新建固定污染源环境标准》（40 CFR part 60）的Ea、Eb、BBBB、AAAA等4个子部分均现行有效（图1-2-2），这些子部分的排放限值差异主要体现在NO_x、二噁英类两个方面。但是，美国标准体系的诸多基准条件与我国或欧盟不一致，包括：烟气基准含氧量为7%，标准状态温度采用20℃而非0℃，重量单位采用美制短吨（sh ton，1 sh ton≈0.907 t），常规污染物的排放限值采用体积浓度而非质量浓度，二噁英类的排放限值采用质量浓度而非毒性当量浓度，日均值计算采用几何平均而非算术平均。

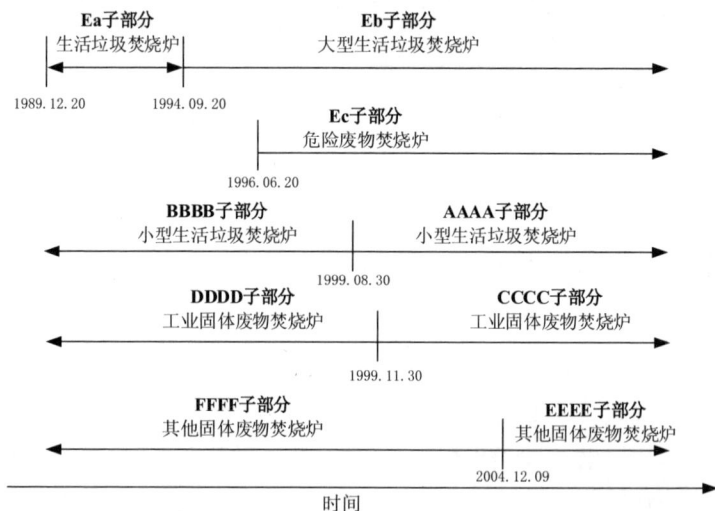

图 1-2-2　美国 40 CFR part 60 中的焚烧厂污染排放与监管标准体系[7]

美国《联邦法规汇编第40卷第60部分 新建固定污染源环境标准》在1983年就提出了构建烟气自动监测的规范体系，1990年提出了焚烧厂自动监测的技术导则。因此，美国生活垃圾焚烧发电厂的环境监管广泛采用自动监测手段。该标准的Eb子部分对大型生活垃圾焚烧炉烟气自动监测的要求包括：①CO应自动监测，达标判定形式主要为4 h滑动平均值；②颗粒物、烟气浊度应自动监测，达标判定形式分别为日均值、6 min均值；③SO_2和NO_x应自动监测，HCl可选自动监测，达标判定形式为日均值。其AAAA子部分也要求对小型生活垃圾焚烧炉的CO、HCl乃至NO_x进行自动监测，但因小型生活垃圾焚烧炉的运行连续性较差，AAAA子部分、BBBB子部分要求污染物监测一般应覆盖3次运行过程。

2.4 日本生活垃圾焚烧发电

2.4.1 发展历程

日本自1975年起建设生活垃圾焚烧设施，但采取的是以二级行政区（市、町、村，从人口和面积来看分别类似于我国的较大城镇、镇、乡）为单位的分散型建设模式，且焚烧发电厂占比不高。据日本环境省统计，2023年日本2 145个二级行政区共有焚烧设施1 027座（其中生活垃圾焚烧发电厂412座），特点为布局分散（每两个二级行政区就有1座垃圾焚烧设施）、焚烧发电厂占比小（对外供电的焚烧设施处理规模仅为$9.3×10^4$ t/d）、单炉规模小（平均86 t/d）、连续运行式设施占比小（仅占68%），实际监管难度较大[7]。表1-2-1为2023年日本生活垃圾焚烧设施的分布情况。

表 1-2-1　2023 年日本生活垃圾焚烧设施的分布情况

序号	一级行政区	设施数量	处理规模/（t/d）	焚烧炉数	单炉规模/（t/d）
1	北海道	61	6 685	105	64
2	青森县	17	2 080	30	69
3	岩手县	19	2 304	37	62
4	宫城县	15	3 348	31	108

序号	一级行政区	设施数量	处理规模/（t/d）	焚烧炉数	单炉规模/（t/d）
5	秋田县	14	1 479	27	55
6	山形县	9	1 326	19	70
7	福岛县	23	3 246	48	68
8	茨城县	28	4 434	61	73
9	栃木县	16	2 455	33	74
10	群马县	21	3 113	44	71
11	埼玉县	52	9 674	113	86
12	千叶县	44	8 702	94	93
13	东京都	52	18 085	102	177
14	神奈川县	32	13 052	77	170
15	新潟县	29	3 428	61	56
16	富山县	5	1 467	14	105
17	石川县	12	1 503	24	63
18	福井县	10	1 125	21	54
19	山梨县	8	1 188	18	66
20	长野县	20	2 153	39	55
21	岐阜县	24	2 576	49	53
22	静冈县	41	6 320	78	81
23	爱知县	42	11 248	87	129
24	三重县	20	2 283	38	60
25	滋贺县	13	1 509	29	52
26	京都府	19	2 988	36	83
27	大阪府	43	13 607	80	170
28	兵库县	33	8 257	71	116
29	奈良县	22	2 615	44	59
30	和歌山县	13	1 617	26	62
31	鸟取县	7	762	12	64
32	岛根县	9	712	17	42
33	冈山县	21	2 349	40	59
34	广岛县	20	2 950	40	74
35	山口县	10	1 762	22	80
36	德岛县	19	1 167	35	33
37	香川县	8	1 361	17	80
38	爱媛县	16	1 895	32	59
39	高知县	10	1 173	19	62
40	福冈县	24	6 684	54	124

序号	一级行政区	设施数量	处理规模/（t/d）	焚烧炉数	单炉规模/（t/d）
41	佐贺县	7	1 127	16	70
42	长崎县	23	1 955	42	47
43	熊本县	20	2 064	39	53
44	大分县	15	1 751	30	58
45	宫崎县	8	1 417	16	89
46	鹿儿岛县	29	2 536	49	52
47	冲绳县	24	1 880	41	46
	总计	1 027	177 412	2 057	86

注：表中的处理规模包含了只焚烧、不发电的处理规模。

2.4.2 环境监管要求

受限于规模和分散式分布，日本生活垃圾焚烧设施的污染排放标准相对宽松[7]。日本环境省《废弃物处理设施管理指南：垃圾焚烧设施（第2版）》给出了烟气中CO、NO_x、HCl、二噁英类的排放限值，未直接给出SO_2的排放限值，其烟气基准含氧量为12%[14]。根据日本《大气污染防止法》，生活垃圾焚烧设施烟气SO_2的允许排放量和允许排放的质量浓度使用K值控制法或总量控制法来计算确定[15]。小型焚烧炉烟气二噁英类的排放限值较为宽松：48～96 t/d焚烧炉的二噁英类限值为1 ng TEQ/m^3，48 t/d以下焚烧炉的二噁英类限值为5 ng TEQ/m^3。

2.5 我国生活垃圾焚烧发电

2.5.1 发展历程

我国现代化的生活垃圾焚烧发电始于1980年。深圳市为改善投资环境，于1984年开始筹建国内第一座大型生活垃圾焚烧发电厂——深圳市市政环卫综合处理厂（清水河垃圾焚烧厂），于1988年11月投产。在当时，生活垃圾焚烧发电被认为是现代化的标志。进入21世纪，在社会舆论的推动下，生活垃圾焚烧发电因二噁英类的毒性作用而引起人们恐慌，2007年前后引发了北京高安屯、广州番禺等"反焚烧"邻避事件[16-18]，"挺烧派"与"反烧派"的争论持续多年。到2012年，国务院办公厅印发了《"十二五"全国城镇生活垃圾无害化处理设施建设规划》（国办发〔2012〕23号），明确提到要增加生活垃圾焚烧占比，以此推动生活垃圾无害化处理，意味着"挺烧派"与"反烧派"的争论尘埃落定。

根据生态环境部生活垃圾焚烧发电厂自动监测数据公开平台的信息，截至2024年年底，我国（不包含港澳台地区）已有1 000余座焚烧发电厂，焚烧处理能力超过$11.0×10^5$ t/d，胡焕庸线以东基本实现焚烧发电厂全覆盖，至少有12亿人居住在焚烧发电厂50 km服务半径内，全国生活垃圾处理格局由填埋为主转向焚烧发电为主，体现了城乡区域基本公共服务均等化。在生活垃圾焚烧规模高速发展的过程中，市场主体培育壮大，市场规模已达到年营收1 100亿元以上，约为全环保产业环保业务年营收的8%；龙头企业对产业链控制力强，前20名龙头企业的焚烧处理规模占全国的2/3，为行业高质量发展以及拓展国际市场夯实了根基。行业规模的高速发展还有赖于自主创新能力增强，我国焚烧发电厂主体设备基本实现进口替代，8家龙头企业具有研发制造能力，为高质量发展提供了动能。

2.5.2 环境监管要求

我国生活垃圾焚烧发电厂烟气排放的环境监管要求经历了3个阶段：

（1）2000年以前为萌芽探索阶段，国内生活垃圾焚烧处理规模整体不大，排放要求不完善。《小型焚烧炉》（HJ/T 18—1996）建立的限值体系纳入了颗粒物、CO、SO_2、NO_x、HCl等5项常规污染物，这一限值体系与大型焚烧炉的要求相同，但该标准仅适用于500 kg/h以下小型焚烧炉产品认证，且排放限值过于宽松。

（2）2000—2019年为逐步完善阶段，国内生活垃圾焚烧处理规模不断增加，邻避压力不断增长，《生活垃圾焚烧污染控制标准》先后发布GWKB 3—2000、GB 18485—2001、GB 18485—2014及2019年修改单，明确提出炉温"850℃及2 s"（炉膛内烟气焚烧温度≥850℃，且炉膛内烟气在850℃以上温度的停留时间≥2 s）的工艺控制要求，增加了重金属和二噁英类的限值要求，不断收严排放限值。

（3）2020年以来为精准监管阶段，《生活垃圾焚烧发电厂自动监测数据应用管理规定》（生态环境部令 第10号）等环境监管新政实施，明确规定炉温及污染物排放的自动监测数据可作为环境执法证据，构建了依托自动监测手段的全天候精细化环境监管体系[7]。

我国现行国家标准《生活垃圾焚烧污染控制标准》（GB 18485—2014及2019年修改单）既提出了污染物排放控制要求，也提出了建设选址、设备选型、入炉废物、运行、监测以及实施监督等要求。与GB 18485—2001相比，GB 18485—2014收严了烟气排放限值，使得焚烧厂必须具备脱酸、脱硝、颗粒物捕集、特征污染物去除等烟气净化单元，还规定焚烧炉每年非正常工况下排放污染物的累计时长不得超过60 h，有利于提高焚烧厂环保水平。此外，上海、天津、河北、福建、海南、深圳等6个省市出台了排放限值比GB 18485—2014更严的地方标准（表1-2-2），对HCl、SO_2、NO_x排放限值的最严要求分别比GB 18485—2014严格87%、75%和73%。行业内普遍认为NO_x排放限值的达标难度和成本最大。焚烧厂为了稳定达到地方标准，需要多措并举：①升级改造生产工艺和污染防治设施；②保证足量的环保耗材投加量；③提升运行维护精细化水平。

GB 18485—2014要求焚烧厂安装烟气和炉温的自动监测设备。《环境保护部办公厅关于生活垃圾焚烧厂安装污染物排放自动监控设备和联网有关事项的通知》（环办环监〔2017〕33号）强化了安装自动监测设备的规定，要求焚烧厂完成"装、树、联"任务，即安装自动监测设备、厂门口树立显示屏、与生态环境部门联网。在此基础上，《生活垃圾焚烧发电厂自动监测数据应用管理规定》等环境监管新政[20]建立了"互联网+全天候监管+非现场执法"模式以及以自动监测数据为驱动的环境监管机制（图1-2-3）。一方面在管理层面上解决了炉温"850℃及2 s"、每年非正常工况不超过60 h等问题，提升了GB 18485—2014的可操作性；另一方面通过全天候精细化实时监管，实现了对守法者无事不扰、对违法者精准打击，成为国内外环境监管执法实践中的一大创举[21-23]。

表1-2-2　不同国家（地区）生活垃圾焚烧烟气污染物排放限值对比

国家（地区）	排放要求	颗粒物/(mg/m³)	CO/(mg/m³)	SO₂/(mg/m³)	HCl/(mg/m³)	NOₓ/(mg/m³)	HF/(mg/m³)	TOC/(mg/m³)	Cd+Tl/(mg/m³)	Hg/(mg/m³)	Pb等/(mg/m³)	二噁英类/(ngTEQ/m³)
中国	《生活垃圾焚烧污染控制标准》（GB 18485—2014）											
	24 h 均值	20	80	80	50	250	—	—	—	—	—	—
	1 h 均值	30	100	100	60	300	—	—	—	—	—	—
	测定均值	—	—	—	—	—	—	—	0.1	0.05	1	0.1
	上海市《生活垃圾焚烧大气污染物排放标准》（DB 31/768—2014）											
	24 h 均值	10	50	50	10	200	—	—	—	—	—	—
	1 h 均值	10	100	100	50	250	—	—	—	—	—	—
	测定均值	—	—	—	—	—	—	—	0.05	0.05	0.5	0.1
	天津市《生活垃圾焚烧大气污染物排放标准》（DB 12/1101—2021）											
	24 h 均值	8	50	20	10	80	—	—	—	—	—	—
	1 h 均值	10	100	40	20	150	—	—	—	—	—	—
	测定均值	—	—	—	—	—	—	—	0.03	0.02	0.3	0.1
	河北省《生活垃圾焚烧大气污染物排放标准》（DB 13/5325—2021）											
	24 h 均值	8	80	20	10	120	—	—	—	—	—	—
	1 h 均值	10	100	40	20	150	—	—	—	—	—	—
	测定均值	—	—	—	—	—	—	—	0.03	0.02	0.3	0.1
	福建省《生活垃圾焚烧氮氧化物排放标准》（DB 35/1976—2021）新建、改建、扩建设施											
	24 h 均值	—	—	—	—	120	—	—	—	—	—	—
	1 h 均值	—	—	—	—	150	—	—	—	—	—	—

国家（地区）	排放要求	颗粒物/(mg/m³)	CO/(mg/m³)	SO₂/(mg/m³)	HCl/(mg/m³)	NOₓ/(mg/m³)	HF/(mg/m³)	TOC/(mg/m³)	Cd+Tl/(mg/m³)	Hg/(mg/m³)	Pb等/(mg/m³)	二噁英类/(ngTEQ/m³)
中国	海南省《生活垃圾焚烧污染控制标准》（DB 46/484—2019）											
	24 h 均值	8	30	20	8	120	1	10	—	—	—	—
	1 h 均值	10	50	30	10	150	2	20	—	—	—	—
	测定均值	—	—	—	—	—	—	—	0.03	0.02	0.3	0.05
	深圳市《生活垃圾处理设施运营规范》（SZDB/Z 233—2017）新建设施											
	24 h 均值	8	30	30	8	80	1	10	—	—	—	—
	1 h 均值	10	50	30	8	80	2	10	—	—	—	—
	测定均值	—	—	—	—	—	—	—	0.04	0.02	0.3	0.05
欧盟	《工业排放指令》（DIRECTIVE 2010/75/EU）											
	日均值	10	50	50	10	200 或 400 ᵃ	1	10	—	—	—	0.1
	0.5 h 均值（A 类）	30	100	200	60	400	4	20	—	—	—	—
	0.5 h 均值（B 类）	10	100	50	10	200	2	10	—	—	—	—
	测定均值	—	—	—	—	—	—	—	0.05	0.05	0.5	—
日本 ᵇ	《废弃物处理设施管理指南：垃圾焚烧设施（第 2 版）》											
	4 t/h 以上	44.4	41.7	视情况而定	777.8	570.4	—	—	—	—	—	0.11
美国 ᶜ	40 CFR part 60，Ea 子部分											
	测定均值	26.1	48~144	65.7	31.2	283.4	—	—	—	—	—	0.38

国家(地区)	排放要求	颗粒物/(mg/m³)	CO/(mg/m³)	SO₂/(mg/m³)	HCl/(mg/m³)	NOₓ/(mg/m³)	HF/(mg/m³)	TOC/(mg/m³)	Cd+Tl/(mg/m³)	Hg/(mg/m³)	Pb等/(mg/m³)	二噁英类/(ngTEQ/m³)
美国 c	40 CFR part 60, Eb 子部分											
	2005年以前	18.4	48~144	65.7	31.2	236.1	—	—	0.02	0.06	0.15	0.17
	2005年以后	15.3	48~144	65.7	31.2	236.1	—	—	0.01	0.04	0.11	0.17
	40 CFR part 60, AAAA 子部分											
		18.4	48~144	65.7	31.2	236~866	—	—	0.02	0.06	0.02	0.17
	40 CFR part 60, BBBB 子部分											
	I类	20.7	48~240	67.9	38.7	268~598	—	—	0.03	0.06	0.38	0.38 或 0.76
	II类	53.7	48~240	168.7	312.3	—	—	—	0.08	0.06	1.23	1.60

a 欧盟对于≤6t/h的焚烧炉采用更宽松的限值;

b 日本的相关数值已按烟气基准含氧量11%进行了折算;

c 美国的相关数值已按烟气基准含氧量11%以及标准状态为0℃、101.325 kPa进行了折算,污染物浓度已从体积浓度换算为质量浓度,二噁英类毒性当量浓度参照文献[19]按质量浓度除以60换算,重金属指标不同于我国和欧盟。

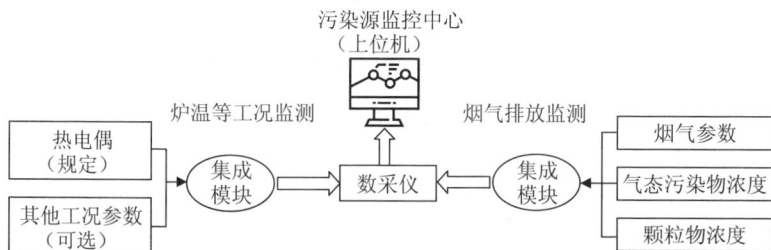

图 1-2-3　我国生活垃圾焚烧发电行业的自动监控系统[20]

2.6　国内外生活垃圾焚烧发电情况对比

2.6.1　折算基准

不同焚烧设施的运行工况条件存在差异，故需明确统一的折算基准用于比较烟气污染物的质量浓度（或毒性当量浓度），以保证环境监管公平。我国和欧盟的折算基准一致，但与日本、美国差异较大，故不能直接比较。我国、欧盟焚烧厂烟气排放时的含氧量一般小于折算基准（11%），即折算的质量浓度一般低于实测的质量浓度。之所以烟气含氧量的折算基准设置为11%，是因为考虑将垃圾焚烧时的过剩空气系数设为2.1，以保证达到垃圾焚烧"3T+E"条件[24]（见本书第2部分第1.1.2节）中的过剩空气（excessive air）条件。

2.6.2　环境监管要求的可达性

表1-2-2按照中国和欧盟的折算基准条件，将中国、欧盟、日本、美国的烟气污染物排放限值进行了折算和对比，以便于比较分析。从表中可以看出：①不同国家（地区）标准监管的烟气污染物指标基本一致，虽然欧盟需监管HF和TOC两项指标，但监管HF和TOC并未成为美国、日本等国家的普适性要求，这与标准执行的可操作性和实施成本是分不开的；②欧盟标准的排放限值最为严格，美国标准对酸性气体限制严格，但对CO和二噁英类的

严格程度不如欧盟，日本老旧焚烧厂较多，故其标准中颗粒物、HCl的限值较为宽松；③我国《生活垃圾焚烧污染控制标准》（GB 18485—2014）总体上处于严格行列，二噁英类的排放限值与欧盟一致，部分省份和城市甚至制定了严于欧盟的地方标准。

2.6.3　适用对象

不同国家（地区）的焚烧厂发展历史不同、技术装备现状不同，使得烟气排放与监管标准的适用对象存在差异。欧盟、日本、美国等国家（地区）的烟气排放与监管标准为小型焚烧炉CO、NO_x和二噁英类的排放限值设置了差异化的要求，相较而言：①欧盟的差异化要求最弱，仅将6 t/h以下焚烧炉的NO_x排放限值放宽1倍；②日本的差异化要求比较明显，为2 t/h以下、2～4 t/h和4 t/h以上3种规模的焚烧炉给出了不同的排放限值，2 t/h以下焚烧炉二噁英类的排放限值放宽为5 ng TEQ/m^3，是4 t/h以上焚烧炉排放限值的约45倍；③美国的差异化要求最为复杂，不同建设时段、不同规模的焚烧炉分别受不同的标准约束（图1-2-2），每个标准内部对于绝热炉墙炉排炉、水冷炉墙炉排炉、流化床等不同炉型又有不同的CO和NO_x排放限值，CO、NO_x和二噁英类的限值分别可相差2倍、2.7倍和8.6倍。

我国焚烧厂发展较晚，采用的技术装备相对成熟，《生活垃圾焚烧炉及余热锅炉》（GB/T 18750—2022）及《生活垃圾焚烧处理工程项目建设标准》（建标142—2010）要求单炉规模不小于100 t/d，且全国所有具备发电能力的焚烧厂的单炉规模都在150 t/d以上，因此烟气排放与监管标准并未兼顾小型焚烧炉。但是，受到运输费用、无害化处理能力等因素的制约，农村地区尤其是山区丘陵农村客观上存在数量不等的小型焚烧炉或小型热解气化焚烧炉[25-28]。在国家发展和改革委员会等部门发布的《关于加强县级地区生活垃圾焚烧处理设施建设的指导意见》（发改环资〔2022〕1746号）等政策的引导下，小型焚烧炉的数量和总体规模仍会增长。对于小型焚烧炉来说，国家层面上仅有《小型焚烧炉　技术条件》（JB/T 10192—2012）明确了燃烧室工作温度、烟气出口温度、烟气停留时间、噪声等主要性能指标，在很长一段时间内缺乏相应的烟气排放与监管标准，所以这些小型焚烧炉纷纷自称能满足《生活垃圾焚烧污染控制标准》（GB 18485—2014）的烟气污染物排放限值要求，而实际水平参差不齐[27,29,30]。倘若我国能参照欧盟、日本、美国的标准，在充分调研小型焚烧炉或小型热解气化炉工况稳定性、污染排放水平、达标能力的基础上，在制修订相关的烟气排放与监管标准时给予小型焚烧炉合理的差异化要求，则更有利于规范小型焚烧炉市场，增强环境监管的严肃性，但也应把握好尺度，避免像美国标准那样设置过于复杂的差异化要求，以免削弱标准执行的可操作性。

2.6.4　执行尺度

焚烧厂监管标准执行的严格程度决定标准的严肃性。2019年以前，我国的《生活垃圾焚烧污染控制标准》（GB 18485—2014）虽然规定了焚烧炉非正常工况的时间限制，但在实施层面上重视不够，焚烧厂可轻易滤除非正常工况期间的"差数据"，客观上增加了"劣币驱逐良币"的可能性。《生活垃圾焚烧发电厂自动监测数据应用管理规定》等环境监管新政实施后，充分发挥自动监测数据的全天候监管功能，创造性地提出了通过对自动监测数据进行电子化标记来声明非正常工况的方法，从而实时计算焚烧炉非正常工况的累计时长，仅对符合非正常工况时限要求的情形才不会认定污染物排放超标，杜绝了部分焚烧厂人为过滤"差数据"的可能性，真正实现了GB 18485—2014第7.4条的落地实施。

不同于GB 18485—2014以及《生活垃圾焚烧发电厂自动监测数据应用管理规定》等环境监管新政[20]所强调的普适的、全天候的自动监测监管，欧盟标准允许焚烧厂在能证明酸性气体、NO_x达标的前提下，不将相关指标纳入自动监测范围，美国允许焚烧厂将HCl不纳入自动监测范围，执行弹性空间更大，这与欧美国家的经济社会水平和文化背景是分不开的。我国标准执行的弹性空间小，为体现公正、平等原则，开展全覆盖、无差别的环境监管，但这种模式会同时给监管主体和监管对象带来较大的负担，所以我国近年来也在探索"生态环境监督执法正面清单"等更为灵活的监管方式。实际上，自动监测对违法者利剑高悬、对守法者无事不扰的精准监管模式已经体现出一定的弹性特征，可进一步优化和拓展。一些地方也在借鉴欧盟《工业排放指令》中A、B两类限值的做法，在设置更严格排放限值的基础上，允许较小比例的自动监测数据超过限值，从而能适应合理的工况波动。例如，江苏省《固定式燃气轮机大气污染物排放标准》（DB 32/3967—2021）设置的固定式燃气轮机NO_x排放限值为30 mg/m³（现有）和15 mg/m³（新建），仅为欧盟《工业排放指令》相关限值的3/5和3/10，但规定自动监测数据日均值不应超过排放限值的110%、95%的1 h均值不应超过排放限值的200%。

当垃圾焚烧炉掺烧生活污水处理厂污泥、一般工业固体废物时，入炉燃料的不均质性增强，燃烧工况波动加剧，污染物排放超标的风险增加。这既需要焚烧厂做好入炉燃料特性检测，评估掺烧物料特性和比例对烟气污染物产生水平的影响，做好污染控制的应对措施；也需要在监管层面上合理考虑监管措施的弹性，在保证污染物自动监测得到的最小粒度数据真实、准确、完整、有效的基础上，可探索通过设置B类限值、考核污染物累计排放量等方式来适应工况波动对达标率的影响。

2.7 生活垃圾焚烧处理和垃圾分类的关系

《市容环境卫生术语标准》（CJJ/T 65—2004）把垃圾分类收集定义为"将垃圾中的各类物质按一定要求分类投弃和收集的行为"。《生活垃圾分类标志》（GB/T 19095—2019）把生活垃圾分为可回收物、有害垃圾、厨余垃圾、其他垃圾4个大类和11个小类，并给出了分类标志。

垃圾焚烧与垃圾减量、垃圾分类、垃圾填埋是多元互补关系，不是替代和对立关系。垃圾焚烧具有无害化彻底、减量化明显、能源回收效率高等特点，是现代化垃圾处理技术的重要组成部分。部分垃圾分类做得好的发达国家，如日本、瑞士、德国，垃圾焚烧占比很高，几乎实现了分类后剩余垃圾全量焚烧。所以垃圾分类不可能替代焚烧，但是可以提高焚烧系统资源、能源回收率和二次污染控制水平，做到"少烧""好烧"。垃圾焚烧不是作为一个孤立事物而存在。垃圾减量和垃圾分类侧重于管理，是垃圾管理的前端环节；垃圾焚烧侧重于技术，是垃圾管理的后端环节[31]。因此，垃圾分类作为垃圾焚烧的前端环节，对垃圾焚烧起着至关重要的作用。

（1）垃圾分类有利于提高垃圾热值。生活垃圾热值（以湿基低位热值为准）决定了生活垃圾是否适宜焚烧。垃圾焚烧设计热值的确定，关系到整个焚烧厂寿命期间的运行效率与成本。若设计点定得过低，当垃圾热值较高时，为满足焚烧炉的热负荷要求，垃圾处理量将下降；若设计点定得过高，导致炉膛容积热负荷长期处于低水平运行，将会造成运行困难，运行成本提高。

我国《城市生活垃圾处理及污染防治技术政策》规定焚烧适用于进炉垃圾平均湿基低位热值高于 5 000 kJ/kg、卫生填埋场地缺乏和经济发达的地区。一般认为，湿基低位热值小于 3 300 kJ/kg 的垃圾不宜采用焚烧处理，介于 3 300～5 000 kJ/kg 的垃圾可以采用焚烧处理，大于 5 000 kJ/kg 的垃圾适宜焚烧处理。我国生活垃圾含水量大、热值低，加强垃圾分类、分离厨余垃圾，对于降低分类后其他垃圾的水分、提高其低位热值的效果是非常明显的。

（2）垃圾分类有利于改善垃圾焚烧的稳定性和安全性，提高发电效益。在城市生活垃圾焚烧热能资源回收过程中，既要努力提高焚烧厂的发电效益，又要保证设施的稳定性和安全性。垃圾所含的盐分（如厨余垃圾中的盐分）、塑料成分较高，与其他燃料相比，焚烧所产生的烟气中含有大量的氯化氢等腐蚀性气体和灰分，是严重腐蚀余热锅炉系统中各换热部件的主要因素，也是制约焚烧发电效益的主要因素。

垃圾中的塑料和厨余垃圾中的盐分是烟气中氯及其化合物的主要来源。在现有的经济技术条件下，想要更好地维护垃圾焚烧的安全性和稳定性，提高焚烧发电效益，最好的办法就是坚定不移推行垃圾分类，减少垃圾中氯、硫等元素的含量。垃圾分类是提高垃圾焚烧安全性和资源化利用效率的最好的预处理措施。

（3）垃圾分类有利于烟气污染控制，减少二噁英类的产生和排放。垃圾焚烧厂周边居民反对垃圾焚烧的一个主要原因在于担忧垃圾焚烧产生的二噁英类等污染物影响身体健康和生命安全。虽然现代化的烟气污染控制技术完全可以防控二噁英类、重金属等污染物，但是我们不能否认烟气污染控制的复杂性。

　　针对二噁英类的生成条件，加强垃圾分类，能较大程度上控制二噁英类的排放：垃圾分类提高了垃圾热值，使垃圾焚烧更加充分，有利于二噁英类的高温分解；垃圾分类减少了塑料和厨余垃圾等氯源，阻止二噁英类前体物的合成；垃圾分类去除了电池、油漆、灯管等有害垃圾，减少了垃圾重金属来源，如铜等触媒物质；垃圾分类去除了玻璃等熔融物质，降低了炉排发生灰渣黏结的概率，使垃圾焚烧更加充分，从而控制烟气中一氧化碳的含量及二噁英类的生成量。

第 2 部分

生活垃圾焚烧发电厂
运营与环境监管

1 生活垃圾焚烧发电厂的稳定燃烧

1.1 稳定燃烧

1.1.1 作用和意义

生活垃圾在焚烧炉内的稳定燃烧有以下5方面的作用和意义：

（1）有利于提高能量转化效率；

（2）有利于减少不完全燃烧产物（如CO）的产生；

（3）有利于抑制炉膛内二噁英类的生成；

（4）有利于保持工况稳定，便于实现烟气净化目标；

（5）有利于焚烧设施的稳定运行，降低故障频率。

1.1.2 "3T+E"条件

生活垃圾在炉膛内稳定燃烧需满足"3T+E"条件，包括：

（1）温度（temperature），炉膛内焚烧温度达到850℃以上；

（2）时间（time），炉膛内烟气在850℃以上的停留时间不小于2 s；

（3）扰动（turbulence），垃圾物料有较好的搅拌混合效果，炉膛内烟气有较好的湍流混合效果；

（4）过剩空气（excessive air），保证合理的过剩空气量。

1.1.3 "两票三制"

为确保焚烧工况稳定、设施运营安全，生活垃圾焚烧发电厂基本都会严格贯彻"两票三制"。"两票"是指操作票、工作票，"三制"是指交接班制、巡回检查制、设备定期切换与试验制。

（1）操作票，是现场进行相关操作的书面依据。例如，焚烧炉启动、停止前需由操作人填写操作票，明确设备名称、编号及操作步骤，经监护人和发令人（如值长）审核签字后方可执行。操作票需按规范编号，每份仅限一个任务，错误修改不得超过三处且关键内容（如设备名称、操作动词）不可修改。执行过程中，操作需按票逐项进行，每项完成后打"√"确认。焚烧炉停止运行时需先停止投加垃圾，启动助燃系统保证炉温≥850℃，并记录停炉时间和原因。必须两人执行（操作人+监护人），电气操作需双监护；紧急故障处理可先操作、后补票，但需4 h内恢复或停止运行焚烧炉。

（2）工作票，规定现场作业必须遵循的组织措施、技术措施及相关的工作程序、工作要求，是用于指导现场安全作业的文本依据。例如，烟气净化设备检修、炉温监控热电偶更换需使用工作票，明确安全措施和责任人。工作票实行闭环管理，工作结束后需验收合格并签字注销，确保设备状态可追溯。

（3）交接班制。交接内容需涵盖焚烧炉运行参数（如炉温、烟气含氧量）、异常情况及未完成操作票/工作票状态，通过信息化平台共享数据确保连续性。

（4）巡回检查制。焚烧炉启动、停止期间，需重点检查焚烧炉炉膛压力、温度监测仪表、助燃系统状态及烟气排放指标，定期记录数据并对比历史曲线。发现异常（如温度低于850℃或设备故障）需立即启动报警并上报，同步标记自动监测数据。

（5）设备定期切换与试验制。焚烧炉停止前，需对备用设备（如除尘系统、渗滤液导排装置）进行切换测试，确保故障时能快速启用。定期开展焚烧炉启停事故假想演练，强化运行人员对异常工况的应急处理能力。定期试验切换能检验设备是否长期处于完好工作状态，保证在出现异常运行或发生故障时，有关设备能及时投入或正确工作，以实现安全连续供电。

1.2　焚烧炉

1.2.1　焚烧炉的主要型式

固体废物焚烧炉按照燃烧方式可分为层状燃烧、流化床燃烧、旋转燃烧3类[32]，前两种常应用于生活垃圾焚烧，旋转燃烧常应用于危险废物焚烧。《生活垃圾焚烧炉及余热锅炉》（GB/T 18750—2008）将生活垃圾焚烧炉分为机械炉排式、流化床式、回转窑式、其他等4种炉型，但修订后的GB/T 18750—2022只给出了机械炉排焚烧炉的产品型号命名方法，并删除了流化床、回转窑相关的术语。这种改变与我国生活垃圾焚烧发电厂机械炉排焚烧炉和流化床焚烧炉的数量比例从2016年的7∶3发展到当今的超过9∶1是息息相关的。这几种炉型的具体特点如下：

（1）机械炉排焚烧炉［图2-1-1（a）］，简称"机械炉排炉"或"炉排炉"，采用层状燃烧方式，需要被焚烧的垃圾通过炉排被源源不断地送往炉膛燃烧区域，一次风由下部风箱经过炉排间隙吹入，带动垃圾层的翻滚、搅拌，完成干燥、点燃、燃烧、燃尽的过程。该炉型一般布置比较高的炉膛，烟气能够尽可能长时间地在高温区停留以减少二噁英类等有害物质的产生。为避开受热面的高温腐蚀，过热器一般布置在烟温较低的区域，同时在炉内布置多个烟气回程，收集烟气中的灰粒，降低烟尘排放浓度，同时减轻受热面的磨损。

（2）流化床焚烧炉［图2-1-1（b）］，简称"流化床"，采用沸腾燃烧方式，将垃圾破碎、混合投入炉内，通过炉底的配风吹动炙热、高温的床料使投入的垃圾迅速被点燃，快速燃烧。与机械炉排焚烧炉相比，流化床焚烧炉的优点在于：①对于燃料的选择范围广，可燃烧高水分垃圾，也可配合掺烧生物质、煤等燃料；②由于没有可动部件，结构简单，造价较低；③炉渣燃尽率更高。然而，流化床焚烧炉的缺点也非常致命：①对垃圾入炉前破碎等预处理的要求高，否则容易出现爆燃、CO瞬时浓度超标等燃烧工况不稳定的问题；②焚烧飞灰产率为机械炉排焚烧炉的3～4倍，焚烧飞灰处置成本更高。

（3）回转窑焚烧炉，简称"回转窑"，采用卧式旋转燃烧方式，物料随窑体缓慢旋转进入卧式燃烧室（一般有3°～5°的倾角），输送过程中完成干燥、点燃、燃烧、燃尽的过程，卧式燃烧室内热解气化产生的可燃气还要送到二燃室燃烧。这种炉型的燃烧速率较低，适合来料均一性差、对燃烧完全度要求高的废物类型，我国几乎没有使用回转窑焚烧炉焚烧生活垃圾的案例。

（4）固定床焚烧炉，简称"固定床"，采用竖式层状燃烧方式，物料在竖直方向自上而下分为干燥、热解、气化、燃烧等料层，底部为出渣装置。出渣装置常采用固定炉算出渣、立式旋转出渣等方式，也可采用往复式炉排出渣等方式。固定床焚烧炉在偏远镇、村的生活垃圾分散式焚烧场景中常被使用，但污染物长效稳定达标遇到较大挑战。

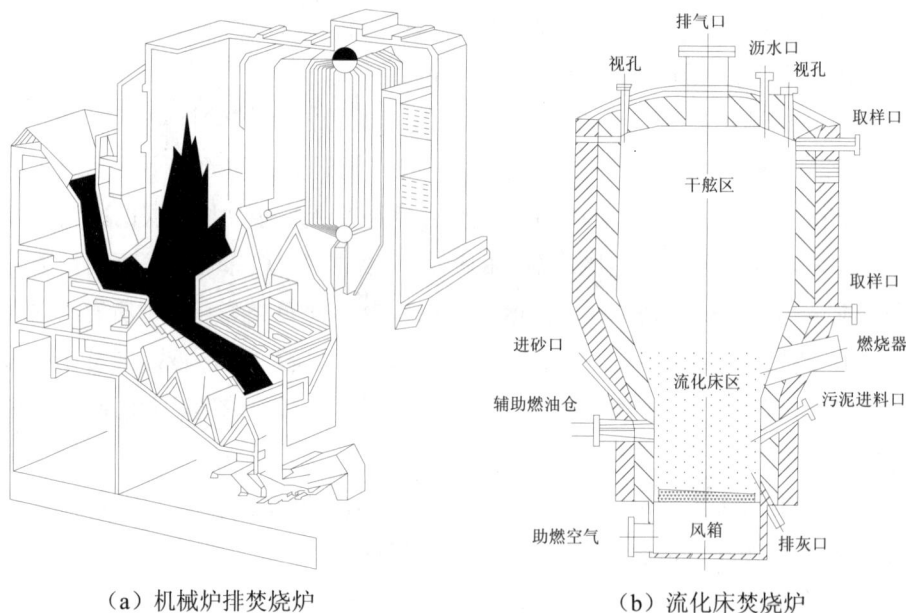

（a）机械炉排焚烧炉　　　　　　　　（b）流化床焚烧炉

图 2-1-1　两种生活垃圾焚烧炉的结构简图[33]

1.2.2　机械炉排焚烧炉的主要型式

根据炉排行进的方向，生活垃圾焚烧发电厂机械炉排焚烧炉的主要型式包括逆推式、顺推式两种。

（1）逆推式机械炉排焚烧炉。炉排行进方向与垃圾推动方向相反，炉排倾角较大，通过大倾角和逆向推动，使得底层垃圾上行、上层垃圾下行，增加炉排上垃圾的扰动以及与助燃空气的接触，提高燃烧效率。这类炉型的典型代表是"马丁（Martin）炉"，炉排与水平方向呈24°～26°倾角，一次风从炉排块的缝隙中进入，既能保证助燃空气的均匀供给，又能对炉排片起到较好的冷却作用。马丁炉的每一块炉排约有20 mm的错动动作，可使黏结在炉排通风口上的一些低熔点（铅、铝、塑料、橡胶等）物质被吹走，保持良好的通风条件。此外，由于逆向推动可延长垃圾在炉内的停留时间，因此在机械负荷相同的情况下，逆推式机械炉排焚烧炉的料层厚度更大、炉排面积更小。马丁炉相关技术在国外被日本三菱、美国卡万塔（Covanta）拥有（或授权使用），在国内被重庆三峰、杭州新世纪等企业授权使用（或引进消化吸收再创新）。目前，逆推式机械炉排焚烧炉在我国生活垃圾焚烧炉中的市场占比约为36%。

（2）顺推式机械炉排焚烧炉。炉排行进方向与垃圾推动方向相同，炉排倾角较小，通过炉排的分段控制以及多段之间的台阶跌落强化对垃圾的扰动以及与助燃空气的接触，提升燃烧效率。这类炉型的炉排与水平方向的倾角一般不超过10°，炉排常被分为3～5段，每段之间设置0.5～2 m的台阶（有的炉型不设置台阶，而设置拨火片、剪切刀等打破物料团聚的装置）。这类炉型的一次风进入方向也有区别，有的炉型一次风从炉排侧面进入，炉排缝隙小，减少了漏渣的情况，而有的炉型一次风从炉排片的缝隙进入，布风相对均匀，但可能出现漏渣的情况。与逆推式机械炉排焚烧炉相比，顺推式机械炉排焚烧炉的料层厚度一般控制在0.5～1.0 m，因此同等面积的顺推式炉排的机械负荷更小。目前，顺推式机械炉排焚烧炉在我国生活垃圾焚烧炉市场中的占比约为60%，主要包括：① INOVO-Von Roll-日立造船的炉排技术，在国内被上海康恒环境授权使用（或引进消化吸收再创新）；②伟伦（Volund）的炉排技术，在国内被广州环投、中科润宇等企业授权使用（或引进消化吸收再创新）；③吉宝西格斯的炉排技术，在国内被深圳能源环保等企业授权使用（或引进消化吸收再创新）；④光大环保能源结合各炉型优点自主开发的炉排技术。

（3）其他炉型。在我国企业对国外机械炉排焚烧炉技术引进消化吸收再创新的过程中，曾出现了结合各类技术优点的顺推+逆推式机械炉排焚烧炉、回转窑预分解+逆推式机械炉排焚烧炉等技术，但整体应用占比很小。

1.3　入炉燃料的要求

1.3.1　预处理的要求

机械炉排焚烧炉需要对进厂生活垃圾进行堆酵，以沥出部分垃圾渗滤液、提高垃圾热值，增强垃圾在炉内燃烧的工况稳定性；需要拣出床垫、液化气罐等大件废物，避免干扰垃圾在炉内燃烧的工况稳定性。流化床焚烧炉还需要对进厂生活垃圾进行破碎、分选等预处理，以尽可能提高入炉垃圾的均质性，进而提高垃圾在炉内燃烧的工况稳定性。

1）堆酵

堆酵是指将进厂生活垃圾在垃圾池内堆置和发酵，以沥出部分垃圾渗滤液、提高垃圾热值的预处理方法。通过堆酵入炉垃圾含水率可降低10%～12%，入炉垃圾热值可提升1 000～2 000 kJ/kg，有利于优化焚烧稳定性和发电效率。进厂生活垃圾在垃圾池内的堆酵周期一般为3～7 d，具体时长根据季节调整，冬季可延长至5～7 d，夏季可缩短至3～5 d。

生活垃圾焚烧发电厂需做好垃圾池内堆酵的仓位分区管理，将垃圾池分为新料区、发酵区、上料区，并设置分区标识或物理界线防止混合。抓取池内垃圾入炉时，应按照"先进先出"原则，依次堆放新垃圾并确保发酵区垃圾充分停留。

生活垃圾焚烧发电厂需做好垃圾池底部的渗滤液导排，垃圾池底部需设置一定的坡度和渗滤液收集沟，对垃圾渗滤液液位进行监控，防止液体积存。

2）破碎

破碎是指通过人为或机械等外力的作用，破坏物体内部的凝聚力和分子间的作用力，使物体破裂变碎的操作过程。破碎的方法包括干式机械能破碎

（剪切破碎、挤压破碎、劈碎、碾磨破碎、弯曲或折断破碎、冲击破碎等）、干式非机械能破碎（低温破碎、热力破碎等）、湿式破碎等。生活垃圾焚烧发电厂使用的破碎方法主要为剪切破碎和挤压破碎，主要采用双辊破碎机。双辊破碎机是利用两组单独传动的辊轴相对旋转产生的挤轧力和磨剪力来破碎物料的机械设备。

破碎比是指在破碎过程中，原废物粒度与破碎产物粒度的比值，表示废物破碎的程度。破碎比 i 可用如下的最大粒度法表示：

$$i = \frac{D_{\max}}{d_{\max}} \qquad (2\text{-}1\text{-}1)$$

式中，$D_{\max}$ 为破碎前的最大粒度，$d_{\max}$ 为破碎后的最大粒度。

破碎比 i 还可用如下的平均粒度法表示：

$$i = \frac{D_{\mathrm{ave}}}{d_{\mathrm{ave}}} \qquad (2\text{-}1\text{-}2)$$

式中，D_{ave} 为破碎前的平均粒度，d_{ave} 为破碎后的平均粒度。

3）分选

生活垃圾焚烧发电厂内开展垃圾分选的作用是挑出大件废物、金属丝等物质，避免影响破碎设备、焚烧设备的运行稳定性。分选方法主要有人工分选和机械分选，人工分选劳动强度大，卫生条件差，但识别能力强；机械分选主要有筛分、重力分选、磁力分选。

（1）人工分选，主要是通过垃圾吊控制室的工人操作，清除不适合进入后续破碎设备、焚烧设备的物品。

（2）筛分，是指利用固体废物的粒度差，让固体废物在具有一定孔径的筛网上振动，以实现大颗粒和小颗粒的分离。筛分的要点之一在于物料分层，要使物料分离，必须使物料和筛面之间具有适当的相对运动，使筛面上的物料层处于松散状态，即按颗粒大小分层，形成粗粒位于上层、细粒位于下层的规则排列；要点之二在于细粒透筛，位于下层的细粒到达筛面并通过筛孔。常见的筛分设备见表2-1-1。

表 2-1-1　常见筛分设备的特点及应用范围

筛分设备	特点	应用范围
固定筛	结构简单、动力需求小；筛分效率低，筛孔易堵塞	适用于粗分选，筛分粒度大于 50 mm 的废物
滚筒筛	不需要很大动力，不易堵塞，能有效将物料按粒度分级筛选；筛分效率不高（60%）	广泛用于城市垃圾处理厂（尤其是堆肥厂），主要用于粗分选
振动筛	构造简单、工作可靠、生产能力大，筛分效率高（90%）；清筛困难	用于具有一定硬度和弹性的颗粒物，如城市垃圾的一次分选和二次分选，也可用于潮湿及黏性废物的筛分

筛分效率是指实际得到的筛下物与入筛原料中小于筛孔尺寸的细粒物料的质量比。它的简易表达式如下：

$$E = \frac{Q_1}{(Q \cdot \alpha)} \times 100\% \qquad (2\text{-}1\text{-}3)$$

式中，E 为筛分效率，%；Q_1 为筛下物质量，kg；Q 为入筛原料质量，kg；α 为入筛原料中小于筛孔尺寸的细粒物料的质量百分比，%。

但是在实际筛分过程中要测定 Q_1 和 Q 是比较困难的，因此必须换成便于计算的公式。考虑到固体废物入筛原料质量 Q 等于筛上物质量 Q_2 和筛下物质量 Q_1 之和，固体废物中小于筛孔尺寸的细粒物料的质量等于筛上物中小于筛孔尺寸的细粒物料与筛下物的质量之和，设 θ 为筛上物中所含有小于筛孔尺寸的细粒物料的质量百分比（%），则式（2-1-3）可以转化为：

$$E = \frac{(\alpha - \theta)}{\alpha(100\% - \theta)} \times 100\% \qquad (2\text{-}1\text{-}4)$$

（3）重力分选，是指依靠固体废物颗粒间密度（或粒度）的差异，以及在运动介质中所受的重力、流体动力和颗粒间摩擦力不同而实现按密度分选的过程。重力分选的特点为：固体颗粒间必须存在密度（或粒度）差异；分选过程在运动介质中进行；在重力、流体动力、颗粒间摩擦力的综合作用下，固体颗粒群松散并按密度（或粒度）分层；分好层的物料在运动介质的托运下实现分离。

重力分选包括风力分选、重介质分选、跳汰分选等。风力分选常用于填埋场存量垃圾开挖后的进一步分选，以选出热值较高的塑料和纺织物；重介质分选和跳汰分选常用于生活垃圾焚烧炉渣的进一步分选和资源化利用。

（4）磁力分选，是指利用固体废物中各种物质的磁性差异在不均匀磁场中进行分选的一种处理方法。固体废物按其磁性大小分为强磁性、中磁性、弱磁性和非磁性等组分。常用的设备为带式磁选机、辊筒式磁选机。主要用于流化床焚烧炉入炉垃圾的磁力分选，避免金属丝堵塞流化床焚烧炉的出渣口。

1.3.2 多源固体废物协同处置的要求

生活垃圾焚烧发电厂的主要燃料是生活垃圾，但部分生活垃圾焚烧发电厂存在"吃不饱"的问题，有协同处置填埋场开挖垃圾、城市生活污水处理厂污泥、一般工业固体废物、建筑垃圾中的可燃垃圾、医疗废物高温蒸煮消毒后产物等多源固体废物的需求。生活垃圾焚烧发电厂能否协同处置这些多源固体废物以及如何协同处置，需要从以下角度考虑：

1）标准规范的要求

《生活垃圾焚烧污染控制标准》（GB 18485—2014）第6.2条规定，在不影响生活垃圾焚烧炉污染物达标排放和焚烧炉正常运行的前提下，生活污水处理设施产生的污泥和一般工业固体废物可以进入生活垃圾焚烧炉进行焚烧处置，焚烧炉排放烟气中污染物浓度执行GB 18485—2014中表4规定的限值。因此，仅从规定的角度，与生活垃圾性质相近的固体废物可以进入生活垃圾焚烧发电厂协同处置（俗称"掺烧"），但具体的掺烧比例会影响污染物排放浓度和排放量，故应通过计算、试验、论证等方式，根据掺烧废物特性、焚烧炉技术参数等综合确定掺烧比例，并通过企业内部管理文件予以固化。

2）环境影响评价文件和排污许可证的要求

《建设项目环境保护管理条例》（2017年修订）第十二条规定"建设项目环境影响报告书、环境影响报告表经批准后，建设项目的性质、规模、地点、采用的生产工艺或者防治污染、防止生态破坏的措施发生重大变动的，建设单位应当重新报批建设项目环境影响报告书、环境影响报告表"。

　　《水电等九个行业建设项目重大变动清单（试行）》（环办〔2015〕52号）给出了"建设项目重大变动"的定义，该文件指出，"根据《环境影响评价法》和《建设项目环境保护管理条例》有关规定，建设项目的性质、规模、地点、生产工艺和环境保护措施五个因素中的一项或一项以上发生重大变动，且可能导致环境影响显著变化（特别是不利环境影响加重）的，界定为重大变动。属于重大变动的应当重新报批环境影响评价文件，不属于重大变动的纳入竣工环境保护验收管理"。

　　生态环境部办公厅《关于印发〈污染影响类建设项目重大变动清单（试行）〉的通知》（环办环评函〔2020〕688号）对"重大变动"给出了数量判定界限，该文件给出的环境保护措施重大变动清单包括：新增排放污染物种类的（毒性、挥发性降低的除外）；其他污染物排放量增加10%及以上的；大气污染物无组织排放量增加10%及以上的；新增废气主要排放口的（废气无组织排放改为有组织排放的除外）；主要排放口排气筒高度降低10%及以上的。

　　《排污许可管理条例》第十三条要求排污许可证载明产生和排放污染物环节、污染防治设施、污染物排放口位置和数量、污染物排放方式和排放去向、污染物排放种类、许可排放浓度、许可排放量等。若因协同处置多源固体废物导致实际的排污情况与排污许可证不符，根据该条例第十五条，排污单位应重新申请排污许可证。

　　因此，根据上述的国家有关规定，对于生活垃圾焚烧发电厂环保手续与实际建设运行情况在入炉燃料方面存在不一致、未衔接的地方，需考察是否违反"重大变动"的有关规定：

　　（1）若违反"重大变动"的有关规定，则需重新报批环境影响评价文件。

　　（2）若不违反"重大变动"的有关规定，则可在项目竣工环保验收时说明，阐述变动幅度以及变动情况对原预测环境影响的影响程度，给出是否违反国家有关规定的结论性意见；若项目已完成竣工环保验收，则需重新报批环境影响评价文件。

　　（3）有的地方政府部门如已从全局角度给出了能否协同处置多源固体废物的规定，则从其规定。

1.4　给料输送

1.4.1　垃圾吊

生活垃圾焚烧发电厂一般采用垃圾吊将物料从垃圾池中转移到给料装置的料斗中。

根据《通用桥式起重机》（GB/T 14405—2011），垃圾吊抓斗的规范用语为"抓斗桥式起重机"。因桥式起重机运行起来像是天空中行走的汽车，故俗称为"天车"。抓斗桥式起重机主要由箱形桥架、大车运行机构、抓斗小车、取物装置、司机室、计量装置等组成，其取物装置为能抓取散装物料的抓斗，抓斗以4根钢丝绳分别悬挂在开闭机构和起升机构上，其开闭、起升、移动等受司机室控制，抓斗抓取的物料量通过计量装置实时获取并存储。在生活垃圾焚烧发电厂，抓斗桥式起重机的司机室俗称"垃圾吊控制室"，操作人员俗称"垃圾吊操作工"。

一名有经验的垃圾吊操作工，需实现以下目标：①通过垃圾吊的抓取和转移，实现进厂物料的分区堆放和混合，便于垃圾物料堆酵、沥出水分以及尽可能地均化；②根据焚烧炉的工况控制要求，从垃圾池中间歇式地抓取一定数量的物料，并投向焚烧炉给料装置，以维持焚烧炉工况控制的连续性和稳定性。

1.4.2　液压给料

机械炉排焚烧炉一般采用液压给料的方式。液压给料装置由料斗、驱动部件（液压泵）、调节部件（液压阀）、传动部件（液压缸）、推料部件（活塞）等部件组成。料斗负责为给料装置提供物料，液压泵负责将机械能转化为液压能，液压阀控制液压系统的流量和压力，液压缸和活塞负责执行工作任务，通过活塞运动做功，进而带动相关部件进行给料操作。

机械炉排焚烧炉的液压给料装置一般设置在炉排入口处，俗称"给料小车"。因为机械炉排焚烧炉宽度较大，例如，机械负荷为500 t/d的西格斯炉排炉的炉排长、宽分别为10.8 m和8.1 m，所以机械炉排焚烧炉一般配备多个液压给料装置，各装置相互配合，以尽可能提高焚烧炉进料的均匀性。液压给料装置的活塞往复式推动实现的是序批进料，尽管多个液压给料装置的配合联动能够实现近似于连续进料的效果，但本质上仍不够连续。

液压给料的优点：进料过程密闭性好、安全性好、防回火、进料对炉膛冲击小；缺点：设备多、控制复杂、进料耗时长、易卡阻。

1.4.3 螺旋给料

流化床焚烧炉一般采用螺旋给料的方式。螺旋给料装置由料斗、驱动部件（电机）、调节部件（减速机）、传动部件（螺旋轴）、推料部件（螺旋叶片）等部件组成。料斗负责为给料装置提供物料，电机为螺旋轴运转提供动力，减速机对电机和螺旋轴的运转予以控制，螺旋叶片推动物料前进。有的螺旋给料装置不设螺旋轴，由两组螺旋叶片兼作传动部件和推料部件，俗称双螺旋给料装置。

流化床焚烧炉的螺旋给料装置一般设置在炉体中上部，距离二次风喷入口有一定的距离，以便物料入炉后的打散。与液压给料装置相比，螺旋给料装置通过螺旋轴或者螺旋叶片的旋转，实现物料的推进和输送，更易实现连续进料的效果。

螺旋给料的优点：进料连续性好、设备机械结构简单；缺点：密闭性不够好，螺旋叶片易被塑料、布条等缠绕而卡涩，物料旋转推进过程中易成团而导致炉内燃烧工况波动。

1.4.4 滚筒给料

流化床焚烧炉为了解决螺旋给料易缠绕、易成团等问题，有的会将螺旋给料与滚筒给料搭配使用，螺旋给料在前、滚筒给料在后。滚筒给料装置由驱动部件（电机）、调节部件（减速机）、传动部件（滚筒旋转轴或外置驱动轮）、推料部件（滚筒）等部件组成。若在滚筒内壁焊接螺旋叶片，则滚筒给料方式变为螺旋给料方式。

滚筒给料的优点：设备机械结构简单、不会出现物料缠绕成团问题；缺点：推料部件摩擦力小，难以精确控制给料量。

1.5 机械负荷和热负荷

1.5.1 定义

从广义来看，焚烧炉的机械负荷是指单位时间、单位炉膛容积内处理的生活垃圾质量，焚烧炉的热负荷是指单位时间、单位炉膛容积内处理的生活垃圾释放的热量。根据《生活垃圾焚烧炉及余热锅炉》（GB/T 18750—2022）的定义，炉排机械负荷是指单位时间、单位炉排面积上处理的生活垃圾质量，单位为kg/（m²·h），额定热负荷是指额定工况下单位时间内生活垃圾焚烧释放的热量，单位为MW。

1.5.2 环境监管执法要点

焚烧炉实际运行的机械负荷和热负荷与设计一致为宜，机械负荷过低会导致炉膛内生活垃圾焚烧处理量达不到设计要求，机械负荷过高会加剧炉排片的磨损和缩短机械装置的使用寿命。热负荷过低会导致炉膛内生活垃圾焚烧处理释放的热量和炉膛温度达不到设计要求，热负荷过高会加剧焚烧炉的结焦并缩短耐火材料的使用寿命。

由于广义上焚烧炉的热负荷等于机械负荷与生活垃圾热值的乘积，所以焚烧厂会在建设前调查服务范围内生活垃圾的典型热值范围，以合理确定焚烧炉机械负荷与热负荷的匹配关系。但是，当物料来源、类型等发生较大改变时，焚烧厂会面临物料实际热值与焚烧炉设计热值不一致的情况，导致机械负荷与热负荷不匹配。《生活垃圾焚烧炉及余热锅炉》（GB/T 18750—2022）要求焚烧炉及余热锅炉热负荷和炉排机械负荷的适用范围宜为额定工况的70%～110%。从GB/T 18750—2022对机械负荷与热负荷应符合燃烧图（图2-1-2）的要求可知，该标准侧重于要求机械负荷、热负荷不要超过上限要求，因为这可能会损害设备；而当机械负荷满足要求、热负荷低于下限要求时，可以通过"助燃"方式使炉膛内焚烧温度满足标准要求，所以该标准对是否低于下限要求的侧重更弱。

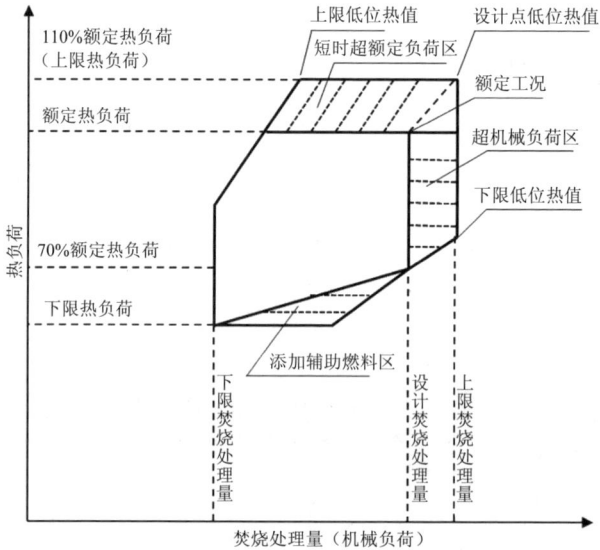

图 2-1-2   焚烧炉的燃烧图示例

1.6   辅助燃烧器

1.6.1   狭义上的辅助燃烧器

《生活垃圾焚烧炉及余热锅炉》（GB/T 18750—2022）将"辅助燃烧器"定义为"用于维持炉膛主控温度的辅助燃烧装置"，将"主燃烧器"定义为"用于焚烧炉启炉或停炉时对炉膛进行加热的装置"，且要求"主燃烧器及辅助燃烧器总热负荷应大于额定热负荷的70%，燃烧器燃料应采用气体燃料或轻柴油"。这里所谓的"主燃烧器"和"辅助燃烧器"均仅针对燃气、轻柴油等助燃燃料的燃烧过程。与生活垃圾的燃烧相比，无论是"主燃烧器"还是"辅助燃烧器"，都只是辅助生活垃圾燃烧的一种手段。例如，某型式的750 t/d机械炉排焚烧炉配备了2个主燃烧器（功率5 MW）和2个辅助燃烧器（功率17 MW），焚烧炉炉膛温度从室温升至350℃的过程可以通过主燃烧器实现，但后续进一步的升温需要辅助燃烧器才能够达到。

1.6.2　广义上的辅助燃烧器

从生活垃圾稳定燃烧的角度出发，凡采用助燃燃料的燃烧器，均为广义上的辅助燃烧器。生活垃圾焚烧炉必须配备这种广义上的辅助燃烧器，以满足标记"烘炉""启炉""停炉"期间所需的炉膛温度控制要求。具体规定包括：《生活垃圾焚烧污染控制标准》（GB 18485—2014）第7.1条要求"焚烧炉在启动时，应先将炉膛内焚烧温度升至本标准5.3条规定的温度后才能投入生活垃圾"，第7.2条要求"焚烧炉在停炉时，自停止投入生活垃圾开始，启动垃圾助燃系统，保证剩余垃圾完全燃烧，并满足本标准表1所规定的炉膛内焚烧温度的要求"。《生活垃圾焚烧发电厂自动监测数据标记规则》（生态环境部公告　2019年第50号）规定：在未投入垃圾的情况下，用辅助燃烧器将炉膛温度升至850℃以上的时段，可标记为"烘炉"；完成烘炉后，投入垃圾至工况稳定，且炉膛温度保持在850℃以上的时段，可标记为"启炉"；停止向焚烧炉投入垃圾至炉膛内垃圾完全燃尽，且炉膛温度保持在850℃以上的时段，可标记为"停炉"。

1.6.3　环境监管执法要点

根据对部分生活垃圾焚烧炉的测算，工况良好的焚烧炉在全年运行中，辅助燃料（天然气/柴油）的热能占垃圾热能的千分之二左右，辅助燃料的质量占垃圾量的万分之五左右。这些经验数据不具有普适性，仅供参考。环境监管执法人员可根据当地实际，分析辅助燃料用量是否与天气、垃圾热值、焚烧炉运行负荷等方面的变化相符。

1.7　常用的燃烧优化措施

1.7.1　分段给料

垃圾被抓斗桥式起重机投入料斗中，通过料斗将垃圾稳定、安全输送到炉排运行系统中。给料系统是燃烧自动控制系统的重要组成部分，直接控制着推料器的推料速度，间接决定了垃圾料层的厚度。若垃圾铺得太厚，会造成垃圾不完全燃烧，极易发生表面垃圾结焦；若垃圾料层太薄，会造成炉排外露，损坏炉排片[34]，减少锅炉蒸汽产生量，降低锅炉效率[35]。因此分段给料能够有效控制进入焚烧炉的垃圾厚度，使其能够有合适的厚度，既能够保证完全燃烧，产生足够的锅炉蒸汽，有较高的锅炉效率，又不会造成炉排外露、损坏炉排片，降低了焚烧炉的故障频率，进而减少了企业的维护成本。

1.7.2　分级配风

生活垃圾焚烧发电厂通常使用分级配风的方式为焚烧炉供应助燃空气，设置一次风和二次风，一次风是从炉排下部进入炉膛用于引燃，二次风从炉排上部及二次燃烧区域下部喷入以加剧湍流（生活垃圾稳定燃烧 "3T+E"条件中的turbulence），使燃烧更为完全。另外，为保证低热值垃圾的顺利着火、充分燃烧和保证燃烧室温度，一般会将一次风加热到一定温度后，再送入焚烧炉；但是，二次风一般不经加温（供冷风），以延长烟气在炉膛的停留时间。

1.7.3　环境监管执法要点

在环境监管执法实践中，可按如下方式估算配风量：单位垃圾燃烧所需要的配风量（按11%含氧量折算）约等于入炉垃圾收到基碳元素含量（%）×214 m^3/t×运行负荷（t/h）。两次配风量之间比值的经验值对于不同的炉型有所区别，例如，对于炉排炉，一次风量：二次风量≈8∶2；对于流化床，一次风量：二次风量≈5∶5～8∶2。

1.8　燃烧工况的监视和控制

对于现代化的生活垃圾焚烧发电厂来说，炉膛内生活垃圾的稳定燃烧主要通过分散控制系统（DCS）来调控，并利用分散控制系统中的自动燃烧控制（ACC）软件提高燃烧控制的自动化水平。分散控制系统是现代化焚烧厂运行的"大脑"；自动燃烧控制或称燃烧自动控制，是现代化焚烧厂提高运行自动化水平、实现降本增效的重要软件措施。

1.8.1 分散控制系统

根据《火力发电厂分散控制系统技术条件》（DL/T 1083—2019），分散控制系统（distributed control system，DCS）是指采用计算机、通信和屏幕显示技术，实现对生产过程的数据采集、控制和保护功能，利用通信技术实现数据共享的多计算机监控系统。其主要特点是功能分散或硬件布置分散、操作显示集中、数据共享。DCS继承了常规仪表分散控制和计算机集中控制的优点，克服了常规仪表功能单一、人-机联系差，以及单台微型计算机控制系统危险性高度集中的缺点，既在管理、操作和显示三方面集中，又在功能、负荷和危险性三方面分散。DCS由人-机接口站、过程控制站、通信网络、输入输出（I/O）模件、软件系统等构成。

（1）人-机接口站。DCS的人-机接口站俗称工作站，一般分为工程师站和操作员站两种，这两者一般相邻布设，通常称为中央控制室（简称中控室）。工程师站是技术人员与控制系统的人-机接口，主要作用是对系统的功能、参数、界面等进行定义。操作员站主要是完成人-机界面的功能，使操作员可以及时了解现场运行的状态、参数、异常情况等，并可通过输出设备对工艺过程进行控制和调节。人-机接口站按照网络结构可分为分布式结构和服务器/客户机结构。

（2）过程控制站。过程控制站包括现场控制站和数据采集站等，使用控制处理器，负责对数据进行采集处理，对被控制对象实行闭环反馈控制、顺序控制和批量控制。过程控制站的核心是控制处理器，即以微型计算机或微处理器为核心，完成控制逻辑和控制算法的专用模块化单元。DL/T 1083—2019要求过程控制站配置的控制处理器应有足够的运算和输入输出（I/O）处理能力，在满足额定的控制扫描速率的基础上，在最大负荷运行时，负荷率不超过60%，平均负荷率不超过40%。

（3）通信网络。DCS通信网络应采用分级的层次型结构，宜分为主控通信网络、输入输出（I/O）通信网络、现场总线通信网络。主控通信网络应保证DCS的各过程控制站、各人-机接口站之间数据通信的可靠性。I/O通信网络保证各I/O模件、外设仪表及设备与过程控制站、人-机接口站之间数据通信的可靠性。现场总线通信网络保证各类站间数据通信的可靠性。连接到数据通信网络上的任一系统或设备发生故障，不应导致数据通信系统瘫痪或影响其他联网系统和设备的工作。通信网络的故障不引起机组跳闸或影响过程控制站的独立正常运行。

（4）输入输出（I/O）模件。I/O模件用于完成信号扫描、数据整定、模拟量/数字量（A/D）输入、数字量/模拟量（D/A）输出、线性化、热电偶冷端补偿、过程点质量判断等信号处理功能，并具有电源状态、模件出错信息、模拟量信号开路和短路，以及输入信号超范围判定等自我诊断功能。

（5）软件系统。按照硬件划分，软件系统基本包括：现场控制站软件，最主要的功能是完成对现场的直接控制；操作员站软件，主要功能是进行人-机界面的处理，包括显示画面、解释与执行命令、监视现场数据和状态、异常报警、存储历史数据和处理报表等；工程师站软件，最主要的部分为组态软件。

在对焚烧厂进行环境监管执法时，有必要掌握DCS的运行情况；在开展环境执法检查时，宜对DCS的人-机接口站特别是工程师站进行监控，以防止DCS被篡改。

1.8.2　自动燃烧控制

自动燃烧控制（ACC），是指根据预设的控制逻辑以及主要工况参数的变化，自动调节焚烧炉给料、配风等控制结构动作，实现锅炉主蒸汽流量控制和焚烧炉温度维持在设定值的范围内。目前，焚烧炉的ACC系统有两个主流控制方式，分别是锅炉主蒸汽流量控制和焚烧炉温度控制[36]。不管采用何种控制方式，炉膛温度都会在一定程度上影响一次风量、二次风量和垃圾料层厚度等参数的调整。

行业标准《生活垃圾焚烧厂评价标准》（CJJ/T 137—2019）指出：

（1）炉排炉自动燃烧控制系统具备以下功能可被认为功能齐全：

①可根据炉膛主控温度区温度自动控制助燃燃烧器启停；

②下列参数均可自动调节：推料速度、炉排移动速度、一次风量（干燥段、燃烧段、燃尽段可单独调节）、二次风量；

③可根据锅炉出口含氧量或排烟CO浓度自动调节二次风量；

④可根据锅炉蒸发量或蒸汽压力自动调节进料速度和一次风量。

（2）流化床焚烧炉自动燃烧控制系统具备以下功能可被认为功能齐全：

①可根据炉膛主控温度区温度自动控制助燃燃烧器启停；

②可根据锅炉出口含氧量或CO浓度自动控制二次风量；

③可自动调节垃圾进料量以稳定锅炉蒸发量；

④可根据炉膛压力自动控制引风机风量。

广州某生活垃圾焚烧发电厂的焚烧炉ACC系统包括主蒸汽流量控制、一次风量控制、二次风量和烟气含氧量控制、料层厚度控制（图2-1-3）、炉排和推料器速度控制共5个控制子系统。该ACC系统投用后，焚烧炉及余热锅炉主蒸汽流量24h内的相对标准偏差为0.85%，每日发电量的相对标准偏差为1.80%，省煤器出口含氧量24 h内的相对标准偏差为9.66%，形成了对整个焚烧炉燃烧过程的自动控制，切实提高了垃圾焚烧项目的自动化运行管理水平[37]。该焚烧厂ACC系统根据余热锅炉出口的含氧量来自动调节二次风量，尚未考虑根据烟气排放CO浓度来调节，这是因为烟气中氧浓度较大，实时监测的精准度要优于CO浓度。目前，焚烧炉ACC系统大多以余热锅炉出口含氧量作为配风调控的主要依据，少数还以烟气排放CO浓度作为配风调控的辅助依据。

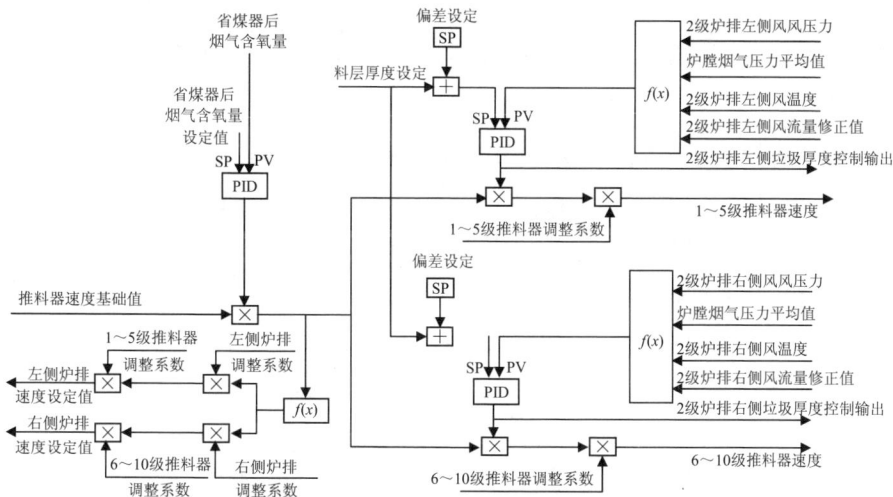

图 2-1-3　广州某焚烧厂的焚烧炉 ACC 系统的料层厚度控制逻辑[37]

注：PID：比例—积分—微分；SP：控制设定值；PV：过程测量值。

1.9 关键指标——炉温

炉温，即现行国家标准《生活垃圾焚烧污染控制标准》（GB 18485—2014）表1中"炉膛内焚烧温度"的简称。生活垃圾稳定燃烧需满足"3T+E"条件中的temperature（温度）及time（时间），是指烟气要在850℃以上高温区间停留2 s以上。

1.9.1 炉温的分布

机械炉排焚烧炉的炉温分布具有如下特点：

（1）机械炉排焚烧炉的炉温分布在竖直方向上从下至上可以分为3个区间：①二次空气喷入点以下区域，燃烧尚不够充分，温度较低，可能低于850℃，尤其是垃圾物料与一次风接触的区域，由于垃圾从固态转化为气态的热解、气化过程是吸热反应，又由于一次风喷入的冷却作用，所以往往温度最低；②二次空气喷入点所在断面与炉膛中部断面之间的区域，由于二次风的射入，带来充分氧气并形成湍流，使得垃圾气化后的可燃气在此燃烧充分，温度一般高于850℃，往往可以达到1 000℃以上；③炉膛上部断面，受热辐射损失的影响，烟气温度逐渐降低，但应保证炉膛烟气出口温度不小于850℃。

（2）机械炉排焚烧炉的炉温分布在水平方向上呈现火焰中心温度较高、火焰边缘温度较低的特点。当焚烧炉的配风调节不够优化时，可能出现火焰偏离中心倒向炉墙的情况，导致火焰直接冲刷炉墙及相应的水冷壁[①]，从而减少焚烧炉相关部件的使用寿命。

流化床焚烧炉竖直方向上的炉温分布与机械炉排焚烧炉不同，表现为：

（1）流化床焚烧炉的主要燃料（垃圾）和辅助燃料（煤或天然气）主要从炉膛上部或炉膛中部偏上位置给入，使得炉膛中上部并非炉温较低区域；

---

① 水冷壁是敷设在锅炉炉膛内壁、由许多并联管道组成的蒸发受热面。水冷壁的作用是吸收炉膛中高温火焰或烟气的辐射热量，在管内产生蒸汽或热水，并降低炉墙温度，保护炉墙。

（2）流化床焚烧炉的炉膛内，垃圾、助燃的煤以及床料整体处于流化状态，与属于层燃炉的机械炉排焚烧炉相比，炉温分布更为均匀；

（3）若流化床焚烧炉助燃空气的穿透力较差，不能穿透流化床层，则会导致料层中心燃烧不充分，进而导致烟气中CO浓度偏高。

1.9.2　炉温的影响

焚烧炉的炉温偏低将会产生以下不利影响：

（1）导致垃圾的不完全燃烧，进而导致炉渣的热灼减率偏高；

（2）不利于烟气中二噁英类的焚毁去除，增加了烟气二噁英类超标的风险；

（3）导致垃圾中的化学能不能有效转化为热能，降低了焚烧厂的能源利用效率。

焚烧炉的炉温过高会产生以下不利影响：

（1）导致烟气中常规污染物（特别是NO_x）的生成浓度偏高，增加了环保耗材的投加量；

（2）加剧颗粒物和沉积物的熔融结焦，进而加剧焚烧炉和余热锅炉的高温腐蚀。

1.9.3　炉温的要求

有关炉温的控制要求，欧盟20世纪90年代的要求为约束炉膛出口烟气温度不低于850℃，概因欧盟生活垃圾焚烧炉以机械炉排焚烧炉为主，炉膛出口已经是炉温分布的最低温度区域。但欧盟《垃圾焚烧指令》（DIRECTIVE 2000/76/EC，已废止）以及现行的欧盟《工业排放指令》（DIRECTIVE 2010/75/EU）规定：生活垃圾焚烧炉的设计、安装和运行需保证即便在最不利工况条件下炉膛温度在850℃以上，烟气停留时间超过2 s。美国生活垃圾焚烧炉中流化床焚烧炉约占20%，故美国《联邦法规汇编第40卷第60部分　新建固定污染源环境标准》（40 CFR part 60）考虑了多种炉型的需求，要求炉温控制在（800±100）℃，炉温应使用热电偶监测以保证精确度。我国对于炉温的控制主要参考了欧盟的要求，早期的《生活垃圾焚烧污染控制标准》(GB 18485—2001)要求"烟气出口温度≥850℃、烟气停留时间≥2 s"或"烟气出口温度≥1 000℃、烟气停留时间≥1 s",现行国家标准《生活垃圾焚烧污染控制标准》(GB 18485—2014)的表1将其修改为"炉膛内焚烧温度≥850℃,炉膛内烟气停留时间≥2 s"。

关于炉温的监测要求,欧盟及美国标准都不够细化,不能回答执法监管实践中是否要求炉膛内每个点位、每时每刻都要保证850℃以上的疑问。为此,我国相关标准规范从措施、空间、时间上对于如何保证炉温在850℃以上给出了明确的界定。

(1)措施上的界定。GB 18485—2014明确要求"实行热电偶实时在线测量"。热电偶是温度测量仪表中常用的测温元件,它直接测量温度,并把温度信号转换成热电动势信号,通过电气仪表转换成被测介质的温度。除热电偶测温法,还有红外光谱测温法、光纤测温法,以及基于数字图像处理技术的光学辐射法、基于声学理论的炉膛测温技术。各种技术均有自身的优势和局限性,现阶段,生活垃圾焚烧发电厂炉膛测温技术以热电偶测温法居多。

(2)空间上的界定。《生活垃圾焚烧厂评价标准》(CJJ/T 137—2010,已被CJJ/T 137—2019替代)的条文说明中建议:一般情况下,为了使运行期间准确了解整个炉膛的温度,需要在炉膛的上、中、下3个断面安装9个温度测点,每个断面安装3个温度测点,简称"3×3布点"。GB 18485—2014的表1将炉膛内焚烧温度的检验方法明确为"在二次空气喷入点所在断面、炉膛中部断面和炉膛上部断面中至少选择两个断面分别布设监测点,实行热电偶实时在线测量"。《关于生活垃圾焚烧厂安装污染物排放自动监控设备和联网有关事项的通知》(环办环监〔2017〕33号,2019年12月26日废止)对于三层温度断面的设置以及温度监测数据的传输给出了明确的技术要求。《关于加强生活垃圾焚烧发电厂自动监控和监管执法工作的通知》(环办执法〔2019〕64号)要求焚烧厂应在每台焚烧炉炉膛的上部断面、中部断面至少各设置3个热电偶温度测点,热电偶测点温度与热电偶参比端环境温度应以数字信号的形式通过数据采集传输仪上报至生态环境部门。综合以上要求可知,焚烧厂应在炉膛的上、中、下3个断面设置测温断面,每个测温断面至少安装3个热电偶温度测点,且上部断面、中部断面的热电偶测点温度应上传至生态环境部门。

（3）时间上的界定。基于机械炉排焚烧炉及流化床焚烧炉的炉温分布特征，《生活垃圾焚烧发电厂自动监测数据标记规则》明确给出"炉膛温度"的定义：以焚烧炉炉膛内热电偶测量温度的5 min平均值计，即焚烧炉炉膛内中部和上部两个断面各自热电偶测量温度中位数算术平均值的5 min平均值。

1.9.4　炉温的保证措施

要保证炉膛内焚烧温度达到850℃以上，涉及以下要点：

（1）切实开展垃圾特性分析、加强渣土和果蔬等低热值垃圾预处理分选等，保证入炉垃圾的实际热值匹配焚烧炉的设计热值，避免出现实际热值严重低于设计热值的情况；

（2）选用技术成熟的焚烧炉及余热锅炉；

（3）做好垃圾池内垃圾的堆酵和搅拌，提高入炉垃圾的均质程度；

（4）合理控制垃圾进料速率和空气供给；

（5）设置助燃系统，当炉膛内焚烧温度低于850℃时，及时启动助燃系统。

1.10　关键指标——余热锅炉烟气含氧量

1.10.1　指标的意义

生活垃圾稳定燃烧需满足"3T+E"条件中的excessive air（过剩空气），是指实际空气供应量应该大于理论需求量，以保证生活垃圾在炉内能够充分燃烧。余热锅炉烟气含氧量、排放烟气的含氧量均可直观反映过剩空气系数的大小，但因余热锅炉更接近焚烧炉出口，故余热锅炉烟气含氧量更能表征炉膛内空气供给的过剩程度，常被视作焚烧炉燃烧控制的关键指标。

1.10.2　相关规定

《生活垃圾焚烧处理工程技术规范》（CJJ 90—2009）第6.4.6规定垃圾焚烧炉出口的烟气含氧量应控制在6%～10%（体积百分数）；《生活垃圾焚烧厂

运行监管标准》（CJJ/T 212—2015）第3.4.5规定焚烧炉（或锅炉）出口烟气含氧量测量仪表、元件及数据传输设备状态应正常、有效，数据真实、可靠，焚烧炉（锅炉）出口烟气含氧量应保持在6%～10%；《生活垃圾焚烧处理与能源利用工程技术标准》（GB/T 51452—2024，替代CJJ 90—2009）指出过剩空气系数宜取1.4～2.0，相当于要求余热锅炉出口含氧量为6%～10.5%；《生活垃圾焚烧厂评价标准》（CJJ/T 137—2019）"运行管理水平评价"中，要求正常运行期间焚烧线锅炉出口含氧量不低于6%，但是这些有关焚烧炉出口烟气含氧量不低于6%的规定均未给出确切的编制依据。另外，欧盟2006年版和2019年版的《垃圾焚烧最佳可行技术参考文档》[24,38]提及了焚烧炉出口烟气含氧量不小于6%的要求，认为含氧量过小不利于CO控制和设备防腐，但两个版本的说法不一致，2006年版认为这是已废除的早期要求，而2019年版又重申了这一要求；两个文档还提及了焚烧炉出口烟气含氧量介于6%～10%的说法，但引用的文献并未公开，难以考证。本书著者在大量实地调研中了解到，对于大型机械炉排炉和烟气超低排放工艺来说，焚烧炉出口烟气含氧量低于6%可减少风机能耗和厂用电率，既具有明显的节能降耗效果，在运营管控良好的情况下也不会增加污染物的产生排放。控制烟气含氧量主要是通过调节燃尽炉排下的空气流量。调整空气流量时，应注意燃尽炉排的温度和热灼减率，空气流量过大影响炉膛温度和烟气温度，烟气含氧量增多，锅炉出力下降；空气流量过小，则燃尽区的垃圾不能充分燃烧，影响垃圾热能利用率，热灼减率上升。

1.10.3　环境监管执法要点

在环境监管执法中需注意，余热锅炉烟气含氧量一般是指氧化锆测得的湿基含氧量，未根据烟气含湿量折算为干基数值，因此低于相应的干基含氧量。相较而言，排放烟气的含氧量常会根据烟气含湿量折算为干基数值，因此高于余热锅炉烟气含氧量。一般情况下，炉排炉的余热锅炉烟气含氧量为4%～10%，比排放烟气含氧量小2%～4%。若两者之间差值过大，可能是烟道存在破损、泄漏等问题导致，也可能是因为选择性催化还原（SCR）脱硝、湿法脱酸等烟气净化设备导致烟气阻力大。

1.11　关键指标——焚烧炉渣的热灼减率

1.11.1　定义

根据《生活垃圾焚烧污染控制标准》（GB 18485—2014），焚烧炉渣是指生活垃圾焚烧后从炉床直接排出的残渣，以及过热器和省煤器排出的灰渣；热灼减率是指焚烧炉渣在600℃的温度下灼烧3 h减少的质量占原焚烧炉渣质量的百分数。GB 18485—2014规定的灼烧温度（600℃±25℃）、灼烧时间（3 h）与《固体废物　热灼减率的测定　总量法》（HJ 1024—2019）一致。

1.11.2　环境监管执法要点

焚烧炉渣的热灼减率反映有机物的含量，有机物含量越低，说明燃烧越完全。焚烧炉渣的热灼减率超过《生活垃圾焚烧污染控制标准》（GB 18485—2014）规定的5%，可能有两种原因：①焚烧炉机械负荷高于额定负荷，垃圾进料速度过快，垃圾来不及完全燃烧就被排出炉膛；②炉膛内焚烧温度较低，垃圾中的有机成分不能充分燃烧。

GB 18485—2014要求焚烧厂运行企业对焚烧炉渣热灼减率的监测应每月至少开展1次；环境保护行政主管部门应采用随机方式对焚烧厂进行日常监督性监测，对焚烧炉渣热灼减率的监测应每季度至少开展1次。为了保证焚烧炉渣热灼减率测定结果的准确性，需要保证焚烧炉渣采样的代表性。《固体废物　热灼减率的测定　总量法》（HJ 1024—2019）要求样品的采集和保存遵循《工业固体废物采样制样技术规范》（HJ/T 20—1998）的规定。住房和城乡建设部行业标准《生活垃圾焚烧灰渣取样制样与检测》（CJ/T 531—2018）也对样品采集作出了要求。这两个采样标准的异同见表2-1-2。

表2-1-2　焚烧炉渣样品采集的两个推荐性标准比较

比较项目	《工业固体废物采样制样技术规范》（HJ/T 20—1998）	《生活垃圾焚烧灰渣取样制样与检测》（CJ/T 531—2018）
发布单位	国家环境保护局	住房和城乡建设部
采样间隔和份样数	按照系统采样法，1 000 t/d 的焚烧厂产生 200 t/d 炉渣，每天需采集的份样数至少为 33 个，即至少每 43.6 min 采集一个份样	每运行班次测 1 次炉渣热灼减率时，炉渣取样时间跨度不宜小于 4 h，即每 4 h 采集一个份样；检测频次每天 1 次或少于 1 次时，炉渣取样时间跨度不宜小于 8 h，即每 8 h 采集一个份样
采样方法和份样量	采样方法复杂多样，份样数和份样量需按方法分别计算。份样量需考虑样品颗粒直径的影响，实际操作时不易执行	采样方法较为单一，对份样数和份样量的要求明确，更易执行。规定每次检测所取份样数不应小于 3 个，每个份样量不宜小于 2 kg；将取样时间跨度内取得的所有炉渣份样合并在一起，作为一个炉渣总样
热灼减率分析测试	未规定	有关热灼减率分析测试的程序步骤与 GB 18485—2014、HJ 1024—2019 一致，均为对 GB 18485—2014 规定在 600℃（±25℃）下灼烧 3 h 的要求的细化
总结	要求复杂，焚烧厂较难执行	要求明确，焚烧厂较易执行

在环境监管执法中需注意，《生活垃圾焚烧发电厂现场监督检查技术指南》（HJ 1307—2023）将焚烧炉渣热灼减率大于5%列为违反管理性规定的情形，因为这种情形违反了强制性国家标准GB 18485—2014的规定，但缺乏明确的处罚条款，只是可能影响污染物排放达标能力。环境监管执法人员发现此种情形，应保存证据并将发现的问题及时反馈给焚烧厂，督促焚烧厂整改。

此外，有关生活垃圾焚烧炉渣资源化利用的要求见本书第2部分第5.1节。

1.12　监管疑问：炉膛内焚烧温度低于 850℃时需要立刻自行监测二噁英类吗？

这条疑问涉及我国生活垃圾焚烧发电行业环境监管要求在执行层面上的

不断完善：

（1）2017年以前，焚烧厂烟气二噁英类自行监测仅有数量要求。《生活垃圾焚烧污染控制标准》（GB 18485—2014）要求焚烧厂运行企业对烟气中二噁英类的监测每年至少开展1次，有的地方标准如深圳市《生活垃圾处理设施运营规范》（SZDB/Z 233—2017）要求焚烧厂至少每半年对烟气中的二噁英类监测一次，监测时段应覆盖雨、旱两季。

（2）2017年环境保护部开展垃圾焚烧发电行业达标排放专项整治以来，焚烧厂落实"850℃及2 s"要求的主体责任进一步被夯实，但在环境监管执法中的可操作性不够。《关于生活垃圾焚烧厂安装污染物排放自动监控设备和联网有关事项的通知》（环办环监〔2017〕33号）要求焚烧厂落实"装、树、联"，同时启动全国垃圾焚烧发电厂二噁英排放监督性监测工作，筛查出运行工况不正常、烟气二噁英类不达标的焚烧厂督促整改。该文件要求当炉膛内焚烧温度低于850℃时，生活垃圾焚烧发电厂应及时启动助燃系统，并自行监测二噁英类，监测数据要向社会公开。这条规定在环境监管执法实践中引发疑问：①以哪种时间尺度判定炉膛内焚烧温度低于850℃，瞬时值、小时均值还是日均值？②什么情况下应自行监测二噁英类？如果焚烧温度一旦低于850℃，就要求监测二噁英类，那么对监测频次的要求过高，焚烧厂很难承受。

（3）2019年，生态环境部发布的部门规章《生活垃圾焚烧发电厂自动监测数据应用管理规定》，增强了环境监管执法实践中考察"850℃及2 s"的可操作性。该规定第七条提出焚烧厂应当按照国家有关规定，确保正常工况下焚烧炉炉膛内热电偶测量温度的5 min均值不低于850℃。这条规定对于炉膛内焚烧温度"850℃及2 s"的要求提出进一步量化考核，明确要求采用热电偶测量温度的5 min均值来量化考核，焚烧炉正常工况下，该5 min均值不低于850℃。第十一条规定焚烧厂正常工况下焚烧炉炉膛内热电偶测量温度的5 min均值低于850℃、一个自然日内累计超过5次的，认定为"未按照国家有关规定采取有利于减少持久性有机污染物排放的技术方法和工艺"，依照《中华人民共和国大气污染防治法》第一百一十七条第七项的规定处罚。同时指出，下列情形不认定为"未按照国家有关规定采取有利于减少持久性有机污染物排放的技术方法和工艺"：①因不可抗力导致焚烧炉炉膛内热电偶测量温度的5 min均值低于850℃，提前采取了有效措施控制烟气中二噁英类污染物排放，按照标记规则标记为"炉温异常"的；②标记为"停运"的。相关要求已在《生活垃圾焚烧发电厂自动监测数据管理新政解读》[20]一书中给出了详细的解释。

综上可知，《关于生活垃圾焚烧厂安装污染物排放自动监控设备和联网有关事项的通知》带来的环境监管执法疑问已由《生活垃圾焚烧发电厂自动监测数据应用管理规定》解答。1个自然日内炉膛内焚烧温度累计超过5次低于850℃，可依法予以处罚。焚烧厂在法规的震慑下，必将采取有利于保证炉膛内焚烧温度"850℃及2 s"的措施，从而能够保障烟气二噁英类长效稳定达标。

1.13　监管疑问：如何评价焚烧工况和关键指标的平稳性？

焚烧工况运行状态平稳性，是指工况运行总体情况距离中心水平的波动幅度和离散程度，波动幅度和离散程度越小，则焚烧工况越平稳。在生活垃圾焚烧发电厂工况运行分析中，常用焚烧炉推料器推程、一次风量、二次风量、炉膛内温度、出口烟气温度、烟气含氧量等指标分析概括焚烧厂运行总体情况，可以通过上述指标的离散程度来评价工况运行是否处于平稳状态。

通常利用离散程度来描述数据的平稳性，常用的描述数据离散程度的统计指标包括：

1）极差

极差是数据组中最大值与最小值之间的差距，即最大值减去最小值后所得的数据。它是测定离散程度最简单的指标。当单位不同时，极差不能用于比较。计算公式为：

$$X = X_{max} - X_{min} \qquad (2\text{-}1\text{-}5)$$

2）方差

方差是数据组中各数值与其平均值偏差平方和的平均数，能较好地反映出数据的离散程度，是实际中应用最广泛的离散程度测度值。方差越小，说明数据值与均值的平均距离越小，越平稳。方差的单位是原始数据单位的平方，没有解释意义。计算公式为：

$$S^2 = \frac{\sum_{i=1}^{N}\left(X_i - \bar{X}\right)^2}{N} \tag{2-1-6}$$

3）标准差

标准差是方差的平方根。标准差不仅能度量数值与均值的平均距离，还与原始数据值具有相同的计量单位。标准差的大小不仅与数据的测度单位有关，也与观测值的均值大小有关。一般统计使用标准差更为广泛，标准差更能反映数据的离散程度。标准差越大，数据的离散程度越大，数据越不平稳；标准差越小，数据的离散程度越小，数据越平稳。计算公式为：

$$S = \sqrt{\frac{\sum_{i=1}^{N}\left(X_i - \bar{X}\right)^2}{N}} \tag{2-1-7}$$

4）变异系数

变异系数也称为标准差系数，即标准差与平均值的比值，参照计量学中对平稳性的定义"被观测值在规定时间内仍保持不超过允许误差范围的能力"，此处给出焚烧炉系统运行平稳性的定义为：焚烧炉在规定时间内保持不超过标准差的能力，表征为一段时间内焚烧炉运行的离散程度：

$$CV = \frac{S}{\bar{X}} \tag{2-1-8}$$

CV 值越大，代表数据的偏离度越大，系统平稳性越差。S 为评价周期内运行工况的标准差；$\bar{X}$ 为评价周期内运行工况的平均值。

2　生活垃圾焚烧发电厂的热能转化

2.1　热能利用的途径

生活垃圾在焚烧炉中进行燃烧，其化学能转化为热能。生活垃圾燃烧转化而来的热能，主要通过余热锅炉进行利用。余热锅炉利用热能的形式包括发电、供蒸汽（热水）、汽电联供等。

2.1.1　发电

生活垃圾焚烧过程中产生的余热可以用来发电，垃圾中可燃物的化学能通过余热锅炉转化为具有一定温度和压力的蒸汽中的热能，蒸汽在汽轮机中做功，将蒸汽热能转化为机械能，通过带动发电机最终将机械能转化为电能，具体流程见图2-2-1。

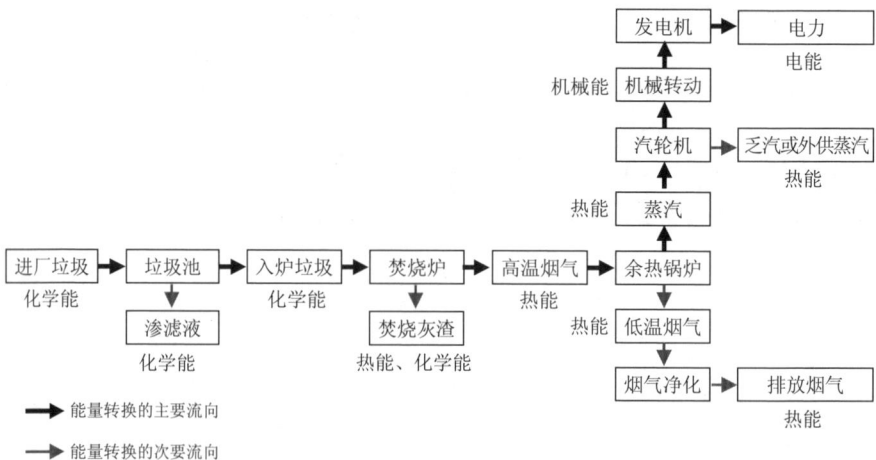

图 2-2-1　生活垃圾焚烧发电厂的主要能量流

根据《生活垃圾焚烧处理与能源利用工程技术标准》（GB/T 51452—2024），垃圾焚烧余热锅炉应选用自然循环式锅炉，余热锅炉设计热效率应根据锅炉制造商提供的数据确定，无锅炉制造商数据的可按经验数据在78%～83%内取值，余热锅炉设计蒸汽参数应根据焚烧厂热能利用方案及热用户需求确定。根据《生活垃圾焚烧发电厂现场监督检查技术指南》（HJ 1307—2023），国内外生活垃圾焚烧发电厂配备的余热锅炉主要分为以下3种：①中温中压余热锅炉，蒸汽温度约为400℃，压力约为4 MPa，对应热焓约可取3 200 kJ/kg；②中温次高压余热锅炉，蒸汽温度约为450℃，压力约为6 MPa，对应热焓约可取3 300 kJ/kg；③次高温超高压余热锅炉，蒸汽温度约为485℃，压力为13.5～16.5 MPa，对应热焓可取3 400～3 450 kJ/kg。

据统计，欧盟900余台垃圾焚烧炉的单炉焚烧规模约为226 t/d，采用低、中、高三类蒸汽压力参数余热锅炉的比例依次为28%、58%、14%（表2-2-1），而我国1 400余台垃圾焚烧炉（数据截至2022年）的单炉焚烧规模约为488 t/d，大多采用中温中压余热锅炉，少部分采用中温次高压余热锅炉，极少部分在探索使用次高温超高压余热锅炉[39]。

表2-2-1　欧盟生活垃圾焚烧发电厂的余热锅炉参数比例[1]

单位：%

国家（地区）	蒸汽压力/MPa			蒸汽温度/℃			
	<3.8	3.8～5.3	>5.3	<250	250～349	350～449	≥450
欧盟	28	58	14	11	9	73	7
德国	16	61	23	6	6	70	18
法国	59	37	3	23	19	57	2
意大利	25	62	14	5	14	74	7
丹麦	0	66	34	0	0	96	4
荷兰	30	60	10	5	10	85	0
瑞典	50	38	13	38	3	50	9

2.1.2　供蒸汽（热水）

垃圾焚烧所产生的热能，通过余热锅炉吸收后，可以蒸汽（热水）的形式进行直接利用，且技术难度更低、经济收益更高。我国生活垃圾焚烧发电厂余热作用以发电为主、途径比较单一的原因在于选址较为偏远、远离居民区，尽管有利于减少邻避矛盾，但也导致厂区周边对蒸汽（热水）的需求不够。实际上，从浙江、广东等省份部分生活垃圾焚烧发电厂供蒸汽（热水）的经验来看，供蒸汽（热水）的经济收益优于发电。再如，日本的生活垃圾焚烧设施的规模普遍较小，现有1 027座垃圾焚烧设施的平均单炉规模仅为86 t/d，最小单炉规模为1 t/d，但占处理规模84%的设施都采取了通过蒸汽（热水）回收利用余热的措施。

2.1.3 汽电联供

汽电联供又称热电联供，即在发电上网的同时，也对外供蒸汽（热水）。汽电联供能够有效实现余热的梯级利用，生活垃圾焚烧发电厂单纯发电的综合能效低于单纯蒸汽供热或者汽电联供。欧盟《有关垃圾及废止部分指令的指令》（DIRECTIVE 2008/98/EC）采用R_1能源利用效率作为生活垃圾焚烧发电厂的评价指标。R_1能源利用效率的计算公式如下：

$$R_1 = \frac{E_p - (E_f + E_i)}{0.97 \times (E_w + E_f)} \qquad (2\text{-}2\text{-}1)$$

式中，R_1为能源利用效率，量纲一。E_p为被利用的能源量，GJ/a；若为发电，则为发电量乘以系数2.6，若为供热，则为供热量乘以系数1.1，其中，系数2.6=1÷38%，38%来源于欧盟火电机组的平均效率[①]。E_f为焚烧过程中所用助燃燃料的能源量，GJ/a。E_i为除垃圾、助燃燃料外输入的其他能源量，GJ/a。0.97为用于修正垃圾焚烧过程中不完全燃烧、炉渣排放等造成的能量损失的系数，量纲一。E_w为所焚烧垃圾中蕴含的能源量，GJ/a。

据了解，欧盟生活垃圾焚烧发电厂蒸汽供热、汽电联供的R_1分别为0.64、0.76，而韩国生活垃圾焚烧发电厂蒸汽供热、汽电联供的R_1分别为0.75、0.64[39]。为进一步提高综合能效，拓宽盈利渠道，我国有条件的生活垃圾焚烧发电厂可结合周边地区的产业布局特点，升级为汽电联供或者冷热电三联供的

---

① European Commission. 2011. Guidelines on the interpretation of the R_1 energy efficiency formula for incineration facilities dedicated to the processing of municipal solid waste according to Annex II of Directive 2008/98/EC on waste.

能源梯级利用系统[39]。使用如溴化锂吸收式制冷机组之类的技术，可实现供蒸汽（热水）和供冷之间的转化。《生活垃圾焚烧处理与能源利用工程技术标准》（GB/T 51452—2024）要求"当焚烧厂附近有长期稳定热（冷）用户时，焚烧厂应优先采用热（冷）电联产的热能利用方式"。

2.2 余热锅炉

2.2.1 定义

根据《生活垃圾焚烧炉及余热锅炉》（GB/T 18750—2022），生活垃圾焚烧余热锅炉是指利用生活垃圾焚烧高温烟气携带热量生产蒸汽的热力设备。

2.2.2 组成

生活垃圾焚烧发电厂的余热锅炉一般主要由蒸发器、过热器、省煤器、空气预热器等设备组成。

（1）蒸发器，是锅炉系统中用于将水加热至饱和蒸汽状态的设备。它是锅炉的核心部件之一，通常位于炉膛或烟道中，直接吸收燃烧产生的热量。对于生活垃圾焚烧余热锅炉来说，蒸发器主要包括汽包、下降水管、水冷壁、联箱及连接管道，其作用是吸收炉内热量，将水转变为蒸汽。汽包接收省煤器来水，通过下降水管将汽包中的水引入联箱，再分配到各水冷壁管中；水冷壁接收炉内高温火焰的辐射热量，使水受热形成汽水混合物，一部分水成为饱和蒸汽并上升到汽包，汽包再将饱和蒸汽输送到过热器。

（2）过热器，是锅炉系统中用于将饱和蒸汽加热至过热蒸汽状态的设备。它通常位于锅炉的高温区域，如炉膛出口或烟道中。过热器将蒸汽从饱和温度加热到一定的过热温度，得到高温高压蒸汽，从而推动汽轮机做功发电。过热器通常分为辐射式和对流式，生活垃圾焚烧发电厂通常采用对流式过热器，布设在蒸发器之后，分为高温过热器、中温过热器、低温过热器三级，按顺序布置于烟道内，烟气温度逐级降低。

（3）省煤器，是锅炉系统中用于预热给水的设备。它通常布置在锅炉的低温烟道中，利用烟气的余热来预热给水，从而提高锅炉的热效率。省煤器利用余热锅炉尾部低温烟气的热量来加热余热锅炉的给水，实现能量交换，在降低排气温度的同时提高余热锅炉的给水温度，进而提高余热锅炉的效率，节约燃料消耗量。

（4）空气预热器（简称"空预器"），是锅炉系统中用于预热进入炉膛的空气的设备。它通常布置在锅炉的尾部烟道中，利用烟气的余热来预热空气。在锅炉尾部烟道中设置空预器，通过空预器内部的散热片可将进入焚烧炉膛前的空气预热到一定温度，能够实现热量梯级利用。

2.2.3　型式与特点

余热锅炉的型式可按工质在蒸发受热面中的流动特点分类，分为自然循环余热锅炉、强制循环余热锅炉、直流余热锅炉等；可按产生的蒸汽压力等级分类，分为单压级余热锅炉、双压级余热锅炉、三压级余热锅炉等。生活垃圾焚烧发电厂余热锅炉蒸汽负荷一般不超过100 t/h，烟气热量和温度有限，一般采用自然循环的单压级型式。具体型式主要按受热面布置方式分类，可分为立式布置余热锅炉、卧式布置余热锅炉、π式布置余热锅炉。

1）立式布置余热锅炉

又称塔式布置余热锅炉。一般设置4个首尾衔接的垂直烟道：第一烟道即通俗理解的垃圾燃烧"二燃室"，可采用绝热炉墙和吸热炉墙相结合的方式；第二烟道为空腔换热区，采用吸热炉墙；第三烟道采用膜式水冷壁的吸热炉墙，内部装有低、中、高温过热器和蒸发管束；第四烟道为护板结构，内部装有省煤器管束。第一烟道内的炉墙结构，即膜式水冷壁及耐火敷料的布局结构，决定第一烟道内部及出口的烟气温度：若要保持较高温度，则应减少膜式水冷壁的布设，尽可能采用耐火敷料绝热；否则，则应增加膜式水冷壁的布设，以降低炉膛内及烟道出口的烟气温度。

立式布置余热锅炉结构紧凑、占地面积小，顺气流方向容易布置，烟气穿过换热器比较均匀，但过热器上容易积灰，影响换热效果，严重的积灰还会影响锅炉的效率和寿命[40]。

2）卧式布置余热锅炉

与立式布置余热锅炉不同的是，卧式布置余热锅炉的第四烟道为水平布置，蒸发器、低温过热器、中温过热器、高温过热器、省煤器都依次横向布置在第四水平烟道内。

与立式布置余热锅炉相比，卧式布置余热锅炉的占地面积大，基建投资成本较大，且水平烟道内烟气分布的均匀性较差；但是，水平烟道的维护比较方便，能容易地从顶棚上部吊出更换，换热器也不易积灰，清灰也比较容易（锅炉灰被振打或吹灰后直接掉到灰斗中，从下部排出）[40]。

3）π式布置余热锅炉

与卧式布置余热锅炉不同的是，π式布置余热锅炉的第四烟道进一步分为一段水平对流烟道以及一段垂直省煤器：水平通道包含低、中、高温过热器以及蒸发器，其后的尾部竖井中布设省煤器。

与卧式布置余热锅炉相比，π式布置余热锅炉的占地面积略有减少，基建投资成本相近或略有减少；同样地，水平烟道的维护比较方便、不易积灰、清灰容易，但更换在尾部竖井内的省煤器时，只能从偏侧面抽出。

2.2.4　环境监管执法要点

锅炉的省煤器与空预器一般合称尾部换热面，是烟气二噁英类二次生成的重要场所，余热锅炉受热面的布置结构、换热效果、清灰难度等特点，将会影响烟气二噁英类二次生成及向后输移的特征。

为了减少烟气在低温区间的停留时间、避免二噁英类在低温区间的二次生成，生活垃圾焚烧炉一般已不再在省煤器后段设置空预器来加热助燃空气。但是，生活垃圾焚烧炉的一次风最好为热风，以降低一次风温度太低对炉膛内垃圾燃烧工况的干扰。为了满足此需要，一般将空预器设置在一次风进风之前，从过热器中引出一股高温蒸汽，引入空预器中，用于对一次风预热。

2.3   余热锅炉换热管的排列和防腐蚀

2.3.1   排列方式

对于生活垃圾焚烧发电厂，余热锅炉换热管的排列方式主要分为两种：①顺列，是指管束中各管排均作行列排列，其优点是吹灰容易、磨损轻，缺点是积灰严重；②错列，是指管束中相邻的管排作交错排列，交错排列有等边三角形、正方形等方式，其优点是结构紧凑、传热效果好、积灰减少，缺点是管道磨损更严重、吹灰困难。

由于生活垃圾焚烧发电厂余热锅炉是烟气二噁英类二次生成的主要场所，所以余热锅炉的管道排列方式将会影响烟气二噁英类二次生成及向后输移的特征。

2.3.2   防腐蚀方式

烟气中的酸性气体、冷凝沉降积灰中的盐类（特别是碱金属化合物）均会对余热锅炉换热管道的外壁造成腐蚀，而锅炉给水中的溶解氧、溶解性固体会对换热管道的内壁造成腐蚀（图 2-2-2）。余热锅炉换热管道常用的防腐蚀方式包括：①管道制造采用添加特定合金元素的防腐钢材，常见的合金元素包括铬（Cr）、镍（Ni）、钼（Mo）、钒（V）、铌（Nb）、钛（Ti）、铝（Al）、硅（Si）；②对管道外壁进行堆焊，利用焊接工艺将填充金属（主要是 Cr、Ni 合金）熔敷在金属材料或零件表面，获得特定的表层性能和表面尺寸（常见的堆焊厚度为 2 mm 左右，热影响区硬度小于 800 N/mm^2 或维氏硬度 250 HV）；③对管道外壁进行热喷涂，采用电弧喷涂与等离子喷涂工艺，在可能发生腐蚀的区域喷涂防腐合金，涂层厚度小于堆焊，对管道换热的影响较小；④通过化学或物理方法处理锅炉给水，去除水中的腐蚀性成分，减少锅炉给水对换热管道金属的腐蚀作用；⑤运行过程中及时对积灰结焦予以清除。

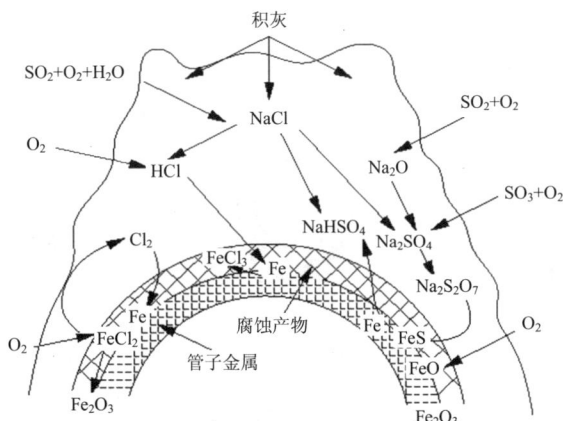

图 2-2-2　余热锅炉换热管腐蚀示意

2.3.3　环境监管执法要点

余热锅炉换热管的排列方式和对于腐蚀的耐受性将会影响生活垃圾焚烧炉的停运检修计划，也会影响焚烧炉运行期间的工况平稳性，进而对污染物的产排特征产生影响。当焚烧炉频繁出现超标问题时，应加强对余热锅炉换热管设备特点的关注。

2.4　积灰和结焦的清除

2.4.1　定义及成因

余热锅炉运行过程中，燃料中的灰分以颗粒物的形式随烟气流动，在重力沉降以及受热面阻挡的作用下，一部分颗粒物会在受热面上沉积，形成积灰和结焦（图2-2-3）。随着烟气温度的降低，一方面烟气中气相的污染物会部分向颗粒相转化，另一方面受热熔化的颗粒物会随着烟气温度降低而凝固。因此，积灰是指燃烧过程中产生的灰分颗粒在锅炉受热面上的沉积现象；结焦是指燃烧过程中产生的灰分在高温下熔融或软化，并在受热面上形成坚硬的焦块。在热工领域，积灰和结焦既是两个动宾短语，指灰粒沉积和形成焦块的两个动作，又是两个名词短语，指沉积形成的沉积物以及凝固和黏附形成的焦块。

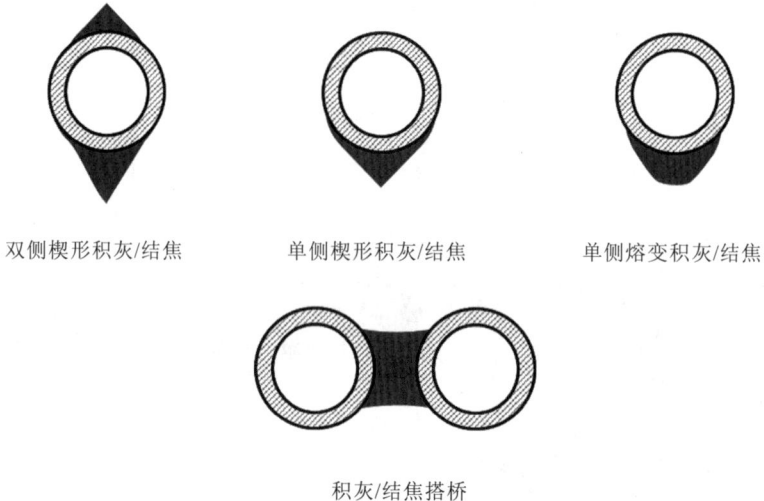

双侧楔形积灰/结焦　　　　　单侧楔形积灰/结焦　　　　　单侧熔变积灰/结焦

积灰/结焦搭桥

图 2-2-3　余热锅炉换热管积灰或结焦示意

2.4.2　积灰和结焦的清除

积灰和结焦是余热锅炉运行中比较普遍的问题，一般情况下，随着烟气一起运动的灰渣颗粒，如果在到达受热面前就已经因温度降低而凝固，则只会在受热面上形成一层疏松的灰层，运行中通过吹灰很容易去除；而如果液态的灰粒在到达受热面时，因受热面吸热而降温凝固，则会黏附在受热面或炉墙上，导致结焦现象，且焦块会黏附新的液态灰粒，导致焦块不断增加。实践中，结焦主要发生在锅炉的高温受热面，如蒸发器、过热器中，而在锅炉的低温受热面，如省煤器中，主要产生的是积灰。积灰通常呈现片状、层状，不像结焦那样呈现玻璃态般的硬度，所以清除积灰的难度低于清除结焦。余热锅炉一般设置有定时清灰措施，通过机械振打、蒸汽喷吹、乙炔喷爆等方式对积灰和结焦予以清除，清除效果受锅炉受热面布置、积灰和结焦的黏附性等因素制约。此外，受制于吹灰器的安装位置，锅炉中有些部位不能被吹灰器工作范围覆盖；或者积灰的沉积强度相对较大，即使吹灰器能吹到，也不能将积灰吹脱。

为了避免积灰和结焦影响生活垃圾焚烧炉和余热锅炉的正常运行，除配置常态化的定时清灰措施外，还需定期对余热锅炉停炉检修，以消除积灰和结焦的负面影响。

2.4.3　环境监管执法要点

余热锅炉清除积灰和结焦涉及的环境监管执法要点包括：①定期的停炉检修需要焚烧炉停止和重新启动，在停止和重新启动期间的二噁英类生成强度高于平稳运行期间；②常态化的定时清灰措施对于烟气多相流动存在一定干扰，影响烟气二噁英类的输移和排放；③焚烧炉启动、停止等操作须遵循《生活垃圾焚烧发电厂自动监测数据应用管理规定》的要求，及时如实开展焚烧炉工况异常标记；④积灰和结焦中含有一定浓度的二噁英类、重金属等有毒物质，需妥善处置。

2.5　汽轮机

2.5.1　定义

汽轮机是将蒸汽的能量转换为机械功的旋转式蒸汽动力装置。汽轮机以蒸汽为工质，通过蒸汽在喷嘴和动叶中的膨胀和流动，将蒸汽的热能转化为机械能，驱动发电机或其他机械装置。蒸汽的热能转变为汽轮机转子旋转的机械功需要经过两步能量转换，第一步是蒸汽流过汽轮机喷嘴时，将热量转换成蒸汽高速流动的动能；第二步是高速气流流过工作叶片时，将蒸汽动能转换成汽轮机转子旋转的机械功。

2.5.2　分类

1）按用途分类

汽轮机可分为发电用汽轮机、工业用汽轮机和船用汽轮机。

生活垃圾焚烧发电厂使用的是固定式发电用汽轮机。截至2024年，我国生活垃圾焚烧发电厂所使用的汽轮机功率平均约为12 MW，最大为70 MW。

2）按热力特性分类

汽轮机可分为凝汽式汽轮机、背压式汽轮机、抽汽式汽轮机、抽汽背压式汽轮机、多压式汽轮机等5种型式。凝汽式汽轮机的特点为蒸汽在汽轮机内做功后，排汽在低于大气压力的真空状态下全部排入凝汽器凝结成水（若将蒸汽在汽轮机某级后引出再次加热，然后再返回汽轮机继续膨胀做功，则为中间再热凝汽式汽轮机）；背压式汽轮机的特点为蒸汽在汽轮机内做功后，排汽在高于大气压力的状态下直接供热用户使用，而不进入凝汽器；抽汽式汽轮机的特点为部分蒸汽在汽轮机膨胀过程中抽出对外供热（抽出的蒸汽可调整参数和流量），其余蒸汽在汽轮机内做功后排汽进入凝汽器，可分为一次调整抽汽式汽轮机和两次调整抽汽式汽轮机；抽汽背压式汽轮机兼具抽汽式汽轮机和背压式汽轮机的特点，调整后的抽汽和排汽都用于对外供热；多压式汽轮机的特点为汽轮机进汽的参数并不唯一，汽轮机的某中间级前会引入其他来源的蒸汽，与原来的蒸汽混合共同膨胀做功。

对于生活垃圾焚烧发电厂来说，若只发电，则常使用凝汽式汽轮机；若汽电联供，则可使用背压式汽轮机、抽汽式汽轮机和抽汽背压式汽轮机。例如，青岛市西海岸生活垃圾焚烧发电厂采用背压式汽轮机，通过提高汽轮机的运行背压（汽轮机出口的蒸汽压力），从而升高排汽温度，以提高循环水出口温度用于居民供暖，测算汽电联供期间全厂R_1可提高至0.875；广州市第六资源热力电厂将凝汽式汽轮机改造为抽汽式汽轮机，将一段抽汽减温减压后作为供热蒸汽；深圳市宝安生活垃圾焚烧发电厂对外供热使用抽汽式汽轮机，设置工业抽汽口，采用旋转隔板调节抽汽量和压力。

2.5.3 主要表征指标

生活垃圾焚烧发电厂汽轮机热经济性的主要表征指标包括汽耗率和凝汽器真空度。

（1）汽耗率，指每产生1 kW的功所耗费的蒸汽量，单位是kg/（kW·h），用d表示，$d=D/N$，D是主汽流量，N是机组发出的电功率。汽耗率需要考虑蒸汽参数和蒸汽蕴含的热能。

（2）凝汽器真空度，指汽轮机低压缸排汽端的真空程度，一般表示为大气压与汽轮机排汽压力之差的绝对值，单位为 kPa。凝汽器真空度适用于设有凝汽器的凝汽式汽轮机、抽气式汽轮机，这是因为排汽进入凝汽器冷凝成水后将形成真空状态。凝汽器真空度下降的可能原因包括凝汽器密封不严而导致外部空气漏入、真空系统真空泵抽吸能力下降、循环水系统工作状态不佳等。凝汽器真空度下降的危害包括汽轮机汽耗增加和热经济性下降、影响二次除氧效果从而加剧低压设备管道腐蚀、改变蒸汽流通部分的静态和动态间隙从而影响设备运行的稳定性和安全性[41]。

2.5.4 母管制

我国生活垃圾焚烧发电厂余热锅炉大多采用母管制系统，即将多个锅炉的蒸汽输出汇集到一个共同的蒸汽管道（母管）中，再从母管分配蒸汽到多个汽轮机。典型的如"三炉两机"（3台余热锅炉的蒸汽通过母管分配给2台汽轮机）、"两炉一机"（2台余热锅炉的蒸汽通过母管分配给1台汽轮机）。母管制系统通过控制负荷或者进入汽轮机蒸汽的压力来进行蒸汽的分配，在运行的过程中若某台汽轮机发生故障，通常有两种手段来进行调整，一是通过降低焚烧炉负荷，来降低蒸汽产生量；二是将超过汽轮机负荷的部分蒸汽通过旁路管道送入凝汽器中直接冷凝。

2.5.5 环境监管执法要点

凝汽式汽轮机设计制造时，会确定一个最佳经济排汽端真空数值（通常为60～90 kPa），在实际运行中，排汽端真空数值每降低1 kPa，汽耗增加1.5%～2.5%。通过考察实际运行时汽轮机真空度与最佳经济真空度的偏差程度以及凝汽器真空度的管控措施，可以从侧面得知生活垃圾焚烧发电厂运营管理的精细化水平，为环境监管执法提供参考。

2.6 冷却塔

2.6.1 定义

冷却塔是一种使用水作为循环冷却剂，通过两次热交换的方式，将余热锅炉乏汽中携带的废热排放到周围温度较低的空气中的散热装置。第一次热交换发生于汽轮机的凝汽器中，乏汽中的废热被交换至冷却水中；第二次热交换发生于冷却塔中，冷却水中的废热被交换至空气中。

对于生活垃圾焚烧发电厂来说，余热锅炉内的高温高压蒸汽推动汽轮机做功后，能量降低、压力减小，成为乏汽。乏汽含有气、水两相，如果直接重新进入锅炉，会导致设备汽蚀；同时，乏汽的热容量小，重新进入锅炉会降低换热效率。因此，乏汽必须通过凝汽器液化为单相的水后再重新进入余热锅炉，而乏汽中废热需要通过冷却塔传递到空气中。

2.6.2 分类

1）按通风方式分类

冷却塔可分为自然通风冷却塔、机械通风冷却塔、混合通风冷却塔。自然通风冷却塔利用塔内外的空气密度差造成的通风抽力使空气流通，其优点在于冷却效果稳定，运行费用低，故障较少，便于维护，风筒高，飘滴和雾气对环境影响小；缺点在于空气内外密度差小，通风抽力小，不宜用在高温高湿地区，且施工难度大、施工风险较高。机械通风冷却塔依靠风机通风，还可以进一步分为鼓风式和抽风式冷却塔，分别利用鼓风机或抽风机强制空气流动，优点在于风量和风速可控、冷却效率高，且施工难度和施工风险较小；缺点在于能耗较大、运行费用较高[42]。混合通风冷却塔结合自然通风冷却塔和机械通风冷却塔，兼具两者优点。

这3种冷却塔在生活垃圾焚烧发电厂均有应用。其中，自然通风冷却塔俗称为"双曲型风筒式冷却塔"，为全由混凝土浇筑而成的薄壁结构，因其上方出口处有白色水汽升腾，容易被误认为是"排放白烟的烟囱"而诱发邻避矛盾，且设施高度高于厂房，影响厂区的整体景观效果；机械通风冷却塔、混合通风冷却塔可构建为"方盒子"状，掩蔽在厂房背后，不会影响厂区的整体景观效果。

2）按水和空气的接触方式分类

冷却塔可分为湿式冷却塔、干式冷却塔、干湿式冷却塔。湿式冷却塔中的水和空气直接接触，热质交换充分，冷却效果好，但需要处理漂水问题；干式冷却塔中的水和空气不直接接触，通过换热器进行热交换，无漂水问题，但冷却效率相对较低，且设备复杂，导致运行成本较高；干湿式冷却塔结合了干式冷却塔和湿式冷却塔的特点。

生活垃圾焚烧发电厂常使用湿式冷却塔，也有使用干式冷却塔和干湿式冷却塔的案例。

2.6.3　环境监管执法要点

冷却塔运行时，用于冷却的循环水会部分蒸发到空气中，造成冷却水损失，因此，冷却塔需要每天从外界大量补充循环水。循环水的来源包括河湖水、自来水、再生水，均含有一定的盐分。随着冷却塔的运行，循环水的盐分会累积，导致循环水盐分浓度增加，从而需要定期排出一定比例的高盐循环水。环境监管执法实践中，需注意被排出的高盐循环水的去向，避免造成次生污染。

2.7　余热锅炉给水和排水

2.7.1　余热锅炉给水

为保证余热锅炉的安全稳定运行，锅炉给水在进入锅炉前需要进行除盐的预处理操作，通过反渗透或离子交换工艺制备，防止结垢和腐蚀。未经除盐的水中除了少量悬浮物外，还存在 Ca^{2+}、Mg^{2+}、Na^+ 等阳离子和 SO_4^{2-}、Cl^-、HCO_3^-、$HSiO_3^-$ 等阴离子组成的溶解盐类及 O_2、CO_2 等气体杂质。这些杂质随水进入锅炉中，会在锅炉及蒸汽系统中产生危害。锅炉给水的原水通常采用市政自来水，若水质不达标需预处理，包括悬浮物过滤、离子交换软化硬度、除氧设备去除溶解氧，处理后须满足锅炉水质要求。

2.7.2　余热锅炉排水

1）定排水

为了保证锅炉水在一定浓度范围内稳定运行，防止锅炉结垢和保证蒸汽的品质，需将锅炉中的水进行排放，以带走锅炉给水中含有的盐分和炉内的沉渣[43]。余热锅炉定排系统的排污率一般≤3%，以减少水垢形成和热损失。定排水含高盐分及药剂残留，需经定期排污膨胀器处理后，排入回用水池回用。

2）循环冷却水

循环冷却水指在工业生产中，通过换热器或直接接触方式交换热量后，返回冷却构筑物（如冷却塔）降温，并经过必要处理（如过滤、除盐）再次循环使用的冷却水。相比直流冷却系统（一次用水即排放），循环冷却水可减少95%以上的用水量。循环冷却水的利用固然节约了大量新鲜用水，但是从另一方面看，大量使用循环冷却水则反映了生产工艺的热能利用效率较差，大量的热能被白白地散发到大气中，因此改进生产工艺以提高热能利用率，不仅是节能也是节水的根本途径。

循环冷却水同样需要做好悬浮物、盐度与硬度、微生物的控制。我国循环冷却处理技术的发展，大体上已经从单纯防止碳酸钙结垢阶段发展到控制污垢、腐蚀和菌藻的综合处理阶段，具体执行需符合《工业循环冷却水处理设计规范》（GB/T 50050—2017）的要求。

循环冷却水同样存在盐分累积的问题，需要不断补水并定期外排。

2.7.3　环境监管执法要点

锅炉系统水的输入量和输出量之间具有平衡关系。锅炉运行过程中，需要不断补充新鲜水，同时排出部分废水，以维持系统内的水量和水质稳定。水平衡计算式为：取水量＋物料带入水量=耗水量＋排水量＋漏水量。环境监管执法实践中，需注意排出废水的去向，避免造成次生污染。

2.8 关键指标——热能转化效率

如图 2-2-4 所示，垃圾进入焚烧炉后本身的化学能转换为烟气热能，烟气进入余热锅炉中与水进行换热形成过热蒸汽，使烟气中的热能转换为蒸汽中的热能。烟气中其余的热能在后面的烟气净化系统中被消耗。蒸汽到达汽轮机后，若为抽汽式汽轮机会将其中一部分蒸汽用于供热（烟气净化系统中的 SCR 脱硝过程等），剩余蒸汽膨胀做功带动发电机发电；若为凝汽式汽轮机，除部分排汽冷凝外，基本上全部蒸汽均用于膨胀做功发电。最终的电量部分用于厂内自用，其余部分上网。在从垃圾入炉到最后电能上网的过程中，表征热能转化效率的指标包括余热锅炉热效率、蒸汽发电利用率、发电机组效率、有功功率占比、上网电率等。对这些指标进行核算，不仅能够衡量整个生活垃圾焚烧发电厂的热经济性，还能够通过评价各个环节设施的运行状况，指导运营企业采取措施提高能源回收利用效率和精细化管理水平。

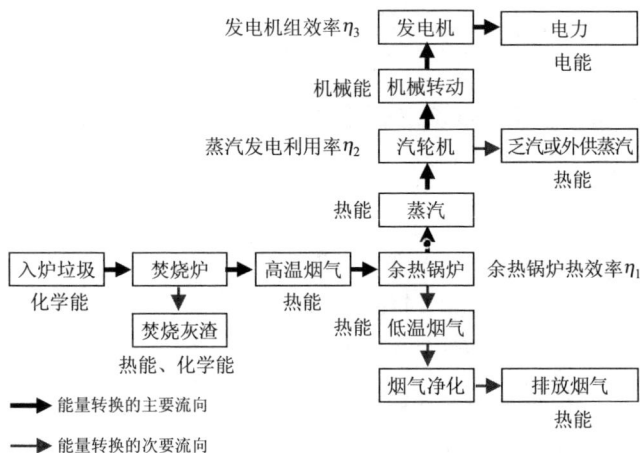

图 2-2-4　生活垃圾焚烧发电厂中的能量转换过程

2.8.1 余热锅炉热效率η_1

余热锅炉热效率是指生活垃圾焚烧炉将垃圾中的化学能转化为余热锅炉

蒸汽中热能的转化比例，可由下式表示：

$$\eta_1 = \eta_{1a} \times \eta_{1b} \qquad (2\text{-}2\text{-}2)$$

式中，η_{1a} 为燃烧效率，即垃圾中的化学能转换为烟气中热能的百分比，一般在99%以上；η_{1b} 为热能回收效率，即烟气中热能转换为蒸汽中热能的百分比。

生活垃圾焚烧发电厂的余热锅炉热效率在 78%～85%，而火电厂的余热锅炉热效率能够达到 90%以上。造成生活垃圾焚烧余热锅炉热效率偏低的原因：①城市生活垃圾高水分、低热值；②焚烧锅炉热效率相对较小，蒸发量一般不会超过 1 000 t/h，出于经济原因，能量回收措施有局限性；③垃圾焚烧后烟气中含灰尘及各种复杂成分，导致燃烧室内热回收有局限性。此外，还与辅助燃料量与垃圾处理量的比值有关。

在生活垃圾焚烧发电厂的运行过程中，启炉或在垃圾热值不稳定时，会在焚烧炉中投加辅助燃料，以维持工况稳定。因此，在原料热能计算过程中除了有入炉垃圾本身的热能，还有辅助燃料的热能。因此，余热锅炉热效率的具体计算可按下式：

$$\eta_1 = \frac{Q_{vt}}{Q_t} \times 100\% \qquad (2\text{-}2\text{-}3)$$

式中，Q_{vt} 为总蒸汽热能，kJ/h；Q_t 为所有原料的热能，kJ/h。

（1）所有原料的热能 Q_t 可按下式计算：

$$Q_t = Q_w + Q_f \qquad (2\text{-}2\text{-}4)$$

式中，Q_w 为垃圾原料的热能，kJ/h；Q_f 为辅助燃料的热能，kJ/h。

其中，垃圾原料的热能 Q_w 可按下式计算：

$$Q_w = W_w \times \text{LHV} \qquad (2\text{-}2\text{-}5)$$

式中，W_w 为焚烧炉给料垃圾量，t/h；LHV 为入炉垃圾的湿基低位热值，kJ/kg，一般为5 000～9 500kJ/kg。

辅助燃料的热能 Q_f 可按下式计算：

$$Q_f = W_f \times q_w \qquad (2\text{-}2\text{-}6)$$

式中，W_f 为焚烧炉中辅助燃料的投加量，t/h；q_w 为辅助燃料的热值，kJ/kg，一般柴油的热值取39 286 kJ/kg，天然气热值取35 581 kJ/kg。

（2）总蒸汽热能 Q_{vt} 可按下式计算：

$$Q_{vt} = W_{vt} \times q_v \qquad (2\text{-}2\text{-}7)$$

式中，W_{vt} 为余热锅炉产生的总蒸汽量，t/h；q_v 为单位蒸汽的热焓，kJ/kg，中温中压锅炉可取 3 200 kJ/kg，中温次高压锅炉可取 3 300 kJ/kg。

2.8.2　蒸汽发电利用率 η_2

余热锅炉的蒸汽发电利用率是指余热锅炉产生的全部蒸汽传送给发电机组用于发电的比例。余热锅炉产生总蒸汽（具体可见 DCS 数据）的用途包括发电、对外供蒸汽、烟气净化的 SCR 脱硝等，只有部分蒸汽进入发电机发电。蒸汽发电利用率可由下式计算：

$$\eta_2 = \frac{W_e}{W_{vt}} \times 100\% \qquad (2\text{-}2\text{-}8)$$

式中，W_e 为用于发电的蒸汽量或发电机组进气量，t/h；W_{vt} 为余热锅炉产生的总蒸汽量，t/h。

2.8.3　发电机组效率 η_3

发电机组效率是指蒸汽热能转换为发电电能的效率，又称蒸汽发电机组的热电效率，可由下式表示：

$$\eta_3 = \eta_{3a} \times \eta_{3b} \qquad (2\text{-}2\text{-}9)$$

式中，η_{3a} 为蒸汽热能转换为汽轮机输出机械能的效率，η_{3b} 为发电机效率。

发电机组效率的具体计算可按下式：

$$\eta_3 = \frac{Q_e \times W_w \times 3.6}{W_{vt} \times \eta_2 \times q_v} \times 100\% \qquad (2\text{-}2\text{-}10)$$

式中，Q_e 为单位垃圾的发电量，kW·h/t；W_w 为焚烧炉给料垃圾量，t/h；W_{vt} 为余热锅炉产生的总蒸汽量，t/h；η_2 为余热锅炉的蒸汽发电利用率，%；q_v 为单位蒸汽的热焓，kJ/kg，根据《生活垃圾焚烧发电厂现场监督检查技术指南》（HJ 1307—2023），为便于核算，考虑近似取值为：中温中压锅炉温度约为 400℃，压力约为 4 MPa，对应热焓约可取 3 200 kJ/kg；中温次高压锅炉温度约为 450℃，压力约为 6 MPa，对应热焓约可取 3 300 kJ/kg；次高温超高压锅炉温度约为485℃，压力为13.5～16.5 MPa，对应热焓可取3 400～3 450 kJ/kg。

根据《生活垃圾焚烧发电厂现场监督检查技术指南》（HJ 1307—2023），为便于核算，中温中压蒸汽发电机组的η_3可近似取25%～30%，中温次高压蒸汽发电机组可近似取28%～35%，次高温超高压蒸汽发电机组可近似取33%～40%。

因此，生活垃圾焚烧发电厂从垃圾燃烧到电能产生，整个过程的效率计算式为$\eta = \eta_1 \times \eta_2 \times \eta_3$。

2.8.4　有功功率占比η_4

有功功率占比是指发电机的有功功率在总功率中的占比。有的生活垃圾焚烧发电厂DCS界面显示的功率为发电机的总功率，其中包括有功功率和无功功率，只有有功功率是用于发电过程的。有功功率是保持设备正常运行所需的功率；无功功率是用于电路内电场与磁场的交换，并用来在电气设备中建立和维持磁场的功率。有功功率占比可按下式计算：

$$\eta_4 = \frac{Q_{pu}}{Q_p} \times 100\% \qquad (2\text{-}2\text{-}11)$$

式中，Q_{pu}为发电机的有功功率，MW；Q_p为发电机的总功率，MW。

2.8.5　厂用电率η_5

厂用电率是指生活垃圾焚烧发电厂自身电能消耗占总发电量的比例。生活垃圾焚烧发电厂中，发电量大部分并入外部电网交易，少部分用于自身厂内用电。据不完全统计，我国生活垃圾焚烧发电厂的厂用电率一般不超过18%，有的可控制不超过13%。厂用电率可按下式计算：

$$\eta_5 = \left(1 - \frac{Q_{ei}}{Q_e}\right) \times 100\% \qquad (2\text{-}2\text{-}12)$$

式中，Q_{ei}为上网电量，kW·h/t；Q_e为发电量，kW·h/t。

2.8.6　上网电率 η_t

我国生活垃圾焚烧发电厂通常使用上网电率来评价全厂总体的热能转化效率。上网电率是指生活垃圾焚烧发电厂在评价周期内全部的上网电量占所有燃料热能的比例。为简化计算，通常又将所有燃料的热能简化为垃圾燃料的热能，因此，上网电率可用下式计算：

$$\eta_t = \eta_1 \times \eta_2 \times \eta_3 \times (100\% - \eta_5) \times 100\% \qquad (2\text{-}2\text{-}13)$$

对于采用中温中压余热锅炉、只发电不供蒸汽、不设SCR脱硝装置的生活垃圾焚烧发电厂来说，η_t 一般为80%×100%×30%×（1-15%）=20.4%。这个数字看起来不大，说明只发电、不供蒸汽的方式对燃料热能的有效利用率不够，还有很大的提升优化空间。因此，《生活垃圾焚烧处理与能源利用工程技术标准》（GB/T 51452—2024）要求"当焚烧厂附近有长期稳定热（冷）用户时，焚烧厂应优先采用热（冷）电联产的热能利用方式。"

2.8.7　能源利用效率 R_1

仅用上网电率 η_t 对生活垃圾焚烧发电厂的热能转化效率进行评价，容易让人产生焚烧厂"不节能"的误解。欧盟国家常采用能源利用效率 R_1 作为评价指标，具体按式（2-2-1）计算。

欧盟《有关垃圾及废止部分指令的指令》（DIRECTIVE 2008/98/EC）给出了垃圾焚烧设施作为能源利用设施的能源利用效率要求：2008年12月31日以前投产的垃圾焚烧设施 R_1 应达到0.60，2019年1月1日以后投产的垃圾焚烧设施 R_1 应达到0.65。根据欧盟对于垃圾焚烧设施 R_1 的计算方法，结合部分文献报道，欧盟垃圾焚烧设施的 R_1 值约为0.55，我国生活垃圾焚烧发电厂的 R_1 值约为0.59，仍有进一步提升的空间。与中温中压锅炉参数的余热利用技术相比，中温次高压锅炉参数的蒸汽再热技术焚烧发电能效可提升3%～6%，次高温超高压锅炉参数的蒸汽再热技术焚烧发电能效可提升6%～10%。

2.9 关键指标——余热锅炉出口烟气温度

2.9.1 定义

由于生活垃圾焚烧发电厂的余热锅炉尾部通常不设空气预热器，所以通常将省煤器出口烟气的温度称为余热锅炉出口烟气温度。

2.9.2 控制余热锅炉出口烟气温度的意义

（1）减少对锅炉热效率的影响。锅炉出口烟气中含有一定的热量，出口烟气温度过高会增加生活垃圾焚烧发电厂的热损失。有效控制余热锅炉出口烟气温度，有利于降低生活垃圾焚烧发电厂的热损失，提高热经济性。

（2）减少对烟气净化系统的影响。余热锅炉出口烟气温度过高，虽然会将脱酸塔中的水蒸干，减少飞灰中的含水率，但是会严重影响脱酸塔脱酸以及活性炭吸附特征污染物的效果，导致烟气净化效果变差。余热锅炉出口烟气温度过低，脱酸塔中的水分含量会增加，导致飞灰中含水率增高，会造成布袋除尘器出现糊袋的情况。因此，余热锅炉出口烟气温度需要在一个合适的范围，既能够保证烟气净化系统的净化效果，又能够减少烟气净化系统中设施的故障风险。

2.9.3 余热锅炉出口烟气温度过高的影响因素

（1）设计计算不当，或者实际燃料与设计燃料的热值存在较大偏差。

（2）受热面的积灰和结焦。受热面的积灰和结焦使烟气与受热面之间的传热受阻增加，传热量减少。炉膛蒸发受热面的积灰和结焦会使炉膛内的辐射热减小而导致炉膛出口烟气温度升高，进而使得对流区的受热面温度升高；水平烟道和尾部烟道的受热面积灰和结焦，也会导致烟气温度升高，受热面热传递效率降低。

（3）锅炉漏风。国内一般锅炉的通风都采用平衡通风方式，炉膛和烟道系统都处于负压状态，因此，炉膛和对流烟道的严密性对排烟温度有着很大的影响。冷空气的进入使得过量空气系数增加，导致烟气量和烟气出口温度增加，且漏风点的位置越靠近炉膛，影响越大。这是因为漏风会增加烟气的流量，使得受热面的吸热量减少，进而导致余热出口烟气温度上升。计算结果表明，炉膛中漏风系数每增加10%，余热锅炉出口烟气温度会上升10℃；对流烟道漏风系数每增加10%，余热锅炉出口烟气温度会上升6℃。

（4）锅炉运行参数。相同容量的前提下，锅炉给水温度增加，使得炉膛中净热输入量下降，燃料燃烧产生的烟气质量、流量都会下降，过热器、再热器吸热量降低，各级受热面出口烟气温度上升。此外，给水温度的增加也会造成省煤器的温度和压力下降，使得预热器进口烟气温度上升，导致余热锅炉出口烟气温度升高。

通过以上分析可以看出，改善实际运行过程中的吹灰系统、减少设备本体的漏风，可以有效降低余热锅炉出口烟气温度，从而提高余热锅炉热效率，进而增加生活垃圾焚烧发电厂的运行经济性[44]。

2.9.4　环境监管执法要点

环境监管执法实践中，一般需关注余热锅炉出口烟气温度不高于230℃，避免对烟气净化系统造成不利影响。在余热锅炉的一个连续运行周期中，随着积灰和结焦的加剧，换热效果变差，锅炉出口烟气温度一般会从180℃逐渐上升到230℃，这就需要停炉检修，对积灰和结焦予以清除。在积灰和结焦影响较小的情况下，为了控制余热锅炉出口烟气温度不至于过高，一般控制余热锅炉屏式受热面出口烟气温度不高于620℃；若高于620℃，则需要降低焚烧炉的运行负荷。

2.10　监管疑问：热能转化对二噁英类有何影响？

垃圾本身的成分中含有一定的二噁英类或合成二噁英类的前驱物。若焚烧过程中未完全燃烧，未能将垃圾中的化学能完全转换为热能，烟气中产生过多的未燃尽物质，在300～500℃的温度条件下遇到适量触媒物质（主要为重金属，特别是铜等），那么在高温燃烧中已经分解的二噁英类将会重新生成[31]。垃圾组分对二噁英类的形成影响不同，研究表明，纺织品形成二噁英类比例最大，其次是塑料和纸张。但燃烧温度高于800℃，停留时间超过2 s时，烟气中二噁英类的分解率达到99%以上。因此，优化燃烧工况，保证燃烧温度高于800℃和停留时间大于2 s，绝大部分入炉垃圾带入的二噁英类可以被分解，很少进入焚烧产物中[45]。

焚烧系统中，垃圾进入炉膛后在500～800℃的温度区间内，高温气相生成二噁英类及部分前驱物。发生二噁英类高温气相合成反应的通常的温度为500～800℃，与氯苯、多氯联苯、氯酚、脂肪族碳氢化合物有关，这些有机化合物可通过一系列自由基缩合、脱氯或其他分子反应生成二噁英类。从对不同规模垃圾焚烧炉的研究来看，25%的多氯代二苯并-对-二噁英（PCDDs）和90%的多氯代二苯并呋喃（PCDFs）在温度为487～643℃的高温烟气中生成。因此，若针对性地在炉膛内加快化学能转化为热能的速率，减少此温度区间的停留时间，能够减少二噁英类及其前驱物的生成。温度在850℃停留2 s会高温分解上述二噁英类及其部分前驱物，因此增加焚烧过程中热能转换效率，使得温度维持在850℃以上、停留时间达到2 s以上，能够有效分解二噁英类及其前驱物。

烟气中含有很多氯苯、氯酚等二噁英类合成的前驱物或原料，进入余热锅炉中，在200～500℃时，发生低温异相催化合成二噁英类，应提升余热锅炉内的热能转换效率，减少烟气在余热锅炉中的停留时间，尽快离开二次合成的温度区间，尽量减少二噁英类的二次生成。

二次生成的二噁英类和前驱物会随着烟气进入烟气净化系统中，经过脱酸塔、活性炭喷射、被布袋除尘器捕集下来。前述的热能转换效率会影响烟气的温度和湿度，进而影响布袋除尘器对于二噁英类的捕集作用。

2.11　监管疑问：余热锅炉爆管是否意味着污染扩散？

余热锅炉爆管是指锅炉在运行中，水冷壁管、对流管、省煤器管等热交换面的管线因过热、磨损、腐蚀等原因发生爆裂，导致高温锅炉水泄漏，影响锅炉的正常运行。锅炉爆管是生活垃圾焚烧发电厂中比较常见的故障问题，主要原因包括：锅炉制造、安装或检修过程中焊口等薄弱部位的机械性能下降，锅炉给水质量不良导致的管内结垢或腐蚀，运行工况不合理导致的局部管道超温，烟气腐蚀与磨损，设备老化等。

锅炉爆管会导致高温蒸汽和热水泄漏，从而损坏锅炉本体及相关设备，可能引发烫伤、火灾等安全事故。因此，生活垃圾焚烧发电厂发现锅炉爆管后会及时停运检修。尽管锅炉爆管泄漏的高温蒸汽和热水混入烟气中，会在一定程度上影响烟气净化效果，但锅炉爆管并不意味着烟气净化系统失效，因此不一定会造成污染扩散，导致的环境风险基本可控。2007年前后，我国某生活垃圾焚烧发电厂因选择性非催化还原（SNCR）脱硝尿素滴漏腐蚀而引起锅炉爆管，引发了较大的邻避冲突，这主要是焚烧厂舆情应对措施不力导致的。

2.12　监管疑问：冷却塔的"白烟"是什么？

我国生活垃圾焚烧发电厂余热锅炉配备的汽轮发电机组大多为凝汽式汽轮机或抽汽式汽轮机，必须配备冷却塔对汽轮发电机组的乏汽进行换热冷却。冷却塔内因存在凝汽器冷却水和空气的换热过程，故导致白色水汽升腾，容易被误认为是排放"白烟"，其实只是"白雾"。余热锅炉的工质、乏汽、凝汽器冷却水均未与垃圾焚烧烟气直接接触，不含污染物。

3　生活垃圾焚烧发电厂的烟气净化

3.1　酸性气体的脱除

烟气脱酸是指通过脱酸药剂与烟气酸性气体的化学反应来减少烟气中酸性气体含量的烟气净化技术。

3.1.1　酸性气体污染物的产生机理和产生浓度

生活垃圾焚烧烟气中的酸性气体主要包含SO_2、HCl。SO_2来自燃料中S元素的转化，不同温度下燃料S转化为SO_2的转化率不同。HCl来自燃料中Cl元素的转化，当湿基Cl含量小于1%时，约20%的无机Cl元素和80%的有机Cl元素在800℃以上高温环境中转化为HCl。

表2-3-1综合各地的垃圾燃料组分，考虑垃圾焚烧温度"850℃及2 s"的要求，给出了酸性气体产生浓度的典型值。

表 2-3-1　生活垃圾燃料组分及焚烧烟气中污染物产生浓度的典型值[46]

国家（地区）	生活垃圾工业分析结果（湿基）/%			生活垃圾主要元素占比（湿基）/%						干烟气量/（m³/t，按含氧量11%折算）	污染物产生浓度/（mg/m³，按含氧量11%折算）		
	含水率	灰分占比	可燃分占比	C	H	O	N	S	Cl		NO_x	SO_2	HCl
中国	52.24	15.57	32.20	17.84	2.34	10.98	0.42	0.10	0.87	3 817	342	314	279
欧盟	34.00	15.84	50.16	25.00	4.00	18.00	0.84	0.13	0.72	5 547	249	281	247
美国	19.02	5.17	75.81	37.45	5.01	32.86	0.34	0.14	—	7 439	867	226	—
日本	41.88	9.99	48.13	24.14	3.47	18.31	0.77	0.24	1.72	5 105	259	564	618
韩国	30.29	16.03	53.68	32.60	4.53	15.58	0.43	0.04	0.95	7 372	604	65	263

3.1.2 烟气脱酸技术

烟气脱酸技术主要包括半干法、干法和湿法3种。

1）半干法脱酸

半干法脱酸，是指将浆液状的脱酸药剂（通常是熟石灰浆液）通过雾化装置喷入反应塔中，与烟气中的酸性气体反应并生成固体盐类的烟气脱酸技术。生成的固体盐类在反应塔中沉降，并在后续的烟气除尘装置中继续去除。半干法脱酸的主要化学反应式如下：

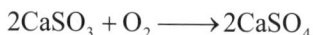

$$SO_2 + Ca(OH)_2 \longrightarrow CaSO_3 + H_2O$$

$$2CaSO_3 + O_2 \longrightarrow 2CaSO_4$$

$$2HCl + Ca(OH)_2 \longrightarrow CaCl_2 + 2H_2O$$

半干法脱酸的优点在于工艺较为成熟，脱酸率较为稳定（一般可达80%），浆液因被烟气中的热能蒸干而不产生脱酸废液，可配合工艺水降温装置调节烟气温度；缺点在于对雾化装置的设备可靠性要求高，对熟石灰浆液中石灰品质和粒径的要求较高，雾化装置较易堵塞、需配备备用喷嘴。

2）干法脱酸

干法脱酸，是指将粉末状的脱酸药剂（如熟石灰粉末、小苏打粉末等）喷入反应塔中，在湍流状态下与烟气中的酸性气体反应并生成固体盐类的烟气脱酸技术。使用熟石灰粉末时，干法脱酸的主要化学反应式与半干法一致。

干法脱酸的优点在于工艺较为简单，不产生脱酸废液；缺点在于脱酸率较低，脱酸率依赖脱酸药剂的投入量且不够稳定，粉末状脱酸药剂的调节不如浆液灵活。

3）湿法脱酸

湿法脱酸，是指将烟气通过洗涤塔，使酸性气体与液态的脱酸药剂（通常是NaOH溶液）发生化学反应并生成可溶性盐的烟气脱酸技术。湿法脱酸的主要化学反应式如下：

$$HCl + NaOH \longrightarrow NaCl + H_2O$$

$$SO_2 + 2NaOH \longrightarrow Na_2SO_3 + H_2O$$

$$Na_2SO_3 + SO_2 + H_2O \longrightarrow 2NaHSO_3$$

湿法脱酸的优点在于工艺较为成熟，脱酸率高（一般超过90%），脱酸效果稳定；缺点在于产生脱酸废液增加了系统的复杂度，出口烟气温度低、常需设置烟气再加热装置将烟气温度提高到酸露点以上，烟气阻力大、增加了引风机的电耗。

3.1.3　烟气脱酸技术组合

我国生活垃圾焚烧发电厂发展历程短、发展速度快，烟气脱酸工艺的一致性高：没有地方标准排放限值的地方，烟气脱酸大多使用"半干法脱酸+干法脱酸"的组合工艺，干法脱酸作为烟气酸性气体产生浓度高时的补充手段，可满足国家标准《生活垃圾焚烧污染控制标准》（GB 18485—2014）的排放限值要求；地方标准排放限值要求更严的地方，烟气脱酸常使用"半干法脱酸+干法脱酸+湿法脱酸"的组合工艺。

与之相比，欧盟、美国生活垃圾焚烧发电厂因发展历程较长，烟气净化工艺的差异较大，具体见表2-3-2。

表 2-3-2　欧盟和美国的烟气净化工艺占比[1,2]

单位：%

国家(地区)	烟气脱酸				烟气脱硝				烟气除尘		
	干法	半干法	湿法	组合技术	烟气再循环	SNCR	SCR	组合技术	电除尘	袋式除尘	组合技术
欧盟	16	27	45	13	0	46	54	0	26	45	30
德国	14	26	47	14	0	20	79	1	12	45	44
法国	23	20	53	5	0	37	63	0	50	32	19
荷兰	0	1	51	48	0	33	67	0	52	0	48
意大利	59	12	11	18	0	50	50	0	7	67	26
瑞典	5	18	55	21	0	77	23	0	27	40	33
丹麦	16	30	49	6	0	100	0	0	24	56	20
美国	2	94	0	4	2	96	0	2	14	81	5

3.1.4　环境监管执法要点

（1）判断所用的烟气净化工艺是否合理。

SO_2通过半干法脱酸可降至50 mg/m³，在投入大量脱酸耗材或加入NaOH溶液脱酸的情况下，可降至低于《固定污染源废气　二氧化硫的测定　定电位电解法》（HJ 57—2017）的检出限（3.0 mg/m³）；HCl通过半干法脱酸可降至30 mg/m³以下，但即使在投入大量脱酸耗材或加入NaOH溶液脱酸的情况下，也难以降至低于《环境空气和废气　氯化氢的测定　离子色谱法》（HJ 549—2016）的测定下限（0.80 mg/m³）。

（2）检查脱酸工艺设备的实际运行情况是否符合环境影响评价文件和相关标准的要求。

①烟气在脱酸反应段的停留时间。推荐性行业标准《生活垃圾焚烧厂评价标准》（CJJ/T 137—2019）在开展焚烧厂无害化评价时要求"半干法脱酸塔最大烟气量下烟气停留时间不足15 s扣0.5～2分（根据实际停留时间确定）"。需要注意的是，推荐性行业标准的要求并非强制性要求条款。

②脱酸药剂的品质和用量应能满足烟气中污染物排放浓度限值的要求。推荐性行业标准《生活垃圾焚烧厂运行监管标准》（CJJ/T 212—2015）要求使用熟石灰制浆时，熟石灰的品质应满足纯度≥95%、比表面积≥18 m²/g、粒度≥325目等要求；使用生石灰制浆时，生石灰的品质应满足纯度≥90%、比表面积≥（1.2～2.5）m²/g、粒度≥80目等要求。需要注意的是，推荐性行业标准的要求并非强制性要求条款。图2-3-1给出了DCS中半干法脱酸界面需要关注的主要数据点位。

③脱酸药剂雾化等核心设备的可用率满足设计要求，并配有备用件。

④脱酸药剂计量准确，能有效控制和调节用量。

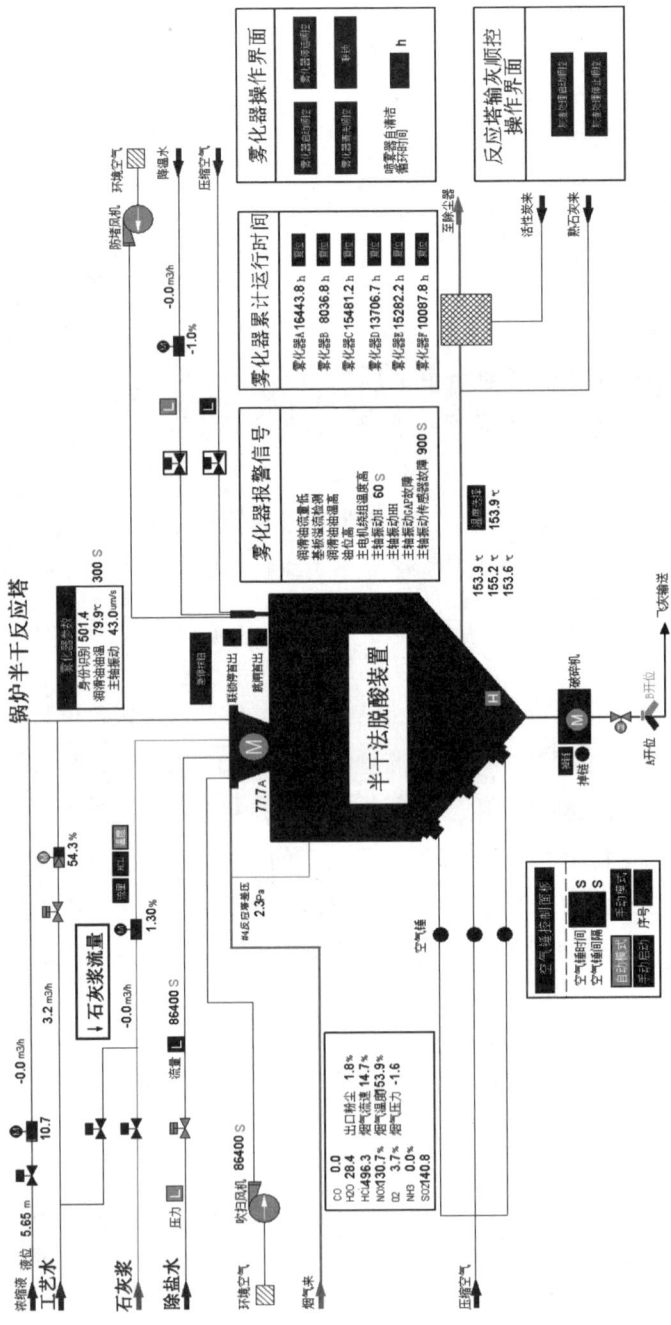

图 2-3-1　生活垃圾焚烧发电厂 DCS 中半干法脱酸界面需要关注的主要数据点位

注：图为某生活垃圾焚烧发电厂 DCS 系统界面截图。

3.2　NO$_x$的脱除

3.2.1　NO$_x$的产生机理和产生浓度

生活垃圾焚烧发电厂炉膛内焚烧温度一般低于1 100℃，故NO$_x$的产生来源主要是垃圾燃料中N元素（简称"燃料N"）的转化。焚烧烟气中NO$_x$的产生浓度的典型值见表2-3-1。

生活垃圾焚烧发电厂燃料N的转化路径非常复杂，其定量转化路径[47]见图2-3-2，包括以下3个方面：

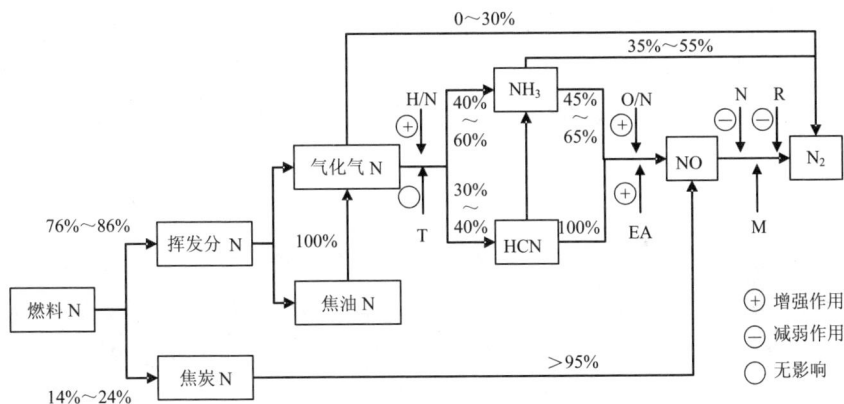

图 2-3-2　生活垃圾焚烧发电厂中燃料 N 的转化路径

注：H/N 为燃料中氢和氮的元素质量比，O/N 为燃料中氧和氮的元素质量比，N 为燃料中氮元素的质量比，R 为燃料中固定碳占可燃分的质量比，EA 为过剩空气系数，T 为温度，M 为燃料含水率。

（1）燃料N的热解。生活垃圾可燃分中挥发分和固定碳含量分别为76%～86%和14%～24%。挥发分N热解产物一般为气化气态的N（简称"气化气N"）和焦油态的N（简称"焦油N"），但在垃圾焚烧的高温高湿条件下，焦油N可完全热解为气化气N，故焦油N转化为气化气N的比例为100%。

气化气N进一步热解时，除了大部分转化为HCN和NH₃，也会有0～30%直接转化为N$_2$[48,49]。气化气N转化为N$_2$的比例取决于垃圾的元素成分：N元素含量越高，或H/N、O/N元素比越小，则气化气N转化为N_2的比例越大。生活垃圾中的厨余垃圾蛋白质含量高，会生成较多杂环状的吡咯氮和吡啶氮，更易转化为HCN[50,51]。然而，在湿烟气中水分子的作用下，只有30%～40%燃料N会转化为HCN，40%～60%燃料N会热解生成NH_3[52,53]。

（2）NO的生成。HCN氧化的主要产物为NO，而NH_3氧化的主要产物为NO和N_2。参考煤燃烧中与N元素相关的各类热化学反应所占的比例[54,55]，可确定NH_3氧化为NO和N_2的比例分别为45%～65%和35%～55%。此外，因为焦炭中的N（简称"焦炭N"）与焦炭会被同时氧化并迁移到烟气中，而生活垃圾焚烧的炉渣热灼减率<5%，所以，焦炭N的转化率>95%。

（3）NO的还原。氧化生成的NO还会被还原为N_2，主要还原剂包括HCN的氧化产物CNO、未参与氧化的NH_3、以CO和CH_4为代表的气化气、焦炭[54,55]。已有研究表明，有86%～98%的NO会再次被还原为N_2[54-57]，即最终剩余的NO仅为氧化生成NO的2%～14%。这一阶段是影响燃料N转化率的关键步骤，SNCR脱硝和SCR脱硝实际上是通过外源还原剂来增强这一还原过程的。

一般来说，送入生活垃圾焚烧发电厂的可燃物主要包括厨余垃圾、纸类、木竹类、纺织类、橡塑类5种。其中，厨余垃圾的干基N元素含量约为3%，纺织类中N元素含量约为2.3%，其他成分中N元素含量小于1%[58]。厨余垃圾中因含有较多糖类和脂肪，N元素含量较高，故可认为热解产物只有HCN和NH_3。蛋白质热解产物中HCN/NH_3为2.2～9.5，估算热解产物中HCN约为80%，NH_3约为20%[50,59]。纺织物中的N元素主要以聚酰胺的形态存在，H/N约为0.8，热解产物包括40% N_2、35% HCN和25% NH_3[60]。因其他组分N元素含量低，且无较多杂环氮，可认为热解产物包括60% NH_3和40% HCN。由此可估算厨余垃圾、纺织类和其他组分中燃料N的转化比例分别为91%、65%和73%。对于厨余垃圾占比40%以上的生活垃圾来说，通过垃圾分类，可将富含N元素的厨余垃圾从生活垃圾中分离而避免被送入垃圾焚烧炉，有利于垃圾焚烧中的NO_x源头防控。

3.2.2 烟气脱硝技术

垃圾焚烧烟气中NO_x以NO和NO_2为主，NO占90%左右。垃圾焚烧烟气中NO_x控制技术主要分为燃烧过程控制和燃烧后控制。燃烧过程控制主要从风量、烟气含氧量和炉膛温度等方面控制NO_x的产生，包括低NO燃烧控制技术、烟气再循环技术等；烟气脱硝（或NO_x的净化）一般指燃烧后控制，主要是通过尿素或氨等带氨基的还原剂把NO转化成N_2和H_2O，常见技术包括选择性非催化还原（SNCR）脱硝、选择性催化还原（SCR）脱硝、高分子脱硝技术（PNCR）。

（1）选择性非催化还原（selective non-catalytic reduction，SNCR）脱硝。

SNCR脱硝，是指不使用催化剂，在焚烧炉或余热锅炉的适当位置喷入脱硝还原剂，将NO_x还原为N_2的一种脱硝技术。该工艺中还原剂喷入炉膛温度为850～1 100℃的区域，会迅速发生热分解反应生成NH_3，与烟气中的NO_x发生氧化还原反应生成N_2和H_2O。

使用氨水作为还原剂的SNCR主要化学反应方程如下：

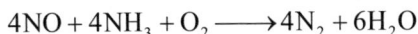

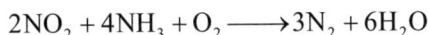

$$4NO + 4NH_3 + O_2 \longrightarrow 4N_2 + 6H_2O$$

$$2NO_2 + 4NH_3 + O_2 \longrightarrow 3N_2 + 6H_2O$$

使用尿素作为还原剂的SNCR主要化学反应方程如下：

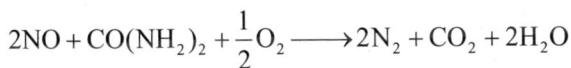

$$2NO + CO(NH_2)_2 + \frac{1}{2}O_2 \longrightarrow 2N_2 + CO_2 + 2H_2O$$

SNCR脱硝需要较高的温度，以达到较高的反应速率，减少氨逃逸，但当温度过高时，部分氨还原剂会发生副反应而被氧化生成NO，化学反应方程如下：

$$4NH_3 + 5O_2 \longrightarrow 4NO + 6H_2O$$

欧盟2006年版和2019年版的《垃圾焚烧最佳可行技术参考文档》[24,38]给出了炉温对于SNCR脱硝和NO重新生成的影响（图2-3-2），但该曲线为2003年的研究成果，只有炉温和NO_x的响应关系，认识不够深入。

SNCR脱硝可使用氨水溶液，也可使用尿素溶液。相较而言，尿素溶液需要一定的分解时间，有利于脱硝药剂到达炉膛中心参与脱硝反应，且尿素的运输和保存更为简单，但尿素容易滴漏腐蚀炉膛水冷壁，造成安全隐患。

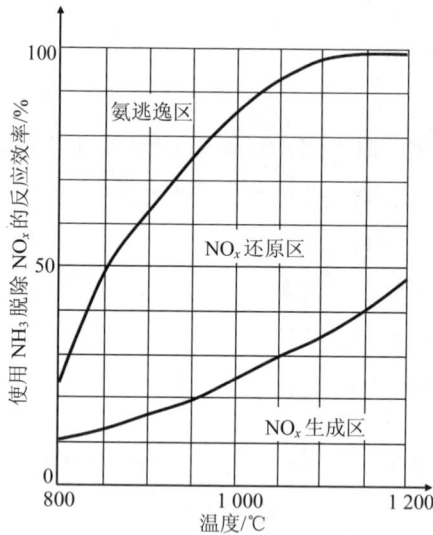

图 2-3-3　欧盟《垃圾焚烧最佳可行技术参考文档》给出的 SNCR 脱硝温度曲线

总体而言，SNCR脱硝的优点在于装置简单，运行能耗小，NO_x去除效率为40%～65%，完全能够满足国家标准《生活垃圾焚烧污染控制标准》（GB 18485—2014）的排放限值要求；缺点在于NO_x去除效率不能满足更严排放限值（例如，低于100 mg/m³）的要求，且对脱硝耗材的利用效率较差、氨逃逸问题较为突出。

（2）选择性催化还原（selective catalytic reduction，SCR）脱硝。

SCR脱硝，是指使用催化剂，在余热锅炉或烟气净化系统的适当位置喷入脱硝还原剂，将NO_x还原为N_2的一种脱硝技术。SCR脱硝技术涉及的化学反应与SNCR脱硝基本相同，催化剂的作用是降低反应的活化能，减小脱硝反应的温度需求。

SCR脱硝所需的温度低于SNCR脱硝，行业内一般将230~400℃的SCR脱硝称为中温SCR，将180~230℃的SCR脱硝称为低温SCR，将130~180℃的SCR脱硝称为超低温SCR。SCR脱硝所需的温度越低，越有利于降低SCR脱硝的能耗，但对SCR催化剂的催化性能要求越高。行业标准《火电厂烟气脱硝工程技术规范　选择性催化还原法》（HJ 562—2010）给出的典型火电厂烟气SCR脱硝系统流程图中，SCR脱硝装置设置在锅炉省煤器出口，这是因为多数SCR催化剂在200~400℃表现出最佳的活性和脱硝效率；而对于生活垃圾焚烧发电厂来说，为避免烟气中的SO_2、颗粒物、重金属等污染物造成催化剂中毒，SCR脱硝装置一般设置在袋式除尘器之后，有的甚至设置在"袋式除尘器+湿法脱酸装置"之后。生活垃圾焚烧发电厂袋式除尘器之后的温度一般低于160℃甚至140℃，为了达到低温SCR脱硝的温度需求，需要设置烟气换热装置（GGH），将已降温的烟气重新提升到适宜的温度，这会增加能量耗损。因此，生活垃圾焚烧发电厂更希望应用超低温SCR技术。不过，一方面，截至目前，超低温SCR成熟应用的报道仍然较少，大多数应用SCR脱硝技术的生活垃圾焚烧发电厂仍是使用低温SCR脱硝或者中温SCR脱硝技术；另一方面，烟气温度低将限制催化剂的活性，导致SCR脱硝需要配备更多的催化剂。

SCR脱硝可使用氨水、尿素或碳氢化合物作为还原剂，柴油车脱硝领域还在探索使用未燃尽的碳氢化合物与NO_x发生脱硝反应，但在生活垃圾焚烧发电厂，SCR脱硝通常只使用氨水溶液。HJ 562—2010要求"采用氨水作为还原剂时，宜采用质量分数为20%~25%的氨水溶液"。生活垃圾焚烧发电厂SCR脱硝的氨水溶液浓度一般在20%左右。

总体而言，SCR脱硝的优点在于NO_x去除效率较高（HJ 562—2010要求在催化剂最大装入量情况下的设计脱硝效率不得低于80%）、有利于满足更加严格的排放限值要求，脱硝药剂利用较为完全、有利于减少耗材用量和氨逃逸；缺点在于SCR脱硝装置一次性投入高、占地面积大、运行能耗大、运行成本高，SCR催化剂需要定期更换。

（3）高分子脱硝技术（PNCR）。

PNCR脱硝，是指利用高分子材料作为还原剂进行脱硝的一种工艺。PNCR脱硝在国外文献中少见，但近10年内在我国NO_x排放限值介于$80\sim$ $120\ mg/m^3$的地区大量使用。与SNCR脱硝相似的是，PNCR脱硝药剂通过喷枪直接投入炉膛，在高温环境下与烟气NO_x发生脱硝反应，故设备简单、一次性投入成本低；但不同的是，PNCR脱硝药剂的成分通常保密。例如，某厂商介绍自己的PNCR脱硝药剂是一种以高效还原活性的功能高分子材料为主要组成成分的固态粉末混合物，主要组分有功能高分子还原材料（$C_nH_mN_s$）、乳化剂、分散剂、缓释剂和渗透剂，以及由氧、镁、铝、硅、硫、钙、钡、锰和稀土元素等化合物组成的催化剂及其助剂。

本书著者认为，目前市场上PNCR脱硝药剂有以下几个共同点：①以尿素、碳酸铵、三聚氰胺等有机氮构成的氨源，其比例一般占脱硝药剂成分的40%以上，是脱硝药剂最重要的组成部分；②添加了含钙、钠、镁、铝等金属氧化物/盐类中的一种或多种；③部分脱硝药剂添加了高分子树脂等增效聚合物，或是加入铁、锰等金属氧化物作为催化剂以增强脱硝效果。

3.2.3 烟气脱硝技术组合

我国生活垃圾焚烧发电厂发展历程短、发展速度快，烟气净化工艺的一致性高：没有地方标准排放限值的地方，烟气脱硝大多仅使用SNCR脱硝；地方标准排放限值为$100\sim150\ mg/m^3$的地方，烟气脱硝大多使用"SNCR脱硝+PNCR脱硝"的组合工艺；地方标准排放限值低于$100\ mg/m^3$的地方，烟气脱硝大多使用"SNCR脱硝+SCR脱硝"或"SNCR脱硝+PNCR脱硝+SCR脱硝"的组合工艺。

与之相比，欧盟、美国生活垃圾焚烧设施因发展历程较长，烟气净化工艺的差异较大，具体见表2-3-2。

3.2.4 环境监管执法要点

（1）判断所用的烟气净化工艺是否合理。

NO_x的生成浓度为300～400 mg/m^3，通过SNCR脱硝（效率为40%～65%）可降至160 mg/m^{3}以下，但一般难以长期降至120 mg/m^{3}以下，即使联用SCR脱硝，一般也难以长期降至30 mg/m^{3}以下。

（2）检查脱硝工艺设备的实际运行情况是否符合环境影响评价文件和相关标准的要求。

①脱硝反应段的设备结构。推荐性行业标准《生活垃圾焚烧厂评价标准》（CJJ/T 137—2019）在开展生活垃圾焚烧厂无害化评价时要求，"只有SNCR脱硝，采用二层及以上喷射断面、每层2个以上喷射点的，得满分（4.5分）；一层的扣0.5分，每层只设1个喷射点的扣0.5分；无氨水或尿素溶液计量设备扣0.5分，无喷射量控制功能扣0.5分。"需要注意的是，推荐性行业标准的要求并非强制性要求条款。

②脱硝药剂的品质和用量应能满足烟气中污染物排放浓度限值的要求。制备脱硝药剂的液氨应符合《液体无水氨》（GB/T 536—2017）的要求、尿素应符合《尿素》（GB/T 2440—2017）的要求；脱硝药剂制备设备的出力宜按脱硝系统设计工况下氨气消耗量的120%设计。使用液氨时，液氨的制备和储存应符合危险化学品管理的相关规定，相应场所应设置明显的防火防爆标识、配备完善的消防系统以及洗眼器、防毒面具等防护设施并安装氨气泄漏报警仪，涉氨的压力容器、压力管道应满足特种设备和压力容器的有关要求。图2-3-4给出了DCS中SNCR脱硝界面需要关注的主要数据点位。

③脱硝药剂制备、输送、喷射等核心设备的可用率满足设计要求，并配有备用件。

④脱硝药剂计量准确，能有效控制和调节用量。

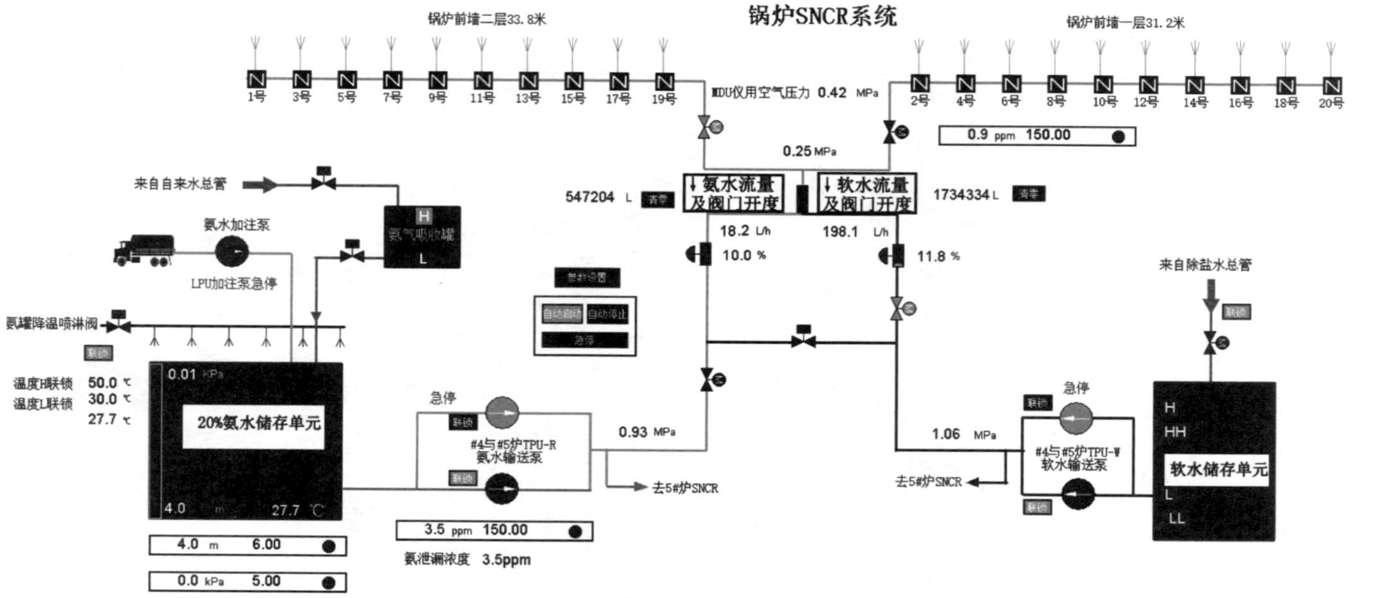

图 2-3-4　生活垃圾焚烧发电厂 DCS 中 SNCR 脱硝界面需要关注的主要数据点位

注：图为某生活垃圾焚烧发电厂 DCS 系统界面截图。

3.3　CO 的控制

3.3.1　CO 的产生机理和产生浓度

生活垃圾焚烧发电厂的CO是垃圾燃烧不充分的产物。尽管所有生活垃圾焚烧发电厂在设计和建设之初都会考虑"3T+E"原则，但受限于垃圾燃料的非均质性，在垃圾来料差异大、燃烧调控不及时等情况下，仍会产生一定浓度的CO。

CO的产生浓度与以下因素有关：

（1）炉型。与机械炉排炉相比，流化床焚烧炉更易产生更高浓度的CO。这是因为：①机械炉排上方的垃圾在传动过程中，经历了干燥、热解、气化等热化学反应，气化气进入焚烧炉第一烟道（也就是俗称的"二燃室"）内，在二次风的作用下燃烧，燃料与助燃空气之间的混合更为充分，燃烧更为稳定；② 流化床焚烧炉的干燥、热解、气化、燃烧等热化学反应的全过程并未在空间上分区，而垃圾燃料又难以预处理成类似煤粉的细颗粒，导致燃料与助燃空气的混合不够充分，容易出现成团燃烧、爆燃等不稳定工况，导致CO瞬时浓度突增。

（2）单炉规模。行业内一般认为，单炉规模600 t/d以上的机械炉排炉具有较大的炉膛空间和热缓冲能力，有利于减少CO的产生。

（3）燃料特性。相对均质的燃料有利于减少CO的产生。流化床焚烧炉应配备垃圾破碎等预处理设备，否则，难以保证CO控制的稳定性。环境监管执法实践中，一些焚烧厂反映入炉垃圾中混有液化气罐、床垫、未燃尽的鞭炮时，会导致CO瞬时浓度突增。

（4）配风机制。适当增加助燃空气量、助燃空气分段配风、调节助燃空气温度等措施均有利于减少CO的产生。运行工况较好的机械炉排炉一般会给炉排的干燥段、燃烧段、燃尽段设置独立、可调节、可监控的一次风风箱，实现一次风的分段配风，还会根据垃圾燃料的含水率、灰分、热值等特性，调节一次风的温度（如发现垃圾热值偏低时，调高一次风温），以保障燃烧工况的稳定性，减少CO产生。

（5）辅助燃烧器。当发现工况波动难以在短时间内调整恢复时，应及时开启辅助燃烧器，保障炉温的稳定性。

（6）加强对焚烧设施的维护和管理，可减少故障的发生，避免故障期间CO浓度升高。

3.3.2   CO控制技术

尽管已有一些烟气CO在催化剂作用下被氧化为CO_2的应用报道，但这些烟气CO催化氧化技术大多应用于CO体积分数超过0.1%的工业行业。对于生活垃圾焚烧发电厂来说，CO浓度极低，体积分数仅有不足0.01%，在生成后难以有效去除，唯有采取源头防止和过程控制的措施。

3.3.3   环境监管执法要点

（1）判断烟气CO浓度是否合理。

对于CO，流化床焚烧炉通过技改可控制在10～30 mg/m³；机械炉排炉可控制在20 mg/m³以下，运行控制水平较高的炉排炉可控制到低于《固定污染源废气   一氧化碳的测定   定电位电解法》（HJ 973—2018）的检出限（3 mg/m³）。

（2）检查CO控制相关的工艺设备是否符合前述要求。

（3）现场核查DCS中CO的变化与助燃空气量、垃圾推料器动作、辅助燃烧器动作等历史数据的逻辑关系。

3.4   颗粒物的脱除

3.4.1   颗粒物的产生机理和产生浓度

烟气中颗粒物来源包括：

（1）余热锅炉传输的颗粒物。生活垃圾焚烧炉和余热锅炉运行过程中，燃料中的灰分以颗粒物的形式随烟气流动，在重力沉降以及受热面阻挡的作用下，一部分颗粒物会在受热面上沉积，形成积灰和结焦，而另一部分未沉积的颗粒物向后传输，进入烟气净化系统。经本书著者实地测试，机械炉排炉省煤器出口与半干法脱酸塔入口之间的烟气颗粒物浓度为每立方米几百毫克到几千毫克（按烟气含氧量11%折算）。

（2）烟气脱硝、脱酸形成的固体盐类以及未参与化学反应的脱酸药剂。以半干法脱酸为例，每吨垃圾一般投加6～12 kg的熟石灰，形成的固体盐类部分沉降，部分随着烟气湍流以颗粒物的形式存在。

（3）为去除二噁英类和重金属而喷入的粉末状活性炭。每吨垃圾一般投加0.35～0.6 kg的粉末状活性炭，大多数随着烟气湍流以颗粒物的形式存在。

3.4.2　除尘技术

现有的工业烟气除尘技术主要包括袋式除尘、静电除尘、电袋复合除尘。

1）袋式除尘技术

袋式除尘，是指采用干式滤尘装置对烟气中的颗粒物进行过滤和拦截的颗粒物脱除技术。含尘气体从除尘器的进气口进入，首先经过预收尘装置，较大颗粒的粉尘在此处被初步分离。随后，气体进入装有滤袋的过滤室，粉尘被截留在滤袋表面，而洁净气体则通过滤袋的孔隙进入净气室，最后经出气口排出。随着过滤的持续进行，滤袋表面的粉尘逐渐积累，导致阻力增大。当阻力达到一定设定值时，清灰系统启动，通过机械振动、脉冲喷吹等方式将滤袋表面的粉尘清除，使滤袋恢复过滤性能。根据《环境保护产品技术要求　袋式除尘器用滤料》（HJ/T 324—2006）、《环境保护产品技术要求　袋式除尘器用覆膜滤料》（HJ/T 326—2006）等，滤袋材料包括棉、毛、麻、聚丙烯（PP）、聚酯（PE）、聚苯硫醚（PPS）、聚丙烯腈（PAN）、聚乙烯醇（PVA）、聚氯乙烯（PVC）、聚酰胺（PA）、芳香族聚酰胺、碳纤维、聚四氟乙烯（PTFE）、玻璃纤维、金属纤维。PPS和PTFE的耐水解、耐酸、耐碱、耐磨、抗张强度等性能优于其他材料，PPS的工作温度偏低（一般160℃，不高于190℃）且抗氧化性较差，PTFE容许的工作温度较高（高达260～280℃），但价格较高。因此，以PPS为基材的滤袋应经过PTFE涂层或浸渍处理，且应将除尘工作温度控制在145～165℃。需要注意的是，滤袋以及滤袋表层的粉尘共同组成过滤体系，粉尘厚度过小会导致除尘效率变差，而粉尘厚度过大又会导致除尘阻力增大，也会使除尘效率变差。

袋式除尘的优点：对粉尘的特性不敏感、不受粉尘及电阻的影响，除尘效率一般高达99%以上、对亚微米粒径的细尘有较高的分级效率，对工业烟气的适用性广，结构简单、便于维护，不涉及电场、安全性较好；缺点：滤料对高温的耐受性较差（一般在200℃以下运行，如需高温运行，需特种的耐高温滤料），除尘效率随滤袋工况而波动（当滤袋表面粉尘清除时，出口颗粒物浓度会升高），对烟气湿度较为敏感（烟气湿度过高时，滤袋表面粉尘板结造成"糊袋"）。

2）静电除尘技术

静电除尘，是指采用高压静电场装置，使颗粒物与负离子结合带上负电后，趋向阳极表面放电而沉积的颗粒物脱除技术。

静电除尘的优点：适用于大烟气量、高温烟气等场景，压力损失小、能耗较低，能够除去的粒子粒径范围较宽；缺点：对细颗粒物的除尘效率略低于袋式除尘，焚烧厂对于静电除尘期间二噁英类的二次生成存在担忧。

3）电袋复合除尘技术

电袋复合除尘技术结合了静电除尘和袋式除尘技术的优点，先由电场捕集烟气中大量的粉尘，再经过布袋收集剩余细微粉尘。

3.4.3 环境监管执法要点

（1）判断所用的烟气净化工艺是否合理。

颗粒物浓度通过袋式除尘可降至10 mg/m^{3}以下，但在采样规范情况下很少出现监测值低于《固定污染源废气　低浓度颗粒物的测定　重量法》（HJ 836—2017）中检出限（1.0 mg/m^3）的情况。

（2）检查除尘工艺设备是否符合环境影响评价文件和相关标准的要求。

①袋式除尘器。袋式除尘器的技术性能应符合《垃圾焚烧袋式除尘工程技术规范》（HJ 2012—2012）的规定，过滤速度根据滤袋材质、出口烟气颗粒物浓度限值等因素综合确定。推荐性行业标准《生活垃圾焚烧厂评价标准》（CJJ/T 137—2019）在开展焚烧厂无害化评价时要求袋式除尘器的过滤

风速在0.8 m/min以下为合理。临时停运期间，袋式除尘器内部滤袋应保持与外界隔绝，防止飞灰吸湿受潮。

②电除尘器。电除尘器的技术性能应符合《火电厂除尘工程技术规范》（HJ 2039—2014）的规定，电场数不应少于 5 个，比集尘面积不应小于130 m²/（m³/s）。

③除尘装置应排灰顺畅、气密性良好，避免飞灰泄漏。

（3）现场在DCS中核查袋式除尘器的压差变化曲线等历史数据是否正常、是否符合工艺逻辑。《生活垃圾焚烧发电厂现场监督检查技术指南》（HJ 1307—2023）指出， HJ 2012—2012中6.2.3条推荐的压力损失范围宜为1 300～2 000 Pa，有关文献给出的推荐压力损失范围为1 000～2 500 Pa，新袋式除尘器或全部滤袋更换后的压力损失范围一般为600～2 500 Pa。

3.5 二噁英类和重金属的控制

3.5.1 二噁英类的定义、词源以及毒性计算方法

1）二噁英类的定义

根据《环境空气和废气 二噁英类的测定 同位素稀释高分辨气相色谱-高分辨质谱法》（HJ 77.2—2008）、《生活垃圾焚烧污染控制标准》（GB 18485—2014）、《危险废物焚烧污染控制标准》（GB 18484—2020）等国家和行业标准给出的定义，二噁英类（dioxins）是多氯代二苯并-对-二噁英（polychlorinated dibenzo-p-dioxins，PCDDs）和多氯代二苯并呋喃（polychlorinated dibenzofurans，PCDFs）的总称，英文简称为PCDD/Fs。PCDDs包含75种同类物，PCDFs包含135种同类物，故PCDD/Fs包含210种同类物。由于在英文语境下，dioxins除包含二噁英类外，有时还包含与二噁英类结构和性质相似的类二噁英多氯联苯类物质（dioxin-like polychlorinated biphenyls，dioxin-like PCBs）[61]，所以"二噁英类"对应的准确英文名词应为PCDD/Fs。

尽管"二噁英类"常被俗称或者简称为"二噁英"，但是应该注意到：

广义的"二噁英"是"二噁英类"（dioxins）的俗称，复数词缀"s"表示一类化合物；而狭义的"二噁英"（dioxin）专指六元杂环化合物1,4-杂氧环己二烯，即环己二烯上1,4位置的2个碳原子被氧原子替代所形成的杂环化合物[62]。单环化合物二噁英、呋喃（oxole）与其对应的多环化合物二噁英类同类物的关系见图2-3-5。

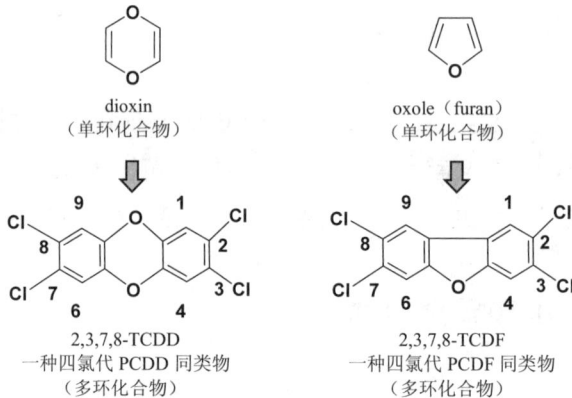

dioxin
（单环化合物）

oxole（furan）
（单环化合物）

2,3,7,8-TCDD
一种四氯代 PCDD 同类物
（多环化合物）

2,3,7,8-TCDF
一种四氯代 PCDF 同类物
（多环化合物）

图 2-3-5 单环化合物二噁英、呋喃与其对应的多环化合物 PCDD/Fs 同类物的关系

注：图中 1～9 的数字编号表示可能的氯取代位置。

2）二噁英类的词源

二噁英类的化学结构较为简单，在有机化学领域受关注度不高，但因其属于持久性有机污染物（POPs），且被列入了《关于持久性有机污染物的斯德哥尔摩公约》，故在生态环境保护领域广受关注。事实上，二噁英类的210种同类物中，仅有17种多环结构上2,3,7,8-位置被氯原子取代的同类物才具有环境毒性（包含7种PCDDs同类物和10种PCDFs同类物），因此，社会关注的二噁英类实际上仅为17种2,3,7,8-PCDD/Fs同类物。在涉及二噁英类的环境监测报告中，如无特别说明，一般只出具17种2,3,7,8-PCDD/Fs同类物的质量浓度和毒性当量浓度。

从有机化合物的命名规则来看，二噁英类中"噁"字的偏旁"口"表示此类化合物为杂环化合物。我国对杂环化合物采用"口"旁音译谐声命名的原则1932年被确定，自1980年被重新确定，一直沿用至今[63]。国际上，国际纯粹与应用化学联合会（IUPAC）接受3种杂环化合物命名规则，其中Hantzsch-Widman（汉栖-魏德曼）杂环化合物命名规则的应用较为广泛[64]。根据IUPAC接受的Hantzsch-Widman命名规则，"二噁英"对应的"dioxin"可拆分为"di"、"ox"和"in"3部分："di"为希腊词源前缀，表示杂环化合物中存在2个相同的杂原子；"ox"是杂环命名前缀"oxa"的缩写（杂环命名前缀中的"a"一般被省略），表示杂原子为氧；"in"是杂环命名词干，表示六元杂环。相似地，"呋喃"（furan）按Hantzsch-Widman命名规则的名称为"oxole"，可拆分为"ox"和"ole"两个部分："ox"是杂环命名前缀"oxa"的缩写，表示杂原子为氧；"ole"是不饱和杂环命名的词干及后缀，表示五元不饱和杂环。

　　3）二噁英类的毒性计算方法

　　二噁英类共含有210种具有三元环的含氯芳香族化合物，且通常以混合物的形式存在，其中，PCDDs有75种同系物，PCDFs有135种同系物。但是，在210种二噁英类的同系物中，只有多环结构上至少"2,3,7,8"四个位置同时被氯原子取代的化合物才具有生物毒性，共17种，其中毒性最强的是2,3,7,8-四氯代二苯并-对-二噁英（2,3,7,8-TCDD）。

　　在我国，垃圾焚烧产生二噁英类的毒性当量使用北大西洋公约组织（NATO）规定的国际毒性当量（international toxic equivalent quantity，I-TEQ）计算方法。NATO以2,3,7,8-TCDD为基准，规定了17种有毒化合物的国际毒性当量因子（international toxicity equivalency factor，I-TEF）。样品的二噁英类毒性当量等于17种化合物的毒性当量之和，具体计算见下式：

$$TEQ_{PCDD/Fs} = \sum_{i=1}^{n=17}(c_i \times TEF_i) \qquad (2\text{-}3\text{-}1)$$

式中，c_i 为第 i 种有毒的PCDD/Fs同类物的浓度，ng/g或ng/m^3；TEF_i 为第 i 种有毒的PCDD/Fs同类物的毒性当量因子。

　　除I-TEF和I-TEQ外，世界卫生组织（WHO）也提出了WHO-TEF和WHO-TEQ的标准[65]（表2-3-3）。我国《生活垃圾焚烧污染控制标准》

（GB 18485—2014）采用I-TEF进行毒性当量评估，而美国国家环境保护局（USEPA）习惯使用WHO-TEF。WHO于1997年、2005年和2022年对TEF进行了修订，2005年修订增加了12种类二噁英的多氯联苯（dioxin-like PCBs），因为类似二噁英类的多氯联苯分子具有平面结构及非常高的毒性。

表2-3-3   二噁英类（PCDD/Fs）的毒性当量因子

项目	I-TEF	WHO-TEF（1997 年）	WHO-TEF（2005 年）	WHO-TEF（2022 年）
PCDDs				
2,3,7,8-TCDD	1	1	1	1
1,2,3,7,8-PeCDD	0.5	1	1	0.4
1,2,3,4,7,8-HxCDD	0.1	0.1	0.1	0.09
1,2,3,7,8,9-HxCDD	0.1	0.1	0.1	0.05
1,2,3,6,7,8-HxCDD	0.1	0.1	0.1	0.07
1,2,3,4,6,7,8-HpCDD	0.01	0.01	0.01	0.05
OCDD	0.001	0.000 1	0.000 3	0.001
PCDFs				
2,3,7,8-TCDF	0.1	0.1	0.1	0.07
2,3,4,7,8-PeCDF	0.5	0.5	0.3	0.1
1,2,3,7,8-PeCDF	0.05	0.05	0.03	0.04
1,2,3,4,7,8-HxCDF	0.1	0.1	0.1	0.3
1,2,3,7,8,9-HxCDF	0.1	0.1	0.1	0.2
1,2,3,6,7,8-HxCDF	0.1	0.1	0.1	0.09
2,3,4,6,7,8-HxCDF	0.1	0.1	0.1	0.1
1,2,3,4,6,7,8-HpCDF	0.01	0.01	0.01	0.02
1,2,3,4,7,8,9-HpCDF	0.01	0.01	0.01	0.1
OCDF	0.001	0.000 1	0.000 3	0.002

3.5.2　垃圾焚烧过程中二噁英类的产生机理

垃圾本身含有一定数量的二噁英类，在垃圾焚烧过程中，又会产生一定的二噁英类。文献中所述关于垃圾焚烧过程中二噁英类的生成机制包括两大类：

1) 高温气相反应生成二噁英类

在500～800℃以及有氧的条件下，烟气中的氯酚、氯苯等前驱物可在气相中反应生成二噁英类[66,67]，在600℃的条件下氯酚转化为四氯代PCDD同类物的转化率最高[68]。

以氯酚为前驱物，生成二噁英类的步骤包括3步[69]：①前驱物聚合形成中间产物，即氯酚先在热解环境下分解形成苯氧自由基。苯氧自由基聚合、自由基与氯酚分子聚合或分子与分子聚合，形成具有两个苯环或类苯环结构的中间产物。②中间产物通过进一步的缩合反应，形成二噁英类物质。③二噁英类的氯取代位置发生氯化及脱氯反应，发生同类物之间的转化。

以氯苯为前驱物，生成二噁英类的机制为：燃烧过程中因局部缺氧等原因产生的烃类不完全燃烧产物（products of incomplete combustion，PIC），被烟气中的Cl_2氯化，经过碳链增长、环化等过程形成氯代芳香烃（氯苯），氯苯转化为多氯联苯，并在高温燃烧区域进一步脱氯形成PCDFs，部分PCDFs又可转化为PCDDs[70,71]。

2) 低温异相催化反应生成二噁英类

发生在气-固两相界面的低温异相催化反应生成二噁英类的过程有2种机理[72,73]：

（1）前驱物合成，即氯酚、氯苯、多氯联苯等前驱物在300～500℃的范围（也就是在余热锅炉）内，通过飞灰表面金属的催化作用，发生复杂的缩合反应而生成二噁英类。飞灰中的过渡金属可降低二噁英类生成所需的活化能，以及促进迪肯（Deacon）反应的发生从而将HCl氧化为Cl_2[73]。其中，Cu_2O被认为是极为有效的催化剂，CuO、$CuCl_2$、Cu等金属单质或化合物也具有较明显的催化作用[74]。

（2）从头合成（de novo），由飞灰中的残碳经气化、解构或重组等方式，与氢、氧、氯等其他原子结合，通过基元反应生成二噁英类。有研究[75]用同位素示踪法推断二噁英类产物的来源：约40%的PCDDs由从头合成生成的C_6前驱物聚合而成；约60%的PCDDs没有经过中间产物步骤，通过碳矩阵中的C_{12}构造生成；PCDFs则主要通过C_{12}构造生成。

3.5.3　垃圾焚烧过程中重金属的迁移机理

根据物质守恒定律，垃圾焚烧过程中重金属没有额外新增和生成，只发生赋存形态变化和迁移转化。垃圾燃料中的重金属在焚烧炉的高温中蒸发，一部分残留在炉渣中，另一部分随烟气及其携带的颗粒物向后迁移[76,77]。在炉膛高温区（800～1 300℃）被蒸发的重金属及其化合物将在对流换热的低温区（400～600℃）凝结[78]。根据蒸发-冷凝机理，当温度低于重金属或其化合物的冷凝露点时，将发生重金属（或其化合物）的同类核化（重金属冷凝形成新颗粒）和异相吸附（金属沉降依附在已经存在的颗粒上），其中同类核化形成的新颗粒直径在0.02 μm左右，由于凝聚和进一步冷凝，最终尺寸为0.02～1 μm[79]。烟气多相流中的颗粒相沉降符合大粒径先沉降、小粒径后沉降的自由沉降规律，而垃圾来料、烟气成分、烟气沿程设备截面积等方面的差异均不改变这一规律。重金属的挥发性影响其在烟气从300℃至150℃温降区间内的冷凝强度：易挥发性重金属在这一温降区间存在完整的冷凝过程，中等挥发性重金属在这一温降区间的冷凝过程不完整，而难挥发性重金属（Cr、Ni）大多已在300℃以上烟气中完成冷凝，在这一温降区间缺乏冷凝过程，仅有自由沉降过程[77]。

3.5.4　二噁英类和重金属的控制技术

1）焚烧前的源头控制

通过垃圾分类、分选等方式，避免氯含量高和重金属含量高的垃圾入炉焚烧，从而在源头上大幅降低二噁英类的产生浓度，且减少重金属的迁移。

2）焚烧时的过程控制

（1）通过"3T+E"焚烧法则，强化焚烧炉内高温对已生成二噁英类的焚毁作用。《生活垃圾焚烧发电厂自动监测数据应用管理规定》等环境监管新政[20]所建立的"互联网+全天候监管+非现场执法"模式（图1-2-3）就是为了在管理层面上保障炉温"850℃及2 s"、每年非正常工况不超过"60 h"[21-23]，确保过程控制措施有效。

（2）添加硫氰酸钠[80]、硫氨基复合阻滞剂[81]或含硫燃料[82]来抑制二噁英类生成，但多处于研究试验阶段，且难以解决二噁英类的低温异相催化生成[69,83]问题。

（3）使烟气快速降温，避开低温异相催化生成的温度区间。焚烧烟气离开炉膛，温度会逐渐降低，而300～500℃是二噁英类低温异相反应生成的最佳温度区间，缩短烟气冷却时间，降低烟气冷却后的温度，有利于减少二噁英类的产生[84]。对于生活垃圾焚烧发电厂来说，余热发电与烟气急冷是有冲突的。余热发电强调烟气与热媒（水及蒸汽）之间的热交换效果，而烟气急冷无须考虑这点。最简单的烟气急冷方式是喷水降温，这是危险废物焚烧厂的通常做法。有人试图将生活垃圾焚烧发电厂锅炉排烟出口的500℃烟气送入喷水急冷塔，使烟气温度在0.22 s内降低至200℃以下，以抑制二噁英类的二次合成[85,86]。为了减少烟气降温过程中的热损失，可以改造余热锅炉尾部换热面。昆山市生活垃圾焚烧发电厂将余热锅炉尾部换热面中的空气预热器去除，使烟气流速升高到3.9 m/s以上，从而使烟气温度从450℃快速降至195℃，检测显示二噁英类排放基本可控制在0.1 ng I-TEQ/m³以下[87]。如果不改造余热锅炉结构，则需要提升其尾部换热面的换热效率，并提高清灰频率。

3）焚烧后的末端治理

（1）活性炭吸附+过滤。通过活性炭吸附控制烟气中特征污染物的技术包括炭滤膜、固定床式、移动床式及携流式等技术[88]，但绝大多数生活垃圾焚烧发电厂采用"活性炭喷射+袋式除尘"这种"吸附+过滤"的方式对烟气中的二噁英类和重金属进行去除，方法简便易行，在工程上大量应用[46,89]。但有研究表明，活性炭的性能以及投加量对二噁英类的去除效率的影响波动很大[90]，且污染物的去除率受制于吸附剂品质和滤袋的周期性清灰，难以全天候稳定，存在达标隐患[91]。

（2）通过SCR脱硝装置中的催化剂对二噁英类进行协同处置。SCR脱硝装置中的催化剂可用于催化降解二噁英。SCR催化剂多数由Ti、V和W的氧化物组成，内部满布微小细孔，当烟气通过催化剂时，烟气渗入催化剂内部，能将PCDD/Fs催化氧化生成CO_2、H_2O和HCl。为避免SCR催化剂受烟气污染物影响而中毒，生活垃圾焚烧发电厂的SCR装置一般置于整个烟气净化系统的末端，所以烟气进入SCR装置前，需通过烟气换热器重新加热，这无疑会增加能量消耗。近年来，一些新的低温催化降解技术被研发出来，例如，在280℃温度下，SCR装置中的V_2O_5-WO_3和V_2O_5-TiO_2催化剂对二噁英类的去除率可达84%和91%[92]，经特殊处理的V_2O_5/WO_3-TiO_2催化过滤剂，可在200℃温度下的小试装置中，达到99%以上的二噁英类去除率[93]。当然，SCR催化降解二噁英类的效率会受到烟气中颗粒物浓度、重金属、SO_2、HCl等不同程度的影响[94]，SCR对二噁英类的催化效率主要受催化剂及催化温度的影响[95]。

3.5.5　环境监管执法要点

（1）判断所用的烟气净化工艺是否合理。

①为控制二噁英类和重金属，至少应配备"活性炭喷射+袋式除尘"系统。

②在此之外开展的创新尝试，均需通过烟气净化前后的监测结果来表明创新尝试的有效性。例如，有的生活垃圾焚烧发电厂试图使用二噁英类催化滤袋这种技术来实现二噁英类的脱除，所采用的催化滤袋相当于除尘滤袋和SCR脱硝催化剂的复合产品，在国内若干家生活垃圾焚烧发电厂有过试验应用，但未被大规模推广。

（2）检查"活性炭喷射+袋式除尘"工艺设备的实际运行情况是否符合环境影响评价文件和相关标准的要求。

①检查活性炭能否准确计量、连续稳定输送。目前国内大多数焚烧厂的活性炭喷射采用"活性炭贮存仓+计量给料装置（如计量螺旋给料器）+气流输送装置（如文丘里输送器）"的三段式装置（图2-3-6），可能存在3点问题，影响计量的准确性和稳定性：一是活性炭贮存仓内未安装料位监控装置，进料堵塞或活性炭贮存仓已空时，计量给料装置和气流输送装置仍在空转；二是计量给料装置的称重传感器长期不进行校准检定，或干脆不设称重传感器，以螺旋旋转或气流流量代替对活性炭的称重计量；三是气流输送装置出口管路未设粉体浓度传感器，无法实时得知出口管路中的粉体浓度。因此，环境监管需到现场检查活性炭能否准确计量、连续稳定输送，发现活性炭贮存仓无物料而计量给料装置和气流输送装置仍在空转的，需督促生活垃圾焚烧厂切实整改。

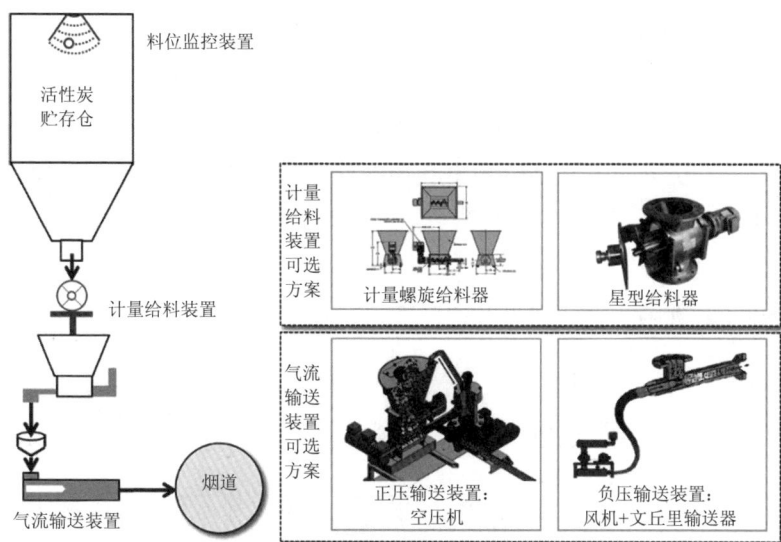

图 2-3-6　活性炭的计量和输送装置

②检查活性炭的使用量是否偏离经验值范围。生活垃圾焚烧厂环境影响评价文件中一般要求粉末活性炭的使用量不应小于0.30 kg/t垃圾；《生活垃圾焚烧厂评价标准》（CJJ/T 137—2019）要求使用粉末活性炭去除烟气特征污染物时，粉末活性炭的使用量不应小于50 mg/m³，按照每吨生活垃圾焚烧产生烟气3 800 m³（按含氧量11%折算）计，相当于粉末活性炭的使用量不应小于0.19 kg/t垃圾；深圳市地方标准《生活垃圾处理设施运营规范》（SZDB/Z 233—2017）要求活性炭喷射量不宜小于150 mg/m³，按照每吨生活垃圾焚烧产生烟气3 800 m³（按含氧量11%折算），相当于粉末活性炭的使用量不应小于0.54 kg/t垃圾。环境监管执法实践中，需要到2个点位进行核查：①到活性炭输送间，查看计量给料装置与气流输送装置的衔接处是否存在活性炭断流的情况；②到中控室，打开DCS中活性炭喷射量的历史曲线，查看是否存在零值、恒值、突变等数据，并核查相关原因。

③检查活性炭的品质是否满足相关要求。推荐性行业标准《生活垃圾焚烧厂运行监管标准》（CJJ/T 212—2015）对粉末活性炭的品质要求包括碘

吸附值＞800 mg/g，比表面积＞900 m²/g，灰分含量＜8%；SZDB/Z 233—2017要求使用活性炭喷射工艺时，应检测活性炭的品质和性能，包括平均粒径、BET比表面积、孔容积、孔径分布等，以确保烟气净化效果。活性炭应选用微孔附近中孔孔容积发达的高效粉末活性炭，比表面积不应小于900 m²/g，孔容积应大于0.2 cm³/g，平均粒径不应大于20 μm，平均孔径宜为2.5～3.5 nm。

3.6 烟羽颜色的控制

3.6.1 烟羽颜色及成因

生活垃圾焚烧发电厂烟羽若有颜色，极易诱发邻避矛盾。实际上，生活垃圾焚烧烟气经过袋式除尘后，排放烟气中的颗粒物含量很低，烟羽颜色基本为无色透明，故而《生活垃圾焚烧污染控制标准》（GB 18485—2014）已删除了GB 18485—2001关于排烟格林曼黑度的要求。可能的烟羽颜色及成因如下：

1）白色烟羽

生活垃圾焚烧烟气湿度大（一般自动监测设备监测的湿度在25%左右），排出烟囱遇冷凝结形成水蒸气，产生白色烟羽。

2）有色烟羽

有色烟羽并不常见，当出现时，环境监管执法人员应调查原因并督促生活垃圾焚烧发电厂科学解释原因，同时对存在的环境风险隐患进行排查整改。

（1）灰色烟羽。一般因光线条件（如阴天）导致白色烟羽视觉发暗，或烟气净化系统出现故障导致烟气含尘量较高。

（2）因瑞利散射造成的蓝色烟羽或黄褐色烟羽，与烟气中SO_3、NH_3等形成气溶胶浓度相关。例如，当焚烧燃料中含硫量高而烟气净化并未针对性强化时，导致排烟中SO_2乃至SO_3的含量偏高，形成硫酸气溶胶，对光线产生散射；再如，SCR脱硝装置中的钒类催化剂以及湿法脱酸装置增加了SO_2向SO_3

的转化率，促进了硫酸气溶胶的形成。由于硫酸气溶胶颗粒的尺寸和可见光的波长接近，属于瑞利散射。瑞利散射的特点是：散射光的强度与波长的四次方成反比，因此短波的蓝色光线散射要比长波的红色光线强许多，最终使得在阳光的照射下，烟羽的反射侧呈现蓝色，而在烟羽的另一侧（透射侧）呈现黄褐色。

（3）因烟道锈蚀造成的红色烟羽。有的生活垃圾焚烧发电厂在湿法脱酸、SCR脱硝等烟气净化装置上设有用于检修使用的烟气旁路，正常运行期间烟气旁路不使用、烟道可能产生锈蚀，对相关装置进行检修时使用烟气旁路，烟气携带铁锈从烟囱中排出，短时间内呈现红色烟羽。

3.6.2　烟气脱白技术

烟气脱白，旨在消除白色烟羽的视觉污染，同时减少烟气中的可凝结污染物（如气溶胶、超细结晶盐颗粒物）。主要方法包括：

（1）加热法：可增加拟排放烟气的温度，破坏水蒸气饱和状态，在袋式除尘器后端增加一套SGH（蒸汽-烟气换热器）或电加热器是提高烟气温度最可行的办法；缺点在于加热能耗较高。

（2）冷凝法：可降低拟排放烟气的温度，降低烟气含湿量；缺点在于烟气冷凝之后可能低于酸露点温度，不利于设备防腐。

（3）先冷凝再加热法：湿法脱酸工艺出口的烟气温度约60℃，烟气湿度大，直接排放到大气极易产生白烟。部分项目使用烟气直接加热方案，采用"GGH（烟气-烟气换热器）+SGH（蒸汽-烟气换热器）"工艺提高烟气温度，但只提高了烟气温度，并未减少烟气中的水分。为此，部分项目使用了先冷凝再加热技术，在湿法处理系统出口设置换热器，继续降低烟气温度至45℃左右，在此过程中大量冷凝水析出，烟气中含水率大幅降低，然后再通过"GGH+SGH"工艺提高烟气温度，这样可以大幅减少白烟的产生。

（4）电磁法：通过高频电磁场作用，使烟气中的气溶胶、酸雾、$PM_{2.5}$等污染物定向移动并凝结成液滴，目前在生活垃圾焚烧领域应用的案例较少。

3.7   关键指标——烟气污染物去除效率

烟气污染物去除效率是指烟气净化系统的各个单元削减或脱除酸性气体、NO_x、颗粒物、二噁英类和重金属的比例，具体计算见下式：

$$\eta_i = \frac{c_{i\text{前}}}{c_{i\text{后}}} \times 100\% \qquad\qquad (2\text{-}3\text{-}2)$$

式中，η_i 为第 i 种烟气污染物的去除效率；$c_{i\text{前}}$ 为第 i 种烟气污染物净化前的浓度；$c_{i\text{后}}$ 为第 i 种烟气污染物净化后的浓度。

根据《建设项目竣工环境保护验收技术指南　污染影响类》（生态环境部公告　2018年第9号），污染影响类建设项目竣工环境保护验收过程中，应开展验收监测。验收监测内容包括环境保护设施调试运行效果监测、环境保护设施处理效率监测等内容。验收监测应当在确保主体工程工况稳定、环境保护设施运行正常的情况下进行，并如实记录监测时的实际工况以及决定或影响工况的关键参数，如实记录能够反映环境保护设施运行状态的主要指标。基于验收监测的结果，环境保护设施处理效率按照相关标准、规范、环境影响报告书（表）及其审批部门审批决定的相关要求进行评价，也可参照工程初步设计中的环境保护要求或设计指标进行评价。

但是，根据《建设项目竣工环境保护验收暂行办法》（国环规环评〔2017〕4号）第五条，"建设项目竣工后，建设单位应当如实查验、监测、记载建设项目环境保护设施的建设和调试情况，编制验收监测（调查）报告。以排放污染物为主的建设项目，参照《建设项目竣工环境保护验收技术指南　污染影响类》编制验收监测报告"。该文件中对于《建设项目竣工环境保护验收技术指南　污染影响类》使用的字眼为"参照"，致使有的生活垃圾焚烧发电厂竣工环境保护验收时仅监测评估了污染物排放浓度能否满足限值要求，并未开展环境保护设施处理效率监测。

本书著者认为，从文件法律地位来说，《建设项目竣工环境保护验收技术指南　污染影响类》和《建设项目竣工环境保护验收暂行办法》均为规范性文件，法律地位相当。按照冲突条款"新法优于旧法"的原则，污染影响类建设项目竣工环境保护验收应开展环境保护设施处理效率监测。

3.8　监管疑问：烟气净化的部分单元没有投入使用，是否涉嫌环境违法？

　　环境监管执法实践中，环境监管执法人员发现某生活垃圾焚烧发电厂烟气净化的部分单元没有投入使用，例如，经批复的环境影响评价文件承诺使用"SNCR脱硝+SCR脱硝"控制NO_x，实际也建成了相关的设施设备，但在实际运行中，焚烧厂发现仅用SNCR脱硝就能达到NO_x的排放限值，或增设PNCR脱硝装置后，采用"SNCR脱硝+PNCR脱硝"就能达到排放限值，于是出于节约SCR脱硝费用的目的，停用SCR脱硝装置。此种做法，尽管可能的确实现了NO_x达标排放的目的，但是否涉嫌环境违法？

3.8.1　相关规定

　　《中华人民共和国环境保护法》（2014年修订）第四十一条规定"建设项目中防治污染的设施，应当与主体工程同时设计、同时施工、同时投产使用。防治污染的设施应当符合经批准的环境影响评价文件的要求，不得擅自拆除或者闲置"；第六十三条第三项指出"通过不正常运行防治污染设施等逃避监管的方式违法排放污染物"属于环境违法，并规定了法律责任。

　　《中华人民共和国大气污染防治法》（2018年修正）第二十条第二款要求"禁止通过不正常运行大气污染防治设施等逃避监管的方式排放大气污染物"，第九十九条对"通过逃避监管的方式排放大气污染物"规定的法律责任与污染物超标排放相同。值得注意的是，《中华人民共和国大气污染防治法》（2000年修订，非现行法律）第四十六条第三项规定排污单位不正常使用大气污染物处理设施，或者未经环境保护行政主管部门批准，擅自拆除、闲置大气污染物处理设施的行为属于环境违法行为，应"责令停止违法行为，限期改正，给予警告或者处以五万元以下罚款"，但已在2018年修正版本中删除。

　　《中华人民共和国水污染防治法》（2017年修正）第三十九条要求"禁止

不正常运行水污染防治设施等逃避监管的方式排放水污染物",第八十三条对"不正常运行水污染防治设施等逃避监管的方式排放水污染物"规定的法律责任与污染物超标排放相同。

3.8.2　法律解释

关于什么是"不正常运行防治污染设施",生态环境部网站"执法解释"栏目给出了《关于"不正常使用"污染物处理设施违法认定和处罚的意见》[①],意见指出:①关于"不正常使用"污染物处理设施的认定,排污单位存在"将部分污染物处理设施短期或者长期停止运行"等行为之一的,环保部门可以认定为"不正常使用"污染物处理设施;②关于"故意"的认定,排污单位明知上述行为可能导致污染物处理设施不能正常发挥处理作用的结果,并且希望或者放任该结果的发生的,环保部门对该行为可以认定为"故意"不正常使用污染物处理设施。

2014年公安部等5部门印发的《行政主管部门移送适用行政拘留环境违法案件暂行办法》(公治〔2014〕853号)第七条指出,《中华人民共和国环境保护法》第六十三条第三项规定的通过不正常运行防治污染设施等逃避监管的方式违法排放污染物,包括以下情形:①将部分或全部污染物不经过处理设施,直接排放的;②非紧急情况下开启污染物处理设施的应急排放阀门,将部分或者全部污染物直接排放的;③将未经处理的污染物从污染物处理设施的中间工序引出直接排放的;④在生产经营或者作业过程中,停止运行污染物处理设施的;⑤违反操作规程使用污染物处理设施,致使处理设施不能正常发挥处理作用的;⑥污染物处理设施发生故障后,排污单位不及时或者不按规程进行检查和维修,致使处理设施不能正常发挥处理作用的;⑦其他不正常运行污染防治设施的情形。必须注意到,以上列举的这些情形并未指出能够关闭"部分"污染防治设施。

---

① https://www.mee.gov.cn/ywgz/fgbz/zfjs/200311/t20031111_87239.shtml.

3.8.3　结论

将经批复的环境影响评价文件中承诺的部分污染物处理设施短期或者长期停止运行，违背了《中华人民共和国环境保护法》有关建设项目"三同时"的原则，涉嫌通过不正常运行污染防治设施等逃避监管的方式排放大气污染物（属于环境违法的情形）。《生活垃圾焚烧发电厂现场监督检查技术指南》（HJ 1307—2023）依据《中华人民共和国环境保护法》第六十三条第三项、《排污许可管理条例》第三十四条第二项，将"通过不正常运行污染防治设施等逃避监管的方式违法排放污染物"列入了"表A.1　涉嫌环境违法的情形"，关键证据建议包括证明设施不正常运行的物证、视听资料和自动监测数据。

对于焚烧厂来说，如果确有必要长期停止运行或者拆除部分污染防治设施，那么应该根据法律规定，履行相关变更手续。

3.9　监管疑问：环保耗材的品质和用量达不到环评文件的要求，是否涉嫌环境违法？

环境监管执法实践中，环境监管执法人员发现某生活垃圾焚烧发电厂烟气净化环保耗材的品质和用量达不到环评文件的要求，例如，经批复的环境影响评价文件承诺投入的脱酸熟石灰用量为10 kg/t垃圾，但实际投用量仅为6～8 kg/t垃圾；承诺投入的粉末活性炭用量为0.5 kg/t垃圾，但实际投用量仅为0.35 kg/t垃圾；承诺投入的粉末活性炭的BET比表面积大于900 m²/g，但实际使用活性炭的BET比表面积却小于900 m²/g。此种做法，尽管可能的确实现了烟气污染物达标排放的目的，但是否涉嫌环境违法？

3.9.1　相关规定

《中华人民共和国环境影响评价法》（2018年修正）第二十七条规定，"在项目建设、运行过程中产生不符合经审批的环境影响评价文件的情形的，建设单位应当组织环境影响的后评价，采取改进措施，并报原环境影响评价文件审批部门和建设项目审批部门备案；原环境影响评价文件审批部门也可以责成建设单位进行环境影响的后评价，采取改进措施"。但是，该法律并未明确规定违反第二十七条的法律责任。

《建设项目环境保护管理条例》（2017年修订）第十二条规定，"建设项目环境影响报告书、环境影响报告表经批准后，建设项目的性质、规模、地点、采用的生产工艺或者防治污染、防止生态破坏的措施发生重大变动的，建设单位应当重新报批建设项目环境影响报告书、环境影响报告表"。但是，该行政法规并未明确何为重大变动。

3.9.2　法律解释

《水电等九个行业建设项目重大变动清单（试行）》（环办〔2015〕52号）给出了"建设项目重大变动"的定义，该文件指出，"根据《中华人民共和国环境影响评价法》和《建设项目环境保护管理条例》有关规定，建设项目的性质、规模、地点、生产工艺和环境保护措施五个因素中的一项或一项以上发生重大变动，且可能导致环境影响显著变化（特别是不利环境影响加重）的，界定为重大变动。属于重大变动的应当重新报批环境影响评价文件，不属于重大变动的纳入竣工环境保护验收管理"。该文件中《火电建设项目重大变动清单（试行）》列出的环境保护措施重大变动包括：烟气处理措施变化导致废气排放浓度（排放量）增加或环境风险增大；降噪措施发生变化，导致厂界噪声排放增加（声环境评价范围内无环境敏感点的项目除外）。

生态环境部办公厅《关于印发〈污染影响类建设项目重大变动清单（试行）〉的通知》（环办环评函〔2020〕688号）对"重大"给出了数量判定界限，该文件给出的环境保护措施重大变动清单包括：新增排放污染物种类的（毒性、挥发性降低的除外）；其他污染物排放量增加10%及以上的；大气污染物无组织排放量增加10%及以上的；新增废气主要排放口（废气无组织排放改为有组织排放的除外）的；主要排放口排气筒高度降低10%及以上的。

3.9.3　结论

根据相关规定及法律解释，本节讨论问题中的做法属于在项目建设、运行过程中产生不符合经审批的环境影响评价文件的情形，应根据以下情况分类处理：

（1）若长期监测数据表明，此种做法产生了污染物排放超标的后果，则属于超标排放污染物的违法情形；特别是，若烟气二噁英类的监测超标，且证实由降低活性炭的用量或品质导致，则属于通过逃避监管的方式排放有毒物质的情形，可依照最高人民法院、最高人民检察院《关于办理环境污染刑事案件适用法律若干问题的解释》（法释〔2023〕7号）进行处理。

（2）若长期监测数据表明，此种做法并未产生污染物排放超标的后果，但导致"其他污染物排放量增加10%及以上"，则属于污染影响类建设项目重大变动的范畴，应当重新报批环境影响评价文件。未按规定重新报批环境影响评价文件的，可按照《中华人民共和国环境影响评价法》的相关规定处罚。

（3）若长期监测数据表明，此种做法尚未导致"其他污染物排放量增加10%及以上"，则尚达不到污染影响类建设项目重大变动的范畴，达不到实施行政处罚的触发条件，只需在环境监管中保持关注。

4　生活垃圾焚烧发电厂的恶臭气体控制

4.1　恶臭气体的定义、监测和监管

4.1.1　定义

《中华人民共和国大气污染防治法》（2018年修正）中有6处提及"恶臭气体"，但并未给出明确定义。目前仅有《恶臭污染物排放标准》（GB 14554—93）对"恶臭污染物"（odor pollutants）给出了定义。恶臭污染物是指一切刺激嗅觉器官引起人们不愉快及损坏生活环境的气体物质，可视作恶臭气体的同义词。

由于恶臭污染物是一类物质，所以GB 14554—93同时使用两种方式来评价：一是使用臭气浓度（odor concentration）这种总体性的表征指标来评价，臭气浓度是指恶臭气体用无臭空气进行稀释，稀释到刚好无臭时所需的稀释倍数，是一个量纲为一的表征指标；二是使用具体污染物的质量浓度来评价，该标准给出了8种恶臭污染物（包括氨、三甲胺、硫化氢、甲硫醇、甲硫醚、二甲基二硫醚、二硫化碳、苯乙烯）的排放限值。对于无组织排放，该标准给出了厂界处臭气浓度以及8种恶臭污染物的浓度限值；对于有组织排放，该标准给出了某个排气筒高度处臭气浓度以及8种恶臭污染物的排放量限值。

4.1.2　部分恶臭化合物的异味描述

一般认为化学物质的气味与其分子结构、官能团组成密切相关，如有机恶臭物质常含有羟基（—OH）、羰基（—C═O）、羧基（—COOH）、氨

基（—NH$_2$）、巯基（—SH）等官能团。

1）含硫化合物

硫化氢（H$_2$S）：低浓度时为臭鸡蛋味，高浓度呈现硫黄味，剧毒且可致嗅觉疲劳，嗅阈值为$4.1×10^{-10}$（体积分数）。燃气中添加以警示泄漏，常见于污水、温泉及腐败有机物分解。

二硫化碳（S=C=S）：有着类似氯仿的芳香甜味，嗅阈值为$2.1×10^{-7}$（体积分数）。

甲硫醇（CH$_3$—SH）：腐败卷心菜味，嗅阈值为$7×10^{-11}$（体积分数），常见于造纸工业废气及天然气杂质。

乙硫醇（CH$_3$CH$_2$—SH）：强烈的蒜臭味，嗅阈值为$8.7×10^{-12}$（体积分数）。天然气中添加微量作为泄漏警示剂，榴梿的主要气味来源之一。曾因实验室事故导致斯德哥尔摩全城恶臭数年。

甲硫醚（CH$_3$—S—CH$_3$）：海鲜腥味，嗅阈值为$3×10^{-9}$（体积分数）。

二甲基二硫醚（CH$_3$—S—S—CH$_3$）：洋葱味，嗅阈值为$2.2×10^{-9}$（体积分数）。

2）含氮化合物

氨（NH$_3$）：有强烈的刺激性气味，嗅阈值为$1.5×10^{-6}$（体积分数）。

三甲胺〔(CH$_3$)$_3$N〕：鱼腥腐败味，嗅阈值为$3.2×10^{-11}$（体积分数），水产加工和化工废水中常见。

3）有机酸与酯类

正丁酸（CH$_3$CH$_2$CH$_2$—COOH）：酸败黄油或呕吐物味，嗅阈值为$1.9×10^{-10}$（体积分数），常见于垃圾填埋场和奶酪腐败过程。

4）芳香族化合物

苯乙烯（C$_6$H$_5$—CH=CH$_2$）：塑料味，嗅阈值为$3.5×10^{-8}$（体积分数）。

邻二甲苯（CH$_3$—C$_6$H$_4$—CH$_3$）：芳香气味带甜感，嗅阈值为$3.8×10^{-7}$（体积分数），常见于油漆、油墨挥发。

4.1.3　监测方法

按照《恶臭污染物排放标准》（GB 14554—93）的规定：臭气浓度为量

纲为一的指标，通过"三点比较式臭袋法"测定，8种恶臭污染物指标的质量浓度通过气相色谱法或分光光度法测定。

近年来，恶臭污染物及臭气浓度的便携式检测设备和在线监测设备相继出现。8种恶臭污染物指标主要是借助电化学式传感器（通过选择性膜或电解质与选择性气体产生反应）和光学传感器（如非分散红外方法）进行检测；臭气浓度指标主要是利用多传感器响应值与臭气浓度之间的相关关系，事先构造好响应曲线，以模拟嗅辨师的嗅辨过程，实际检测时通过多个传感器检测出恶臭污染物指标，再通过响应曲线换算成臭气浓度指标。

4.1.4 环境监管执法要点

生活垃圾焚烧发电厂恶臭污染控制应首先满足《恶臭污染物排放标准》（GB 14554—93）的最低要求，即该标准表1中厂界无组织排放恶臭污染物浓度的二级标准（新建、改建、扩建）。更加详细的规范化要求应依照法律法规和标准规范的规定，参考本书第2部分第4.2节的要点，根据本地实际情况确定。

生活垃圾焚烧发电厂恶臭气体的环境监管执法要点包括：

（1）要求焚烧厂落实环境影响评价文件中的相关内容，做好恶臭气体的污染防控，具体的污染防控措施详见本书第2部分第4.2节；必须注意到，根据《中华人民共和国大气污染防治法》（2018年修正）第八十条和第一百一十七条第八项，生活垃圾焚烧发电厂没有安装净化装置或者没有采取其他措施防止排放恶臭气体，属于环境违法行为。

（2）检查是否按要求设置应急除臭系统。垃圾池的应急除臭系统工艺包括活性炭吸附法、化学溶液洗涤法、光催化氧化法等，其中以活性炭吸附法最为常见。活性炭吸附法常使用比表面积较高的柱状活性炭，但需要定期更换，更换周期由焚烧厂规模、停炉检修时长、活性炭性能等因素综合决定。若需要检查活性炭是否失效，可采集一定样品做碘吸附值、比表面积等检测，并与该厂未启用活性炭的检测数据比对即可。

（3）督促焚烧厂定期实施监测，确保厂界无组织恶臭污染物排放指标满足标准要求。

（4）开展恶臭气体监测时，需注意标准规定监测方法与其他监测方法在结果上的差异性，确保评估判断的客观性。

4.2 恶臭气体的来源和控制

4.2.1 恶臭气体的来源

生活垃圾焚烧发电厂恶臭气体的来源包括5个方面：

（1）垃圾车进出厂途中渗滤液的洒漏；

（2）卸料大厅和垃圾池密封性不良；

（3）焚烧车间臭气逸漏；

（4）厂内渗滤液收集和处理等设施臭气外泄；

（5）炉渣堆放处和飞灰厂内处理处的臭气外泄。

其中，垃圾进出厂途中渗滤液洒漏包括厂外道路洒漏、厂内道路洒漏，洒漏的主要原因是垃圾车密封性不好，尤其是后装式垃圾车，尾部拖斗里积存有较多的渗滤液，在车辆启动、停止、爬坡和转弯时，会导致渗滤液洒漏现象加重。

4.2.2 垃圾车进出厂的恶臭气体控制

焚烧厂应检查入厂垃圾运输车的封闭性，对有渗漏的车辆及时向有关单位进行信息反馈。

厂内应配有洒水车和洗车区，洒水车应及时对厂内道路上垃圾车"跑、冒、滴、漏"的情况进行清洗，垃圾车需要在洗车区清洗后再离厂。

垃圾车应在规定时间入厂，其他时间严禁入厂。

4.2.3 卸料大厅和垃圾池的恶臭气体控制

（1）卸料大厅的臭气要抽到垃圾池，垃圾池的臭气作为垃圾焚烧炉的一次风。《生活垃圾焚烧污染控制标准》（GB 18485—2014）要求生活垃圾贮存设施和渗滤液收集设施应采取封闭负压措施，并保证其在运行期和停炉期均处于负压状态。这些设施内的气体应优先通入焚烧炉中进行高温处理，或收集并经除臭处理满足《恶臭污染物排放标准》（GB 14554—93）要求后排放。因此，所有抽气管、回止阀以及每个点位抽气风机的风量要足够。焚烧炉正常运行时，从垃圾池抽取助燃空气的最小风量可按下式计算：

$$Q_{SF} \geqslant \sum_{i=1}^{n} V_i \theta_i \tag{2-4-1}$$

式中，Q_{SF} 为一次风风机的送风量，m^3/h；n 为产生恶臭气体的空间部位数，包括卸料大厅、垃圾池、焚烧车间、渗滤液沟道间和集液池、炉渣车间等；V_i 为第 i 个空间部位换气的有效体积空间，m^3；θ_i 为第 i 个空间部位单位时间内的换气次数，次/h。

《生活垃圾焚烧处理与能源利用工程技术标准》（GB/T 51452—2024）给出了不同空间部位换气次数的要求（表2-4-1）。

表 2-4-1   GB/T 51452—2024 给出的不同空间部位换气次数要求

条款	空间部位	换气次数/（次/h）	
		正常时	事故时
16.3.3	渗滤液沟道间	≥6	≥12
16.3.6	焚烧炉渣渣池间	≥5	—
16.1.4	可能突然放散大量有毒气体、爆炸危险气体或粉尘的场所	—	≥12

（2）卸料大厅应为密闭式设计，上料栈桥与卸料大厅之间、卸料大厅与垃圾池之间应安装若干便于启闭的自动控制闸门，并在卸料大厅出入口设置开关门及空气幕，将恶臭封闭在卸料大厅与垃圾池内。

（3）垃圾池应设置应急排风除臭系统，GB/T 51452—2024要求应急排风总排风量可按垃圾池间 1～3 个卸料门全开启时门洞截面风速维持0.5～0.8 m/s计算，并应使卸料门全部关闭时垃圾池间维持20～50 Pa的负压。

（4）垃圾池内设置负压监控装置，实时监控负压值，并将负压监控数据连入中控DCS系统。

《生活垃圾焚烧发电厂现场监督检查技术指南》（HJ 1307—2023）对生

活垃圾贮存设施（垃圾池）负压的要求为：在不影响卸料门开启的前提下，垃圾池与卸料大厅保持足够的压差。可参考《洁净厂房设计规范》（GB 50073—2013）中6.2.2规定：不同等级的洁净室之间的压差不宜小于5 Pa，洁净区与非洁净区之间的压差不应小于5 Pa，洁净区与室外的压差不应小于10 Pa。

GB/T 51452—2024给出了对不同空间部位保持微负压或正压的要求，见表2-4-2。

表 2-4-2　GB/T 51452—2024 给出的不同空间部位的微负压或正压要求

条款	空间部位	压力类型	压力值/Pa	备注
16.3.2	垃圾池间	负压	20～50	卸料门全部关闭时
16.3.4	渗滤液沟道间	负压	10～20	正常运行时
16.3.6	渣池间	负压	—	设置全面排风系统或局部排风系统（未明确具体数值）
16.4.4	中央控制室	正压	5～10	相对室外维持正压，防止外部污染物进入
16.4.4	垃圾抓斗起重机控制室	正压	10～15	相对室外维持正压，保障操作环境清洁

（5）卸料大厅内的垃圾卸料门框等关键点位应密闭性强，并设有除臭剂喷洒装置，在卸料门打开期间喷洒除臭剂，卸料门在垃圾车卸料结束后自动关闭。

（6）卸料大厅应定期检查周围墙壁、管道及大厅屋面与屋顶等处的密封性，对破损处要及时修补。

（7）垃圾池有效容积不少于5 d的额定垃圾焚烧量，定期清理垃圾池底部格栅，防止堵塞。定期检查垃圾池的墙壁、屋面和屋顶是否密封性完好，对破损处要及时修补。

4.2.4　焚烧车间的恶臭气体控制

焚烧车间配有吸风口，及时将焚烧车间内的恶臭污染物吸入焚烧炉分解，确保无恶臭气体逸散。

焚烧炉检修停运期间，应启动专门的应急排风除臭系统从垃圾池、卸料大厅和渗滤液处理设施等处抽取恶臭气体，经过专门的除臭处理装置，使臭气净化达标后排放。活性炭除臭处理装置应定期检查活性炭吸附性能和除臭装置的密封性，确保活性炭能够有效除臭。

一次风机风管穿墙位置进行密封处理，定期开展检查，确保密封材料不会因老化和风管振动出现松动，确保风管之间的螺丝紧固，螺杆有垫片，基础角钢满焊，阀门法兰紧密。

4.2.5　渗滤液收集和处理系统的恶臭气体控制

渗滤液进水水力格栅配有防止渗滤液溅出的挡板和密封装置，渗滤液调节池、生化反应池等工艺水池应密封，并将密封空间内的臭气抽至垃圾池，在焚烧炉正常运行期间作为一次风进入焚烧炉，在焚烧炉非正常运行期间（如焚烧炉停炉检修期间），恶臭收集排至垃圾池后应进入专门的活性炭除臭处理装置，使臭气净化达标后排放。

渗滤液处理系统应定期检查渗滤液导排口与导排沟是否堵塞，发现堵塞应及时清理。

污泥脱水间应配有相关除臭装置，定期检查确保无恶臭逸漏。

4.2.6　炉渣堆放处和飞灰处理处的恶臭气体控制

炉渣堆放处上部配有吸气口，并配备除臭液喷洒装置，定期检查确保无恶臭逸漏。

飞灰预处理和贮存处应配有相关除臭措施，或单独安装除氨洗涤塔等治理装置，或将飞灰预处理和贮存处臭气抽至垃圾池一并处理。

当不开展炉渣与飞灰转运工作时，炉渣与飞灰处理车间的门窗应保持密闭，并定期喷洒植物液除臭剂降低恶臭的弥散程度；在炉渣与飞灰的出厂转运期间，要求运输车辆快进快出，减少在厂内逗留时间。

应定期检查炉渣与飞灰的清理情况，及时转运炉渣与飞灰。

4.3　监管疑问：生活垃圾焚烧发电厂周边居民投诉的恶臭气体来自哪里？

环境监管执法实践中，经常遇到生活垃圾焚烧发电厂周边居民投诉恶臭气体的情况，结合本书第2部分第4.2节的阐述，可将恶臭气体的来源归纳为：

（1）垃圾车运输产生的恶臭气体。

需联系环卫部门进行管理。环卫部门是生活垃圾焚烧发电厂的行业行政主管部门，其职责在于按照城市人民政府有关市容、环卫方面的管理体制，督促焚烧厂按照法律法规和标准规范建设，配置恶臭污染控制的设施设备，提升垃圾运输车辆的装备水平。

（2）生活垃圾焚烧发电厂内逸散的恶臭气体。

需结合本书第2部分第4.2节的阐述进行判断。

（3）生活垃圾焚烧发电厂排气筒（烟囱）排出的恶臭气体。

有的焚烧厂在焚烧炉启动、停止期间较迟开启或过早关闭必要的烟气净化装置，导致炉膛预热或者垃圾焚烧产生烟气外逸。对此，应督促焚烧厂在焚烧炉启动、停止等操作时须遵循《生活垃圾焚烧发电厂自动监测数据应用管理规定》的要求，及时如实进行焚烧炉工况异常标记，同时按照《生活垃圾焚烧厂运行维护与安全技术标准》（CJJ 128—2017）7.1.3至7.1.6的要求及时投用或适时关闭烟气净化装置。

《生活垃圾焚烧发电厂现场监督检查技术指南》（HJ 1307—2023）将"烟气脱酸、活性炭喷射、除尘等基本的烟气净化装置迟于垃圾进入炉膛而启用，或早于炉膛内垃圾燃尽而停用"列入了"附表A.2　违反管理性规定的情形"。该指南指出：对于检查中发现的违反管理性规定的情形，检查组应保存证据并将发现的问题及时反馈给检查对象，督促检查对象整改并提交整改完成报告。

（4）不属于生活垃圾焚烧发电厂的恶臭气体。

有的生活垃圾焚烧发电厂周边还有其他产生大气污染物的工业企业，运行不规范时产生的恶臭气体使焚烧厂遭受"池鱼之殃"。

5　生活垃圾焚烧发电厂的焚烧残渣利用处置

5.1　焚烧炉渣的利用处置

5.1.1　定义

根据《生活垃圾焚烧污染控制标准》（GB 18485—2014）的定义，焚烧炉渣是指生活垃圾焚烧后从炉床直接排出的残渣，以及过热器和省煤器排出的灰渣。根据《生活垃圾焚烧发电厂现场监督检查技术指南》（HJ 1307—2023），焚烧炉渣的产率一般为8%～30%，主要受入炉垃圾中无机物含量的影响。

根据GB 18485—2014的要求，焚烧炉渣的热灼减率不得超过5%。具体要求见本书第2部分第1.11节。

5.1.2　资源化利用方式

生活垃圾焚烧炉渣中含有的铁、铜、铝等金属可作为资源回收，含有的二氧化硅、氧化钙、三氧化二铝、三氧化二铁、氧化锰等无机成分可用于制作建筑集料或胶凝材料。对焚烧炉渣进行资源化利用，应符合《中华人民共和国固体废物污染环境防治法》第四十条"产生工业固体废物的单位应当根据经济、技术条件对工业固体废物加以利用"的要求。

常用的资源化利用方式包括：

（1）用作替代骨料。炉渣的物理组成、级配、坚固性等均符合沥青混凝土和水泥混凝土替代骨料的要求，可在破碎、除杂之后，作为替代骨料，制作蒸汽混凝土砖、建筑填土材料等。

（2）用作填埋场覆盖材料。焚烧炉渣若用作填埋场的临时覆盖材料，可不必进行筛选、磁选、粒径分配等预处理。

5.1.3　固体废物属性与管理

根据《固体废物鉴别标准　通则》（GB 34330—2017）第4.3条，生活垃圾焚烧炉渣作为"固体废物焚烧炉产生的飞灰、底渣等灰渣"，属于固体废物。但是，生活垃圾焚烧炉渣未被列入《国家危险废物名录（2025年版）》，不属于危险废物。根据《生活垃圾填埋场污染控制标准》（GB 16889—2024），生活垃圾焚烧炉渣可直接进入生活垃圾填埋场进行填埋处置。

根据GB 34330—2017，利用固体废物生产的产物同时满足下述条件的，不作为固体废物管理，按照相应的产品管理（按照5.1条进行利用或处置的除外），具体要求包括：

（1）符合国家、地方制定或行业通行的被替代原料生产的产品质量标准。

（2）符合相关国家污染物排放（控制）标准或技术规范要求，包括该产物生产过程中排放到环境中的有害物质限值和该产物中有害物质的含量限值；当没有国家污染控制标准或技术规范时，该产物中所含有害成分含量不高于利用被替代原料生产的产品中的有害成分含量，并且在该产物生产过程中，排放到环境中的有害物质浓度不高于利用所替代原料生产产品过程中排放到环境中的有害物质浓度，当没有被替代原料时，不考虑该条件。

（3）有稳定、合理的市场需求。

5.1.4　环境监管执法要点

生活垃圾焚烧炉渣资源化利用的前提：生活垃圾焚烧发电厂保证炉膛内焚烧温度、焚烧炉渣热灼减率等主要技术性能指标满足《生活垃圾焚烧污染控制标准》（GB 18485—2014）的要求，保证烟气污染物排放满足GB 18485—2014、《生活垃圾焚烧发电厂自动监测数据应用管理规定》、经批复的环境影响评价文件等有关规定和文件要求。

焚烧炉渣资源化利用应建立严格的质量控制体系，确保资源化利用产品满足标准要求。

若要将利用焚烧炉渣生产的产物不作为固体废物管理，则需同时满足《固体废物鉴别标准　通则》（GB 34330—2017）第5.2条中三个子项的要求。有关第5.2条a）项的要求，目前已有推荐性国家标准《生活垃圾焚烧炉渣集料》（GB/T 25032—2010）；有关第5.2条b）项的要求，尚无直接说明焚烧炉渣及处理产物环境危害性的标准规范，需要相关主体提供检测报告和说明；有关第5.2条c）项，焚烧炉渣的资源化利用产物确有稳定、合理的市场需求，对焚烧炉渣进行资源化利用已成行业共识。

5.2　焚烧飞灰的利用处置

5.2.1　定义和产率

根据《生活垃圾焚烧污染控制标准》（GB 18485—2014）的定义，焚烧飞灰是指烟气净化系统捕集物和烟道及烟囱底部沉降的底灰。根据《生活垃圾焚烧发电厂现场监督检查技术指南》（HJ 1307—2023），焚烧飞灰的产率一般来说，机械炉排焚烧炉为2%～5%、流化床焚烧炉为8%～13%。焚烧飞灰的产率受到以下因素影响。

焚烧飞灰产生量涉及的影响因素包括：

（1）焚烧炉类型。流化床焚烧炉中，垃圾物料呈悬浮状燃烧，有更多的灰分混入烟气，被后续烟气净化系统捕集。一般来说，机械炉排焚烧炉每焚烧1 t垃圾产生20～30 kg飞灰，而流化床焚烧炉每焚烧1 t垃圾产生80～100 kg飞灰。

（2）垃圾成分。垃圾中S、Cl等元素的含量越高，需要的烟气净化药剂越多，则造成烟气净化系统捕集物增多；垃圾物料中的灰分越高，可能混入烟气的灰分越多。

（3）焚烧工况及工艺。通过控制焚烧工况的稳定性及工艺，可以提高垃圾的燃尽率，减少飞灰的产生量。

（4）焚烧配风量。根据燃烧工况合理给焚烧炉膛进行配风，能够有效减少烟气对灰分的携带，进而减少飞灰的产生量。

（5）烟气净化药剂的成分、品质和去除效率。烟气净化系统喷入消石灰浆液等脱酸药剂，以去除酸性气体；喷入活性炭粉末，以去除重金属、二噁英类。脱酸药剂和活性炭粉末的喷入，会增加焚烧飞灰的量。烟气净化药剂的品质越纯，单位质量药剂的去除效率就越高，则给焚烧飞灰带来的增量越小。

（6）除尘效率。除尘效率越好，则被烟气净化系统捕集的飞灰越多。

5.2.2　固体废物属性与按条件豁免管理

根据历年各版本的国家危险废物名录，生活垃圾焚烧飞灰属于危险废物，归属的废物类别为"HW18焚烧处置残渣"，废物代码为"772-002-18"。

在环境管理实践中，生活垃圾焚烧飞灰属于按条件豁免管理的废物。《国家危险废物名录（2025年版）》指出，生活垃圾焚烧飞灰经处理后满足《生活垃圾填埋场污染控制标准》（GB 16889）要求，且运输工具满足防雨、防渗漏、防遗漏要求，不按危险废物进行运输；生活垃圾焚烧飞灰在处置过程中满足GB 16889要求，进入生活垃圾填埋场填埋，填埋处置过程不按危险废物管理；满足《水泥窑协同处置固体废物污染控制标准》（GB 30485）和《水泥窑协同处置固体废物环境保护技术规范》（HJ 662）要求，进入水泥窑协同处置，协同处置过程不按危险废物管理。豁免"运输"环节是指运输工具可不采用危险废物运输工具，豁免"处置"环节是指处置企业不需要持有危险废物经营许可证。在豁免环节以外的其他环节，飞灰仍应按照危险废物进行管理。

对生活垃圾焚烧飞灰按条件豁免管理涉及的标准规范要求包括：

（1）《生活垃圾焚烧污染控制标准》（GB 18485—2014）规定，生活垃圾焚烧飞灰应按危险废物进行管理，如进入生活垃圾填埋场处置，应满足GB 16889的要求；如进入水泥窑处置，应满足GB 30485和HJ 662的要求。

（2）《生活垃圾填埋场污染控制标准》（GB 16889—2024）规定，生活垃圾焚烧飞灰和医疗废物焚烧残渣（包括飞灰、底渣），仅可进入填埋场的独立填埋分区进行填埋处置，且应满足：二噁英类含量低于3 μg TEQ/kg；按照《固体废物　浸出毒性浸出方法　醋酸缓冲溶液法》（HJ/T 300）制备的浸出液中危害成分浓度低于GB 16889—2024表1规定的限值。

（3）《水泥窑协同处置固体废物污染控制标准》（GB 30485—2013）规定，水泥窑协同处置危险废物（包括焚烧飞灰），入窑固体废物应具有相对稳定的化学组成和物理特性，其重金属及氯、氟、硫等有害元素的含量及投加量应满足《水泥窑协同处置固体废物环境保护技术规范》（HJ 662—2013）的相关要求：①特征有机化合物的焚毁去除率＞99.999 9%（"六个九"）；②水泥原料和危险废物的配比满足HJ 662—2013表1中重金属的投加量限值要求。

（4）环境保护部2017年5月31日公布的《水泥窑协同处置危险废物经营许可证审查指南（试行）》中：①明确定义水泥窑协同处置危险废物，是指将满足或经预处理后满足入窑（磨）要求的危险废物投入水泥窑或水泥磨，在进行熟料或水泥生产的同时，实现对危险废物的无害化处置的过程；②明确定义预处理，是指为了满足水泥窑协同处置的入窑（磨）要求，对危险废物进行干燥、破碎、筛分、中和、搅拌、混合、配伍、预烧等前期处理的过程；③明确指出，预处理产物从预处理中心至水泥生产企业之间的运输应按危险废物进行管理；④明确要求，不管采取哪种经营模式，涉及危险废物预处理的，须有危险废物经营许可证。

从上述标准规范的规定中可以看出，焚烧飞灰的豁免管理不等于"焚烧飞灰不是危险废物"，只是在满足相关前提条件下，允许填埋处置过程中或水泥窑协同处置过程中"豁免"而已。豁免管理的目的在于减少危险废物管理过程中的总体环境风险，提高危险废物环境管理效率。

关于生活垃圾焚烧飞灰处理产物的危险废物属性问题，《生活垃圾焚烧飞灰污染控制技术规范（试行）》（HJ 1134—2020）第6.3条指出，飞灰处理产物用于水泥熟料生产之外的其他利用方式，应同时满足以下污染控制要求：①飞灰处理产物中二噁英类残留的总量应不超过50 ngTEQ/kg（以飞灰干重计）；②飞灰处理产物按照《固体废物　浸出毒性浸出方法　水平振荡法》（HJ 557）方法制备的浸出液中的重金属的浸出浓度应不超过《污水综合排放标准》（GB 8978）中规定的最高允许排放浓度限值（第二类污染物最高允许排放浓度按照一级标准执行）；③飞灰处理产物中可溶性氯含量应不超过2%，以不高于1%为宜。HJ 1134—2020第6.5条指出，飞灰及其处理产物利用过程的污染防治应符合《固体废物再生利用污染防治技术导则》（HJ 1091）的要求。HJ 1134—2020第6.7条指出，满足第6.3条、第6.5条要求的飞灰处理产物，可按照《固体废物鉴别标准　通则》（GB 34330）进行鉴别，经鉴别不属于固体废物的，不作为固体废物管理；属于固体废物的，按照一般工业固体废物管理。

5.2.3　资源化利用的难点

生态环境部《关于进一步加强危险废物环境治理　严密防控环境风险的指导意见》（环固体〔2025〕10号）提出"到2030年，全国危险废物填埋处置量占比控制在10％以内"，意味着生活垃圾焚烧飞灰的资源化利用需要加速。生活垃圾焚烧飞灰由60%～70%的矿物质、30%～40%的盐类、微量级的重金属和痕量级的二噁英类等4类物质组成。其矿物质、盐类具有一定的资源化潜力，但实施资源化时，存在以下难点：

（1）焚烧飞灰颗粒细小容易散逸。焚烧飞灰表观密度低，为0.2～0.5 g/mL，结构松散，易飞扬，大部分飞灰粒径在53～75 μm，易于散逸释放到环境中。

（2）焚烧飞灰矿物相组成中钙镁多、硅铝少。不管是生产水泥、地质聚合物等黏结材料，还是采用制备岩棉、玻璃体等热力钝化工艺，若使焚烧飞灰最终实现建材化，均需添加高硅、铝的材料进行调配，且焚烧飞灰的添加量不宜超过60%。此外，生产建材需要考虑产品的市场消纳规模，生产矿物棉等高值建材既需要考虑市场消纳规模，也需要考虑地方对于工业企业能耗的管理要求。

（3）焚烧飞灰中含重金属。焚烧过程中，垃圾中的重金属挥发和迁移进入焚烧飞灰中，导致飞灰中重金属含量和浸出毒性显著增加，增加了焚烧飞灰资源化利用风险，是焚烧飞灰资源化利用的最主要影响因素。

（4）焚烧飞灰中含二噁英类。生活垃圾焚烧过程中会产生一定量的二噁英类，经烟气净化系统捕集后进入焚烧飞灰中，不利于焚烧飞灰的资源化利用。

（5）挥发性元素含量高。焚烧飞灰中氯、硫、钾、钠等挥发性元素含量较高，对其处理和利用影响较大。特别是含氯塑料和食盐含量较高的厨余垃圾入炉焚烧，产生的氯化物富集于焚烧飞灰中。由于重金属氯化态的熔沸点比氧化态低，焚烧飞灰中氯化物的存在会提高重金属的挥发性，减弱重金属的固化效果，大大增加了焚烧飞灰处理与利用的难度。

5.3 监管疑问：焚烧飞灰如何开展全过程环境监管？

5.3.1 厂内收集

焚烧飞灰收集输送管道、容器和预处理设备应保持密闭，防止飞灰吸潮堵管，同时应做好飞灰产生量、浸出毒性检测等飞灰管理台账的记录、存档工作。

5.3.2 厂内预处理

焚烧飞灰的预处理应满足《生活垃圾焚烧污染控制标准》（GB 18485—2014）以及按条件豁免管理的相关要求（见本书第2部分第5.2节）。水泥窑协同处置焚烧飞灰模式中涉及的危险废物预处理中心，应按照《水泥窑协同处置危险废物经营许可证审查指南（试行）》的要求，具有危险废物经营许可证；填埋处置模式中的危险废物预处理，可参考《水泥窑协同处置危险废物经营许可证审查指南（试行）》执行，也可要求焚烧飞灰必须在焚烧厂内经稳定化预处理，检测证明满足《生活垃圾填埋场污染控制标准》（GB 16889—2024）的相关规定后，才可以外运到生活垃圾卫生填埋场的焚烧飞灰填埋专区。

5.3.3 厂内贮存

严格执行国家环境保护强制标准《危险废物贮存污染控制标准》（GB 18597—2023）的相关规定。环境监管执法实践中，发现的常见问题包括：

（1）焚烧飞灰集装袋破损、泄漏、析出盐分。《中华人民共和国固体废物污染环境防治法》第八十一条规定，"贮存危险废物应当采取符合国家环境保护标准的防护措施"。GB 18597—2023第7.2条规定，"针对不同类别、形态、物理化学性质的危险废物，其容器和包装物应满足相应的防渗、防漏、防腐和强度等要求"。生活垃圾焚烧飞灰属于国家危险废物名录中的HW18危险废物，在焚烧厂内不作豁免管理。生活垃圾焚烧飞灰贮存时发生集装袋破损、泄漏或集装袋表面析出盐分等现象，说明其包装物未能满足"防渗、防漏、防腐和强度等要求"，符合未按照国家环境保护标准贮存危险废物的情形。根据《中华人民共和国固体废物污染环境防治法》第一百一十二条第六项，"未按照国家环境保护标准贮存、利用、处置危险废物"由生态环境主管部门责令改正，处以十万元以上一百万元以下的罚款；情节严重的，报经有批准权的人民政府批准，可以责令停业或者关闭。

（2）焚烧飞灰集装袋未按规定张贴危险废物标签，危险废物标签填写不规范或被污染。《危险废物识别标志设置技术规范》（HJ 1276—2022）第5.2.2条明确给出了危险废物标签的格式和有关要求。

5.3.4　外运

焚烧飞灰运输应严格执行《危险废物转移管理办法》（生态环境部、公安部、交通运输部令　第23号）的相关规定。

5.3.5　厂外利用处置

焚烧飞灰经预处理满足相关要求后，其填埋处置过程或水泥窑协同处置过程可豁免管理，但必须严格执行《生活垃圾填埋场污染控制标准》（GB 16889—2024）、《水泥窑协同处置固体废物污染控制标准》（GB 30485—2013）及《水泥窑协同处置固体废物环境保护技术规范》（HJ 662—2013）的规定，其资源化利用产物的环境管理执行《生活垃圾焚烧飞灰污染控制技术规范（试行）》（HJ 1134—2020）的要求。

5.4 焚烧飞灰稳定化/固化后填埋处置的环境监管执法要点

5.4.1 焚烧飞灰稳定化/固化的有效性

《生活垃圾填埋场污染控制标准》（GB 16889—2024）规定，焚烧飞灰满足以下条件方可进入填埋场填埋处置：二噁英类含量低于3 μg TEQ/kg；按照《固体废物 浸出毒性浸出方法 醋酸缓冲溶液法》（HJ/T 300）制备的浸出液中危害成分浓度低于表1规定的限值。稳定化/固化药剂的成分和配比，应根据焚烧飞灰的实际特性确定。稳定化药剂中的有机螯合剂和无机螯合剂要合理搭配，既要提高重金属螯合的稳定性，又要减少螯合产物中重金属在酸性条件下的浸出风险。螯合剂的使用量也要从稳定化效果和稳定化成本两个方面综合考虑。如果使用水泥固化，还需要将固化后的增容比控制在合理范围，以节约库容。

5.4.2 稳定化/固化产物的检测

《生活垃圾焚烧飞灰污染控制技术规范（试行）》（HJ 1134—2020）第7.3条规定，飞灰处理和处置设施污染物监测频次应符合以下要求：

（1）飞灰处理过程产生废水的监测频次应为至少每季度1次。

（2）飞灰及其处理产物的贮存设施废气直接排放的，监测频次应为至少每季度1次。

（3）飞灰处理过程废气中颗粒物的监测频次应为至少每月1次。

（4）飞灰低温热分解、高温烧结和高温熔融处理设施废气中颗粒物和重金属的监测频次应为至少每月1次，二噁英类的监测频次应为至少每年1次。

（5）飞灰处理产物用于水泥熟料生产过程废气污染物的监测频次应符合《水泥窑协同处置固体废物污染控制标准》（GB 30485）的要求。

HJ 1134—2020第7.4条规定，飞灰处理设施所有者应对飞灰处理产物定期进行采样监测，飞灰处理产物进入生活垃圾填埋场进行填埋处置的，飞灰处理产物中重金属浸出浓度监测频次应不少于每日1次，飞灰处理产物中二噁英类的监测频次应不少于每6个月1次。

5.4.3 焚烧飞灰单独分区填埋

按照《生活垃圾填埋场污染控制标准》（GB 16889—2024）的规定，预处理达标后的焚烧飞灰应单独分区填埋。有的卫生填埋场建设较早，没有为焚烧飞灰设置单独的填埋分区，应尽早实施工程改造，通过设置分区坝，有效分隔出与生活垃圾相独立的填埋库区。焚烧飞灰填埋库区的分区、雨污分流、场内运输和填埋作业的设计要求应执行《生活垃圾卫生填埋处理技术规范》（GB 50869—2013）和《生活垃圾处理处置工程项目规范》（GB 55012—2021）的相关规定，其资源化处理产物的环境管理执行《生活垃圾焚烧飞灰污染控制技术规范（试行）》（HJ 1134—2020）的要求。

5.5 焚烧飞灰预处理后水泥窑协同处置的环境监管执法要点

5.5.1 焚烧飞灰的准入评估

为保证协同处置过程不影响水泥生产过程和操作运行安全，确保烟气排放达标，在协同处置企业与固体废物产生企业签订协同处置合同及固体废物运输到协同处置企业之前，应对拟协同处置的固体废物进行取样及特性分析。在对拟协同处置的固体废物进行取样和特性分析前，应该对固体废物产生过程进行调查分析，在此基础上制定取样分析方案；样品采集完成后，根据《水泥窑协同处置固体废物环境保护技术规范》（HJ 662—2013）的相关要求开展分析测试。取样频率和方法应参照《工业固体废物采样制样技术规范》（HJ/T 20—1998）和《危险废物鉴别技术规范》（HJ 298—2019）要求执行。完成样品分析测试后根据HJ 662—2013相关规定对焚烧飞灰是否可以进厂协同处置进行判断。对于同一产废单位同一生产工艺产生的不同批次固体废物，在生产工艺操作参数未改变的前提下，可以仅对首批次固体废物进行采样分析。

5.5.2　水泥窑的稳定运行

　　根据《水泥窑协同处置固体废物污染控制标准》（GB 30485—2013）的规定，在运行过程中，应根据固体废物特性按照《水泥窑协同处置固体废物环境保护技术规范》（HJ 662—2013）中的要求正确选择固体废物投加点和投加方式。生活垃圾焚烧飞灰通过水泥窑协同处置应从窑尾烟室或分解炉进料，但有的水泥企业将其从窑头高温段进料，导致焚烧飞灰在窑内的停留时间短，达不到污染物去除的效果，所谓的"协同"处置过程仅仅是"稀释混合"。固体废物的投加过程和在水泥窑中的协同处置过程应不影响水泥的正常生产。在水泥窑达到正常生产工况并稳定运行至少4 h后，方可开始投加固体废物；因水泥窑维修、事故检修等停窑前至少4 h内禁止投加固体废物。当水泥窑出现故障或事故造成运行工况不正常，如窑内温度明显下降、烟气中污染物浓度明显升高等情况时，必须立即停止投加固体废物，待查明原因并恢复正常运行后方可恢复投加。在协同处置固体废物时，水泥窑及窑尾余热利用系统排气筒总有机碳（TOC）因协同处置固体废物增加的浓度不应超过10 mg/m³，TOC的测定步骤和方法执行《水泥窑协同处置固体废物环境保护技术规范》（HJ 662）和《固定污染源废气　总烃、甲烷和非甲烷总烃的测定　气相色谱法》（HJ 38）等国家环境保护标准。

6　生活垃圾焚烧发电厂的废水处理

6.1　生活垃圾焚烧发电厂的废水

6.1.1　类型

生活垃圾焚烧发电厂的废水主要包括两大类五小类：

1）有机废水

（1）垃圾渗滤液。来自进厂生活垃圾中本身含有的水分，属于高浓度有机废水，典型的水质指标为 BOD_5=10 000 $\sim$ 30 000 mg/L、COD=30 000$\sim$60 000 mg/L、SS=2 000$\sim$10 000 mg/L、NH_3-N=1 000$\sim$2 000 mg/L、pH=4$\sim$8。

（2）冲洗废水及厂内生活污水。冲洗废水来自车辆、设备、设施的冲洗，厂内生活污水来自厂内工作人员的生活活动，均属于低浓度有机废水，典型的水质指标为BOD_5=80$\sim$300 mg/L、COD=100$\sim$450 mg/L、SS=100$\sim$3 000 mg/L、NH_3-N=20$\sim$30 mg/L、pH=6$\sim$11。

2）无机含盐废水

（1）烟气净化废水。主要来自烟气湿法脱酸工艺段，废水中有机物较少，主要成分为盐类，一般会循环使用，或引流至烟气半干法脱酸工艺段（见本书第2部分第3.1节），被热烟气蒸干，蒸干后残留的盐类成为焚烧飞灰。

（2）焚烧炉渣冷却废水。来自焚烧炉渣泡水冷却时浸出的废水，与焚烧炉渣直接接触，废水中有机物较少，主要成分为盐类，一般会循环使用，到含盐浓度过高时，导出与锅炉系统废水一并处理。

（3）余热锅炉废水。一部分为锅炉工质制备时从除盐水系统中排出的废水，另一部分为余热锅炉冷却塔（见本书第2部分第2.6节）循环冷却系统排出的废水（俗称循环冷却水）。余热锅炉废水产量大，几乎与生活垃圾焚烧发电厂的处理规模相当。废水中有机物较少，主要成分为盐类。

6.1.2　处理方式

有机废水的处理主要采用"预处理+生物处理+物化处理"的工艺，高浓度有机废水的生化处理段包括厌氧生化和好氧生化，低浓度有机废水的生化处理只需要好氧生化；无机废水的处理主要采用"预处理+物化处理"的工艺。

废水处理的典型工艺段简述如下：

1）预处理

预处理主要是通过格栅、筛网等去除污水中较大的漂浮物，并经预沉调节池去除悬浮物，均衡水量水质。

2）生物处理

生物处理是指通过微生物来分解污水中的污染物，将污染物分解为无机物等，或将其转化为微生物细胞。生物处理法包括厌氧生物法、好氧生物法及厌氧好氧组合技术。

厌氧生物法是在没有氧气和硝态氮参与反应的情况下，利用厌氧微生物的水解酸化、产甲烷作用，将废水中难降解的大分子有机物分解为甲烷、水、二氧化碳等，具有处理负荷高、产泥率低、能耗低、占地少的特点。常见的厌氧工艺有上流式厌氧污泥床（UASB）、厌氧生物滤池（AF）、厌氧折流板反应器（ABR）、厌氧序批式反应器（ASBR）等。

好氧生物法是指微生物在好氧条件下，以废水中的有机物作为原料进行新陈代谢将其转化为细胞物质，同时将污染物降解。好氧生物法具有工艺操作简单、反应速率快、臭气小等特点。常见的好氧工艺有活性污泥法、生物膜法、氧化沟等。

3）物化处理

物化处理是指通过物理和化学的综合作用对废水进行净化处理的方法。

它适用于处理成分复杂、难以生物降解的废水，尤其在去除重金属、有机物、悬浮物和微量污染物方面具有显著效果。主要包括：

（1）混凝沉淀：通过投加絮凝剂（如铝盐、铁盐）使胶体脱稳形成絮体并沉淀，用于去除悬浮物和部分有机物。

（2）吸附法：利用活性炭、沸石等吸附剂选择性去除重金属、有机物及降低色度，适用于深度处理。

（3）离子交换：通过树脂交换去除废水中的离子（如重金属、氨氮），常用于电镀废水处理。

（4）蒸发浓缩：通过加热使水分蒸发，浓缩回收有用物质（如酸洗废液中的硫酸）。

（5）高级氧化：如臭氧氧化、紫外线（UV）光解，利用强氧化自由基分解难降解有机物，提升可生化性。

（6）膜分离：采用微滤、超滤或反渗透等膜技术截留悬浮物、胶体及溶解性物质，具有高效分离特性。各类物化处理技术中，膜分离是生活垃圾焚烧发电厂最常用的废水处理手段，被用于含盐废水盐分的分离以及有机废水生化反应段出水的深度处理。

6.2　垃圾渗滤液的处理

6.2.1　垃圾渗滤液的产生量

垃圾渗滤液的产生量与生活垃圾的水分和堆酵情况有关。一般来说，我国城市生活垃圾的厨余成分含量为50%～65%，生活垃圾的含水率为45%～65%，气候湿热和夏季雨量大的地区宜取高值，气候干燥和夏季少雨的地区宜取低值。根据经验，生活垃圾堆酵过程中沥出的渗滤液比例为15%～25%，并且，垃圾贮存堆酵时间越长，可能沥出的渗滤液就越多。

生活垃圾焚烧发电厂渗滤液的实际产生量应由泵、流量计等装置实际计量测算。

6.2.2　垃圾渗滤液的成分特点

生活垃圾焚烧发电厂的垃圾渗滤液是一种新鲜的渗滤液，与生活垃圾填埋场的中老龄渗滤液相比，具有以下特点[96]：

（1）可生化性（BOD_5/COD）更高。垃圾渗滤液中的BOD_5和COD浓度最高可达几万毫克每升，且含有大量的难降解有机物，如有机氯化物、芳香族化合物、腐殖酸等，导致COD中将有很大一部分难以用生物处理的方式去除。对于填埋场渗滤液，BOD_5/COD随着垃圾填埋年数的增加而降低，导致可生化性变差，BOD_5/COD可能降至0.2以下。而焚烧厂渗滤液一般表现出较好的生化性，BOD_5/COD一般在0.5以上。

（2）可溶性有机物占比更高。焚烧厂渗滤液中可溶性有机物的含量大于填埋场渗滤液，且组分占比区别大。某城市填埋场渗滤液的可溶性有机物中，胡敏酸、富里酸和亲水性有机质分别占19.2%、45.5%和35.3%，而同一城市焚烧厂渗滤液的可溶性有机物中，胡敏酸、富里酸和亲水性有机质分别占1.8%、55.5%和42.7%，表现出焚烧厂渗滤液中的富里酸和亲水性有机质的比例更高[96]。

（3）氨氮浓度低于填埋场渗滤液。填埋场渗滤液的氨氮浓度随填埋年数的增加而增加，中老龄填埋场渗滤液的氨氮浓度可达3 000 mg/L以上，而焚烧厂渗滤液的氨氮浓度一般低于填埋场渗滤液的浓度。

6.2.3　处理工艺

生活垃圾焚烧发电厂产生的渗滤液属于新鲜的渗滤液，碳氮比适宜生化处理，可生化性（BOD_5/COD）较好。目前国内生活垃圾焚烧发电厂的垃圾渗滤液主要采用《生活垃圾渗滤液处理技术规范》（CJJ 150—2010）中推荐的常规处理工艺，即"预处理+厌氧生物处理+好氧生物处理+超滤+纳滤+反渗透"，工艺流程见图2-6-1。

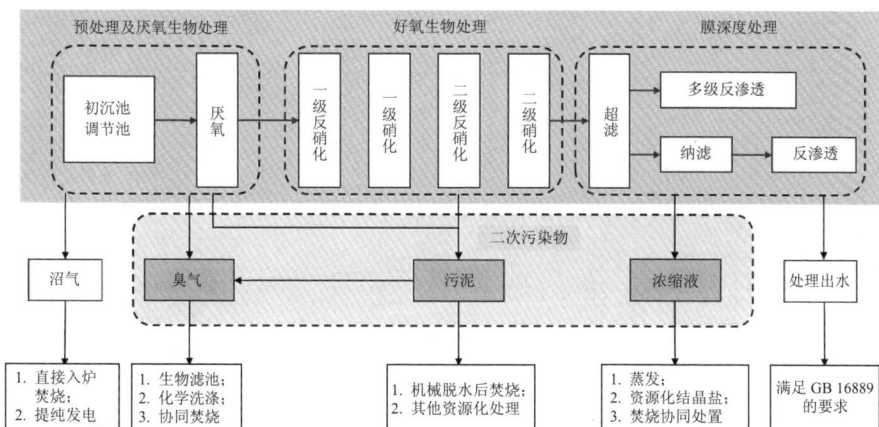

图 2-6-1　生活垃圾焚烧发电厂的渗滤液处理工艺流程

6.2.4　水污染物处理和排放要求

《生活垃圾焚烧污染控制标准》（GB 18485—2014）对焚烧厂水污染物处理和排放的规定包括：

（1）应在焚烧厂内处理或送至生活垃圾填埋场渗滤液处理设施处理，处理后满足《生活垃圾填埋场污染控制标准》（GB 16889—2008）表2的要求（若填埋场场址在符合GB 16889—2008中第9.1.4条要求的地区，应满足GB 16889—2008表3的要求），可直接排放。因GB 16889—2008已被GB 16889—2024替代，该要求更新为：若送至生活垃圾填埋场渗滤液处理设施处理，则处理后满足GB 16889—2024中表2的要求（若填埋场场址在符合GB 16889—2024中第9.1.2条要求的地区，应满足GB 16889—2024中表3的要求）。

（2）若通过污水管网或采用密闭输送方式送至采用二级处理方式的城市污水处理厂处理，需满足以下3个条件：①在焚烧厂内处理后，总汞、总镉、总铬、六价铬、总砷、总铅等污染物浓度达到GB 16889—2024中表2规定的浓度限值要求；②城市二级污水处理厂每日处理生活垃圾渗滤液和车辆清洗废水总量不超过污水处理量的0.5%；③城市二级污水处理厂应设置生活垃圾渗滤液和车辆清洗废水专用调节池，将生活垃圾渗滤液和车辆清洗废水均匀注入生化处理单元。

有些地方在地方标准或技术规范中对焚烧厂污水处理提出了更严格的要求，体现在：

（1）只允许焚烧厂内处理，不允许通过污水管网或采用密闭输送方式外运。

（2）出水排放指标严于GB 16889—2024中表2的要求。

6.2.5　膜分离浓缩液的处理

生活垃圾焚烧发电厂中膜深度处理工艺会产生15%～30%的浓缩液，国内大部分焚烧厂采用以下方式处理浓缩液以实现焚烧厂的废水"零排放"：

（1）回喷炉内，包括回喷炉膛燃烧、回喷垃圾贮坑等。随垃圾一起焚烧，此做法会将浓缩液中的高盐成分转移至飞灰和炉渣中，还会降低垃圾的热值，影响炉温并加重焚烧炉膛的腐蚀。

（2）在烟气净化系统中消纳，包括半干法制浆、作为工业水直接喷入半干法装置中、用于飞灰螯合等，此做法会将浓缩液中的高盐成分转移至飞灰中，且烟气处理系统能消纳的浓缩液量有限。

（3）用于炉渣冷却。有些采用湿式出渣系统的焚烧厂，使用浓缩液浸泡焚烧炉渣，此做法会将浓缩液中的高盐成分转移至炉渣中，会对焚烧炉渣造成二次污染。

（4）用于焚烧飞灰稳定化/固化，作为飞灰螯合过程中所需要的工业水，但能消纳的浓缩液量有限。

（5）通过多级反渗透，进一步缩减浓缩液的量。

（6）外运至城镇污水处理厂处理，涉及地方政府城管、水务、生态环境几个部门之间的协调，协调难度较大。

（7）厂内使用多效蒸发器或浸没燃烧蒸发器处理，耗能较高，蒸发器易结垢，且废盐亦难处理。

上述处理方式各有利弊，具体处理方式依据生活垃圾焚烧发电厂的环境影响评价文件选择。

6.3 余热锅炉废水的处理

6.3.1 余热锅炉废水的成分特点

余热锅炉废水主要来源于锅炉运行中的定期排污和循环冷却系统排水，具有以下特点：

（1）高盐分：因长期循环使用，水中钙、镁等离子浓度高，易结垢；

（2）微量有机物：受生活垃圾焚烧发电厂内环境影响，可能携带微量挥发性有机物；

（3）水质波动大：水质与上游给水、余热锅炉工况直接相关，水质和水量不稳定。

6.3.2 处理工艺

（1）预处理。废水进入调节池均质均量，通过初沉池或混凝沉淀去除悬浮物及部分大颗粒杂质，再采取砂滤等方式去除残留颗粒物及胶体物质。

（2）主处理。针对高盐废水，采用超滤（UF）、反渗透（RO）或纳滤（NF）等膜分离技术进行脱盐处理。例如，反渗透可去除至少90%的盐分，产水回用于冷却系统或锅炉补给水，浓水则进入蒸发环节。对于有机物含量较高的废水，可并入垃圾渗滤液的生化处理段。

（3）深度处理。针对高盐浓水，采用多效蒸发器通过逐级加热浓缩废水，结晶分离盐分，实现盐类资源化回收，蒸发冷凝水可回用。

6.4 废水处理的环境监管执法要点

6.4.1 一般要求

生活垃圾焚烧发电厂废水处理的环境监管执法要点包括：

（1）工艺节点是否有污水计量措施；

（2）废水处理工艺是否稳定运行；

（3）深度处理系统是否有膜清洗措施和定期更换计划；

（4）是否有恶臭防控措施；

（5）是否对厌氧过程产生的沼气妥善处理；

（6）是否设置水污染物排放口，水污染物排放口是否安装了在线监测装置，水污染物排放浓度能否满足相关标准及环境影响评价文件的要求；

（7）是否对废水处理污泥妥善处理。

6.4.2　垃圾渗滤液回喷的环境监管

1）垃圾渗滤液原液回喷炉内

《关于进一步加强生物质发电项目环境影响评价管理工作的通知》（环发〔2008〕82号）要求："垃圾渗滤液处理应优先考虑回喷，不能回喷的应保证排水达到国家和地方的相关排放标准要求，应设置足够容积的垃圾渗滤液事故收集池；产生的污泥或浓缩液应在厂内自行焚烧处理、不得外运处置。"实际上，一些内部协调性较高的生活垃圾综合处理基地，的确实现了焚烧厂、填埋场共用渗滤液处理设施，但多数焚烧厂仍需独自承担渗滤液处理任务。受限于焚烧厂污水处理存在的技术难点（见本书第2部分第6.2节），渗滤液回喷炉内焚烧的情况普遍存在。

《生活垃圾焚烧污染控制标准》（GB 18485—2014）指出，焚烧厂水污染物处理工艺有两种：一是应在焚烧厂内处理或送至生活垃圾填埋场渗滤液处理设施处理，处理达标后可直接排放；二是若通过污水管网或采用密闭输送方式送至采用二级处理方式的城市污水处理厂处理，应使五毒重金属的浓度和渗滤液总量满足相关要求。从标准条文用词可以看出，GB 18485偏向焚烧厂自建污水处理设施或送至填埋场渗滤液处理设施处理，用词为"应"，语气很强烈，但也允许其他处理方式，如外运至城市污水处理厂处理。

《生活垃圾焚烧处理工程技术规范》（CJJ 90—2009，已被GB/T 51452—2024替代）指出，采用连续焚烧方式的垃圾焚烧炉可设置垃圾渗滤液喷入装置，生活垃圾焚烧发电厂所产生的垃圾渗滤液在条件许可的情况下可回喷至焚烧炉焚烧；当不能回喷焚烧时，焚烧厂应设渗滤液处理系统。所谓"条件

许可"，主要指渗滤液回喷后的垃圾热值应满足稳定燃烧的需求。《城市生活
垃圾处理及污染防治技术政策》（建城〔2000〕120号）指出"焚烧适用于进
炉垃圾平均低位热值高于5 000 kJ/kg"；《城市生活垃圾焚烧处理工程项目建
设标准》（建标142—2010）指出"入炉垃圾热值不宜低于5 000 kJ/kg"。实际
操作中，应保证渗滤液回喷后的入炉垃圾热值在设计热值范围，避免对垃圾
燃烧工况产生不良影响。

但是，CJJ 90—2009已被《生活垃圾焚烧处理与能源利用工程技术标准》
（GB/T 51452—2024）替代，GB/T 51452—2024已无垃圾渗滤液能否回喷焚
烧的表述，仅指出焚烧厂产生的垃圾渗沥液应妥善处理，厂内设置渗沥液处
理设施的，渗沥液处理工艺设计应符合现行行业标准《生活垃圾渗沥液处理
技术标准》（CJJ/T 150）的有关规定。

因此，从标准和规范性文件有关表述的沿革来看，垃圾渗滤液直接回喷
炉内已不再是值得建议的做法。从目前全国生活垃圾焚烧发电厂的技术现状
来看，基本都已配置了垃圾渗滤液处理设施，能够对垃圾渗滤液进行处理，
而处理过程中产生的膜分离浓缩液的处理处置才是难点困点。

2）膜分离浓缩液回喷炉内

垃圾渗滤液经过"预处理+生化处理+膜分离深度处理"后，约产生70%
进水量的膜分离浓缩液。膜分离浓缩液的有机物含量少、含盐量高，若要配
置专门的蒸发设备，则会增加固定资产投资和运行成本，因此，很大一部分
生活垃圾焚烧发电厂会将膜分离浓缩液回喷炉内，具体操作方式包括：

（1）回喷到入炉垃圾表面，再送入炉膛。对燃烧工况的影响较小，渗滤
液中污染物的去除率较高。

（2）直接回喷到炉膛内。对燃烧工况的影响较大，且容易加重炉膛烟气
出口处的结焦，对焚烧炉设备有不良影响。

（3）回喷到炉排后段。有的机械炉排炉将渗滤液回喷到炉排燃尽段，利
用炉排后段的高温蒸发渗滤液中的水分。

从这3种方式回喷的水量来看，按渗滤液产生量为进厂垃圾的15%、深度
处理浓液产率30%计算，浓缩液产量一般不超过进厂垃圾量的4.5%，对燃烧
工况的影响不大，但因含盐量高，会加重设备结焦、腐蚀。

3）膜分离浓缩液回喷到烟气净化系统，用作烟气净化用水

考虑到膜分离浓缩液回喷炉内会加重设备结焦、腐蚀，有的生活垃圾焚烧发电厂将膜分离浓缩液用作半干法脱酸石灰浆的制备用水，石灰浆液的水分在半干法脱酸过程中被蒸干。这种做法实际上是将渗滤液中的盐分转移到了焚烧飞灰中，也是一种治标不治本的做法。

4）膜分离浓缩液回喷到焚烧炉渣冷却系统，用于冷却炉渣

机械炉排炉一般采用湿式排渣，有的生活垃圾焚烧发电厂将膜分离浓缩液用作焚烧炉渣冷却水，给出的理由一般为"渗滤液深度处理前，COD、BOD_5等污染物指标已下降到较低水平，而渗滤液深度处理后的浓缩液，仅含有较高的盐分，基本没有污染"。但实际上将盐分等污染物转移到焚烧炉渣上，影响焚烧炉渣的后续处理或资源化利用，并不值得推荐。

5）垃圾渗滤液或其膜分离浓缩液回喷的环境监管执法要点

环境监管执法实践中，需重点关注：

（1）查看垃圾渗滤液或其膜分离浓缩液回喷是否符合经批复的环境影响评价文件的要求；

（2）查台账，渗滤液或其膜分离浓缩液产生量、处理量、回喷量是否平衡；

（3）查看垃圾渗滤液或其膜分离浓缩液回喷管线，检查是否存在"跑、冒、滴、漏"等现象。

6.4.3　膜分离工艺段膜材料的损耗情况

对照目前生活垃圾焚烧发电厂的水污染物排放要求或"零排放"承诺，废水必须经过膜分离深度处理后才能达到要求。环境监管执法实践中，需关注膜材料的损耗情况和生活垃圾焚烧发电厂的维护、更换情况，以防止废水处理设施"带病运行""久病不治"的情况出现。

膜分离工艺段一般采用"超滤+纳滤+反渗透"多级组合工艺，也有直接使用两级反渗透组合工艺的。从膜材料的特性来看，超滤、纳滤、反渗透3种工艺之间膜孔直径逐渐减小，施加在膜两侧压力逐渐增大。超滤作为膜分离的第一道工序，需要过滤绝大部分杂质，且杂质粒径范围较大，因此超

滤膜最容易堵塞。纳滤和反渗透原理及膜孔直径相差较小，但反渗透膜两侧施加压力更大，且纳滤一般采用错流方式会有效避免在死端过滤过程中产生的堵塞现象，因此反渗透相对纳滤会更加容易堵塞。除此之外，反渗透因工作压力较大，膜材料破裂风险也较高。因此，三级膜分离工艺中膜材料堵塞由易到难排序为：超滤、反渗透、纳滤。

综上所述，环境监管执法实践中需结合膜材料堵塞难易程度，考察膜分离材料的维护、更换情况。

6.5　监管疑问：生活垃圾焚烧发电厂废水能否实现"零排放"？

所谓的生活垃圾焚烧发电厂废水"零排放"，实际上是指废水经处理后满足再生水利用的标准，可在厂内资源化利用，而非不产生水污染物。生活垃圾焚烧发电厂一般承诺将废水处理至满足《城市污水再生利用　城市杂用水水质》（GB/T 18920—2020）、《城市污水再生利用　景观环境用水水质》（GB/T 18921—2019）等标准的限值要求。

对于生活垃圾焚烧发电厂废水处理来说，"零排放"更大意义上是一个宣传术语而非科学术语。从本书第2部分第6.2节、第6.3节、第6.4节的阐述可知，废水处理的难点困点在于含盐的膜分离浓缩液的最终处置。如果厂内没有针对膜分离浓缩液中盐类进行最终处置或利用的手段（如多效蒸发、浸没燃烧蒸发等），也没有将膜分离浓缩液送至具有这些手段的单位，那么这些盐类势必会从膜分离浓缩液中向烟气、飞灰、炉渣等载体转移，其实并没有真正实现"零"排放的效果。有些守法意识不强的焚烧厂，甚至有可能将膜分离浓缩液排入环境中。

此外，由于声称废水"零排放"的生活垃圾焚烧发电厂不设水污染物排放口，故在废水处理能否满足承诺标准方面，仍需加强环境监管。

7 生活垃圾焚烧发电厂的环境风险控制

7.1 生活垃圾焚烧发电厂的环境风险

7.1.1 水环境风险

生活垃圾焚烧厂由废水引发的常见的水环境风险包括渗滤液原液或膜分离浓液未妥善处理、余热锅炉废水未妥善处理等。

渗滤液原液或膜分离浓液未妥善处理详见本书第2部分第6.2节。

余热锅炉废水未妥善处理详见本书第2部分第6.3节。

7.1.2 大气环境风险

生活垃圾焚烧发电厂由废气、恶臭气体引发的大气环境风险包括烟气超标、锅炉爆管、有色烟羽、臭气逸散等。

烟气超标详见本书第2部分第3.1节至第3.5节。

锅炉爆管详见本书第2部分第2.11节。

有色烟羽详见本书第2部分第3.6节。

臭气逸散详见本书第2部分第4.2节。

7.1.3 固体废物污染环境风险

焚烧飞灰污染环境风险，详见本书第2部分第5.2节至第5.5节。

焚烧炉渣污染环境风险，详见本书第2部分第5.1节。

7.1.4　噪声和振动污染风险

生活垃圾焚烧发电厂的噪声和振动包括：①垃圾车进出厂的车辆噪声；②各类风机、泵站等设备的运行噪声；③余热锅炉产生的燃烧噪声，冷却塔的运行噪声；④蒸汽管道和阀门的流动噪声，汽轮发电机组的噪声和振动；⑤厂区内焚烧飞灰或焚烧炉渣处理设备产生的噪声和振动；⑥厂区内建设和设备维护检修产生的施工噪声和振动。这些噪声和振动若不妥善处理，会导致污染风险。

7.2　环境风险的防控和突发环境事件应急响应

7.2.1　如何对水污染突发环境事件进行防控？

针对生活垃圾焚烧发电厂所在园区的水污染突发环境事件，按照"一级防控不出车间、二级防控不出设施、三级防控不出园区"的总体目标，建立健全三级防控体系，将环境风险控制在园区内。第一级是装置级和车间级，在车间环境风险单元设置围堰、截污沟、收集池等污水拦截设施，保障突发环境事件发生时能将车间地面等处的事故污水截污并导流至车间收集池。第二级是设施级，主要指设施雨水池、设施事故应急池、设施污水处理站等类型的协同，保障突发环境事件发生时能将路面事故污水以及设施内的污水有效截留并处理。第三级是园区级，是指园区公共及其他设施环境应急空间及设施的共享和协同，主要包括园区公共应急池、临近设施应急池、园区污水处理厂，以及排口闸（阀）门、固定或临时传输装置、园区公共污水管网、园区雨水管网等，保障突发环境事件发生时事故污水不出园区。具体见图2-7-1。

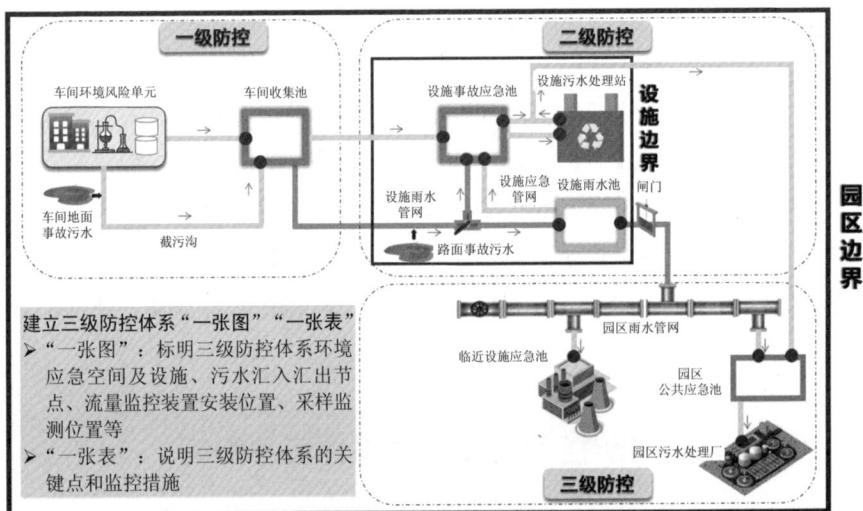

图 2-7-1　水污染突发环境事件的三级防控体系

7.2.2　突发环境事件的应急响应

1）周边水环境污染的应急监测

当周边环境水质恶化、鱼类死亡、邻避纠纷等环境风险事件发生时，应立即启动应急响应，及时开展应急监测。应急监测的对象应包括上游来水、园区雨水、受纳水体以及周边可能汇入受纳水体的农林灌溉水，应急监测的水质指标应包括《地表水环境质量标准》（GB 3838—2002）、《渔业水质标准》（GB 11607—89）和《水质　有机氯农药和氯苯类化合物的测定　气相色谱-质谱法》（HJ 699—2014）的全部指标。当发生鱼类死亡事件时，应及时采集刚死亡的鱼类尸体冷冻保存，便于开展死亡原因解剖实验。当发现周边水体出现异常悬浊物时，还应对悬浊物的成分予以监测分析。应急监测的所有样品应至少留样保存至环境风险事件结束。

2）周边大气污染的应急监测

应急监测主要方法有现场快速监测、实验室分析、走航监测、搭载光谱分析技术的飞机监测等。现场快速监测主要分布于周边学校、居民区、政务区、事故点及其上、下风向；实验室分析主要是以事故点及应急作业区、下风向居民区为重点；走航监测主要对可能受事故影响区域进行实时、持续监测，主要监测指标与现场快速监测指标类似；搭载光谱分析技术的飞机在事故点周围上空进行监测。确定应急监测指标主要依据包括《环境空气质量标准》（GB 3095—2012）、《环境影响评价技术导则　大气环境》（HJ 2.2—2018）、《恶臭污染物排放标准》（GB 14554—93）以及其他排污单位污染排放相关标准。

8　生活垃圾焚烧发电厂的自行监测

8.1　热电偶监测炉温

8.1.1　法律要求

　　《生活垃圾焚烧发电厂自动监测数据应用管理规定》第七条要求，焚烧厂应当按照国家有关规定，确保正常工况下焚烧炉炉膛内热电偶测量温度的5 min均值不低于850℃。这条要求是《生活垃圾焚烧污染控制标准》（GB 18485—2014）中对焚烧炉炉膛内焚烧温度技术性能指标要求在执法层面的落地，对炉膛内焚烧温度≥850℃进一步量化考核，明确要求采用热电偶测量温度的5 min均值来量化考核，焚烧炉正常工况下，该5 min均值不低于850℃。《生活垃圾焚烧发电厂自动监测数据标记规则》规定了炉膛内热电偶测量温度的5 min均值的计算方法，将炉膛温度明确为"以焚烧炉炉膛内热电偶测量温度的5 min平均值计，即焚烧炉炉膛内中部和上部两个断面各自热电偶测量温度中位数算术平均值的5 min平均值"。《生活垃圾焚烧发电厂自动监测数据应用管理规定》第十一条规定了炉温不达标的法律责任，即焚烧厂正常工况下焚烧炉炉膛内热电偶测量温度的5 min均值低于850℃，一个自然日内累计超过5次的，认定为"未按照国家有关规定采取有利于减少持久性有机污染物排放的技术方法和工艺"，依照《中华人民共和国大气污染防治法》第一百一十七条第七项的规定处罚。

8.1.2　基本原理

　　当热电偶的测量端（俗称"热端"，温度记为 T）与参比端（俗称"冷端"，温度记为 T_0）之间存在温度差（$T-T_0$）时，测量闭合回路产生的电势差记为 E（$T-T_0$）。对照《热电偶　第 1 部分：电动势规范和允差》（GB/T 16839.1—2018）中附录 A"电动势分度表"，找到与电势差 E（$T-T_0$）对应的温度值，就可以得到测量端与参比端的温度差（$T-T_0$）。具体步骤为：

（1）测量参比端温度 T_0，查"电动势分度表"，得到与其对应的电势差 E（T_0-0）；

（2）测量热电偶测量端温度 T 与参比端温度 T_0 之间的电势差 E（$T-T_0$）；

（3）求得热电偶测量端与 0℃ 之间的电势差为 E（$T-0$）$=E$（$T-T_0$）$+$ E（T_0-0），查"电动势分度表"，得到与 E（$T-0$）对应的温度，即热电偶测量端的温度测量值 T。

在生活垃圾焚烧炉炉温测量热电偶接线盒所在位置（位于焚烧炉炉墙外侧空间，温度记为 T_n）和电子设备室内（温度记为 T_0）分别测量相关电势差时，闭合回路内的电势差应满足公式给出的关系：

$$E(T-0) = E(T-T_n) + E(T_n-0) = E(T-T_0) + E(T_0-0)$$
$$= E(T-T_n) + E(T_n-T_0) + E(T_0-0)$$

(2-8-1)

式中，T 为炉温测量热电偶测量端的温度，℃；T_n 为炉温测量热电偶接线盒所在位置的环境温度，℃；T_0 为电子设备室内热电偶输入模块所在位置的环境温度，℃；0 为 0℃；E 为两个不同点位之间不同温度所对应的电势差，mV。

8.1.3　环境监管执法要点

可用工具：数字多用表、信号校准仪。数字多用表、信号校准仪的精度要求参见《手持式数字多用表》（GB/T 32194）。

可选方法一：检查时可在生活垃圾焚烧炉旁热电偶接线盒所在位置实地查验，需 2 组人员（记为甲和乙），通过通信设备实时联系，具体步骤为：

（1）甲在中控室观察 DCS 界面，乙到热电偶接线盒所在位置记录相应的环境温度 T_n。

（2）乙将热电偶与补偿导线断开，甲检查 DCS 界面中相应热电偶是否显示故障；若未及时显示故障，则说明所查验热电偶的信号并未传输给 DCS。

（3）乙将补偿导线两极短接，甲检查DCS界面中相应热电偶的温度示值是否等于热电偶接线盒所在位置的环境温度T_n；若偏差较大，则说明该热电偶可能未正确连接专用的补偿导线。

（4）乙将信号校准仪连接补偿导线，依次输入若干个不同的电压信号$E（T-T_n）$[①]，通过查验原理公式计算对应的理论温度值T，甲记录DCS界面中相应热电偶的温度示值T'，核算T'与T的偏差。

（5）乙将热电偶与补偿导线重新连接，并将数字多用表搭接在热电偶两极上，读出数字多用表电压示值$E（T-T_n）$，通过式（2-8-1）计算对应的理论温度值T，甲同步记录DCS界面中相应热电偶的温度示值T'，核算T'与T的偏差。

可选方法二[②]：检查组可在热电偶输入模块所在的电子设备室实地查验，需2组人员（记为甲和乙），通过通信设备实时联系，具体步骤为：

（1）甲在中控室观察DCS界面，乙到热电偶输入模块所在的电子设备室观察并记录环境温度T_0（一般为18～28℃）。

（2）乙将热电偶输入模块与补偿导线断开，甲检查DCS界面中相应热电偶是否显示故障；若未及时显示故障，则说明所查验热电偶的信号并未传输给DCS。

（3）乙将热电偶输入模块两极短接，甲检查DCS界面中相应热电偶的温度示值是否等于电子设备室的环境温度T_0；若偏差较大，则说明系统准确性不够。

（4）乙将信号校准仪连接热电偶输入模块，依次输入若干个不同的电压信号$E（T-T_0）$，通过式（2-8-1）计算对应的理论温度值T，甲记录DCS界面中相应热电偶的温度示值T'，核算T'与T的偏差[③]。

---

① 对于垃圾焚烧炉使用的 K 型热电偶，依次输入若干不同的电压信号可分别为 40 mV、30 mV、20 mV、10 mV；对于垃圾焚烧炉使用的 S 型热电偶，依次输入若干不同的电压信号可分别为 8 mV、6 mV、4 mV、2 mV。

② 方法二不适用于在热电偶安装处使用温度变送器将电压信号转化为电流信号的垃圾焚烧炉。

③ 对于支持 HART 协议的控制系统，乙在电子设备室查验时，若使用信号校准仪直接输入信号后 DCS 显示值出现异常，可在信号校准仪与导线之间串接一个阻值为 230～600 Ω 的电阻（宜使用 250 Ω 的电阻），再输入信号。

（5）乙将热电偶输入模块与补偿导线重新连接，并将数字多用表搭接在热电偶输入模块两极上，读出数字多用表电压示值 E（T–T_0），通过式（2-8-1）计算对应的理论温度值 T，甲同步记录DCS界面中相应热电偶的温度示值 T'，核算 T' 与 T 的偏差。

查验结果的判定：可参考表2-8-1记录查验偏差，查验时理论温度值 T 与DCS界面中相应热电偶的温度示值 T' 之间的偏差不宜超过±14℃。

表 2-8-1　炉温热电偶测量偏差参考记录表（样表）

序号	焚烧炉	热电偶编号	查验点	环境温度 T_0 或 T_n/℃	E（T_0–0）或 E（T_n–0）/mV	信号源	E（T–T_0）或 E（T–T_n）/mV	E（T–0）/mV	理论温度值 T/℃	DCS示值 T'/℃	T'–T/℃
1	1号炉	T10	热电偶接线盒	40	1.64	信号校准仪	30	31.64	761	763	+2
2	1号炉	T10	热电偶接线盒	40	1.64	热电偶	35.69	37.33	900	902	+2
3	1号炉	T10	电子设备室	22	0.90	信号校准仪	30	30.90	743	746	+3
4	1号炉	T10	电子设备室	22	0.90	热电偶	36.43	37.33	900	901	+1

生活垃圾焚烧发电厂：

热电偶分度号：K 型

查验日期：

8.2 烟气污染物的手工监测

8.2.1 采样的要求

按照《固定污染源排气中颗粒物测定与气态污染物采样方法》（GB/T 16157—1996）、《固定源废气监测技术规范》（HJ/T 397—2007）、《固定污染源烟气（SO_2、NO_x、颗粒物）排放连续监测技术规范》（HJ 75—2017）、《固定污染源烟气（SO_2、NO_x、颗粒物）排放连续监测系统技术要求及检测方法》（HJ 76—2017）等标准，烟气污染物手工监测的监测布点及采样有以下要求：

1）采样位置

（1）颗粒物、排气流量采样位置应优先选择在垂直管段，应避开烟道弯头和断面急剧变化的部位。采样位置应设置在距弯头、阀门、变径管下游方向不小于6倍直径，和距上述部件上游方向不小于3倍直径处。对矩形烟道，其当量直径$D=2AB/（A+B）$，式中A、B为边长。采样断面的气流速度最好在5 m/s以上。

（2）测试现场空间位置有限，很难满足上述要求时，可选择比较适宜的管段采样，但采样断面与弯头等的距离至少是烟道直径的1.5倍，并应适当增加测点的数量和采样频次。

（3）对于气态污染物，由于混合比较均匀，其采样位置可不受上述规定限制，但应避开涡流区。

2）采样孔

在烟气污染物自动监测设备（CEMS）监测断面下游应预留参比方法采样孔，现有污染源参比方法采样孔内径应≥80 mm，新建或改建污染源参比方法采样孔内径应≥90 mm。在互不影响测量的前提下，参比方法采样孔应尽可能靠近CEMS监测断面。当烟道为正压烟道或输送高温、有毒气时，应采用带闸板阀的密封采样孔。采样孔管长应不大于50 mm。不使用时应用盖板、管堵或管帽封闭。当采样孔仅用于采集气态污染物时，其内径应不小于40 mm。

对圆形烟道，采样孔应设在包括各测点在内的互相垂直的直径线上。对长方形或正方形烟道，采样孔应设在包括各测点在内的延长线上（图2-8-1）。

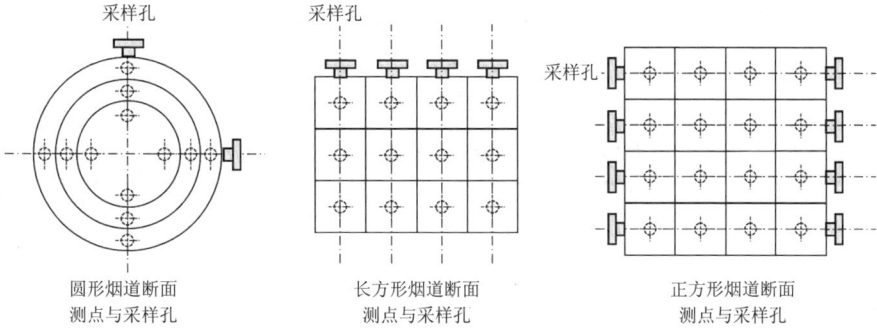

图 2-8-1 采样孔位置与测点关系示意

注：图片引自 HJ/T 397—2007。

3）测点

将烟道分成适当数量的等面积同心环，各测点选在各环等面积中心线与呈垂直相交的两条直径线的交点上，其中一条直径线应在预期浓度变化最大的平面内，当测点在弯头后，该直径线应位于弯头所在的平面A—A内（图2-8-2）。

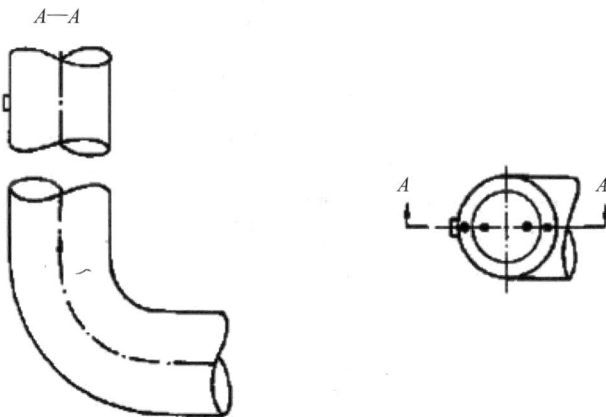

图 2-8-2 圆形烟道弯头后的测点

注：图片引自 HJ/T 397—2007。

对符合第1）条第（1）点要求的烟道，可只选预期浓度变化最大的一条直径线上的点。对直径小于0.3 m、流速分布比较均匀、对称并符合第1）条第（1）点要求的烟道，可取烟道中心作为测点。不同直径的圆形烟道的等面积环数、测量直径数及测点数见表2-8-2，原则上测点不超过20个。

表 2-8-2　圆形烟道分环及测点数的确定

烟道直径/m	等面积环数	测量直径数	测点数
＜0.3			1
0.3～0.6	1～2	1～2	2～8
0.6～1.0	2～3	1～2	4～12
1.0～2.0	3～4	1～2	6～16
2.0～4.0	4～5	1～2	8～20
＞4	5	1～2	10～20

资料来源：HJ/T 397—2007。

测点距烟道内壁的距离见图2-8-3，按表2-8-3确定。当测点距烟道内壁的距离小于25 mm时，取25 mm。

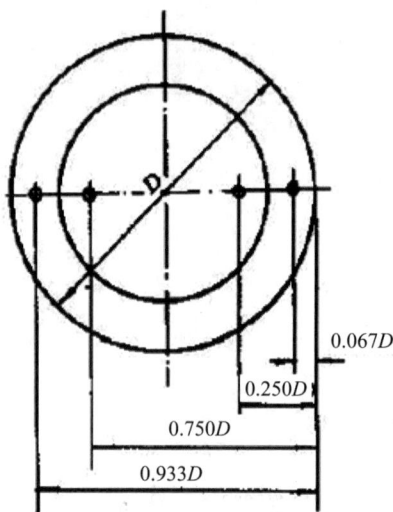

图 2-8-3　测点距烟道内壁距离示意

注：图片引自 HJ/T 397—2007，D 表示烟道直径。

表 2-8-3　测点距烟道内壁的距离（以烟道直径 D 计）

测点号	环数				
	1	2	3	4	5
1	0.146	0.067	0.044	0.033	0.026
2	0.854	0.250	0.146	0.105	0.082
3		0.750	0.296	0.194	0.146
4		0.933	0.704	0.323	0.226
5			0.854	0.677	0.342
6			0.956	0.806	0.658
7				0.895	0.774
8				0.967	0.854
9					0.918
10					0.974

资料来源：HJ/T 397—2007。

4）采样时间与采样体积

（1）除相关标准另有规定，排气筒中废气的采样以连续 1 h 的采样获取平均值，或在 1 h 内，以等时间间隔采集 3～4 个样品，并计算平均值。

（2）对烟气中气态污染物和氧气浓度进行比对监测时，参比方法与 CEMS 同步测量，每个数据对取 5～15 min 均值。

（3）在测定浓度低于 50 mg/m³ 的低浓度颗粒物时，样品采集时应保证每个样品的增重不小于 1 mg，或采样体积不小于 1 m³。

5）采样数量

固定污染源 CEMS 技术验收时，采用参比方法与 CEMS 同步测量测试断面烟气中的污染物浓度，颗粒物至少获取 5 个数据对，气态污染物和氧气浓度至少获取 9 个数据对。

用参比方法开展 CEMS 准确度抽检（比对监测）时，颗粒物、流速、排烟温度、湿度至少获取 3 个平均值数据对，气态污染物和含氧量至少获取 6 个数据对。

6）烟气参数的测定

（1）烟气温度的测定。一般情况下可在靠近烟道中心的一点测定。将温度测量单元插入烟道中测点处，封闭测孔，待温度计读数稳定后读数。

（2）烟气中水分含量的测定。一般情况下可在靠近烟道中心的一点测定。采用干湿球法时，将采样管插入烟道中心位置，封闭采样孔。当排气温度较低或水分含量较高时，采样管应保温或加热数分钟后，再开动抽气泵，以15 L/min流量抽气。当干球和湿球温度计读数稳定后，记录干球和湿球温度。记录真空压力表的压力。

（3）烟气流速的测定。在各测点上，使皮托管的全压测孔正对着气流方向，其偏差不得超过10°，测出各点的动压，分别记录在表中。重复测定一次，取平均值。将皮托管插入烟道近中心处的一个测点，使其测量端开口平面平行于气流方向，所测得的压力即静压。

8.2.2　采样仪器和监测方法示例

本书著者曾在A、B、C 3家焚烧厂委托4家监测单位开展烟气污染物手工监测，采取的监测仪器见表2-8-4，各指标采用的手工监测方法及依据如表2-8-5所示。

表 2-8-4　受委托的第三方监测单位及所使用的监测仪器

指标	A 焚烧厂		B 焚烧厂		C 焚烧厂	
	监测单位甲	监测单位乙	监测单位甲	监测单位丙	监测单位甲	监测单位丁
颗粒物	分析天平 EX125ZH	电子天平 MS105DU	分析天平 EX125ZH	电子天平 SECURA225D-1CN/ （TTE20189263）	分析天平 EX125ZH	电子天平 MS205DU
SO_2、NO_x、CO	青岛众瑞 ZR3260D	崂应 3012H 型	青岛众瑞 ZR3260D	青岛众瑞 ZR3260D	青岛众瑞 ZR3260D	崂应 3012H 型
HCl	722G 分光光度计	离子色谱仪 ICS-1100	722G 分光光度计	离子色谱仪 ICS-1100	722G 分光光度计	离子色谱仪 ICS-1100
含氧量、流速、湿度	青岛众瑞 ZR3260D	崂应 3012H 型	青岛众瑞 ZR3260D	青岛众瑞 ZR3260D	青岛众瑞 ZR3260D	崂应 3012H 型

表 2-8-5　监测方法及依据

指标	参比方法	检出限	监测方法及依据
颗粒物	等速采样重量法	1.0 mg/m³	《固定污染源废气　低浓度颗粒物的测定　重量法》（HJ 836—2017）
SO₂	定电位电解法	3 mg/m³	《固定污染源废气　二氧化硫的测定　定电位电解法》（HJ 57—2017）
NOₓ		3 mg/m³	《固定污染源废气　氮氧化物的测定　定电位电解法》（HJ 693—2014）
CO		3 mg/m³	《固定污染源废气　一氧化碳的测定　定电位电解法》（HJ 973—2018）
		1 mg/m³	《空气和废气监测分析方法》（第四版）
HCl	分光光度法	0.9 mg/m³	《固定污染源排气中氯化氢的测定　硫氰酸汞分光光度法》（HJ/T 27—1999）
	离子色谱法	0.2 mg/m³	《环境空气和废气　氯化氢的测定　离子色谱法》（HJ 549—2016）
含氧量	电化学法	—	《固定源废气监测技术规范》（HJ/T 397—2007）
流速	皮托管	—	
湿度	干湿球法	—	

8.3　烟气污染物的自动监测

8.3.1　法律要求

根据《生活垃圾焚烧污染控制标准》（GB 18485—2014）的规定，生活垃圾焚烧炉中的烟气污染物包括颗粒物、二氧化硫、氮氧化物、一氧化碳、氯化氢、二噁英类以及汞、镉、铊、锑、砷、铅、铬、钴、铜、锰、镍等重金属污染物。其中颗粒物、二氧化硫、氮氧化物、一氧化碳、氯化氢等5项常规污染物要求的监测数据粒度为"1 h均值和24 h均值"，因此生活垃圾焚烧发电厂仅对此5项污染物采用自动监测设备进行实时监测。二噁英类及重金属污染物要求的监测数据粒度为"测定均值"，则通常采用定期进行手工监测的方式。

《生活垃圾焚烧发电厂自动监测数据应用管理规定》第三条要求，焚烧厂应当按照有关法律法规和标准规范安装使用自动监测设备，与生态环境主管部门的监控设备联网；焚烧厂应当按照《固定污染源烟气（SO_2、NO_x、颗粒物）排放连续监测技术规范》（HJ 75）等标准规范要求，对自动监测设备开展质量控制和质量保证工作，保证自动监测设备正常运行，保存原始监测记录，并确保自动监测数据的真实、准确、完整、有效。

8.3.2　气态污染物的自动监测

在生活垃圾焚烧发电行业，可进行自动监测的主要气态污染物包括二氧化硫、氮氧化物、一氧化碳和氯化氢。这些污染物的排放限值应严格参照《生活垃圾焚烧污染控制标准》（GB 18485—2014）及相关地方标准执行。

气态污染物的自动监测设备主要采用两类技术，分别是傅里叶变换红外光谱（FTIR）和非分散红外光谱（NDIR）。这两类技术的原理均基于每种气体分子特定的振动频率，这些频率对应特定的红外光波长。当红外光通过气体样品时，特定波长的光会被气体分子吸收。通过测量透过气体样品的光强度，可以得到气体的吸收光谱，从而分析气体的种类和浓度（遵循朗伯-比尔定律）。我国生活垃圾焚烧发电行业因其气体的特性（高温、高湿、高腐蚀性）以及对于多组分监测的需求等因素，普遍选择采用FTIR技术的气态污染物自动监测设备。

FTIR技术（表2-8-6）在垃圾焚烧行业的应用越来越广泛，尽管其设备成本相对较高。FTIR技术采用热湿法抽取气体样品，通过伴热管线保持气体的温度和湿度，确保在高温、高湿的环境下进行准确测量。FTIR的优势在于其能够进行多组分的同时测量，适用于复杂的气体混合物，尤其是在高温酸性气体的监测中表现出色。FTIR技术通过干涉仪生成干涉图样，并利用傅里叶变换算法将其转换为气体的红外光谱，分析光谱中各个波长的吸收强度，从而确定气体的种类和浓度。

NDIR技术（表2-8-6）则成本相对较低。NDIR技术通常采用冷干法抽取气体样品，需先将气体冷却并干燥，以便进行测量。该技术使用滤光片选择特定波长的红外光，确保只测量目标气体的吸收。通过测量未被吸收的光强度与入射光强度的比值，可以计算出气体的浓度。虽然NDIR技术在多组分分析方面的能力不如FTIR，但其在特定气体（如二氧化碳和一氧化碳）的监测中表现良好。

表 2-8-6　气态污染物自动监测技术

技术	光源	气体抽取	监测原理	优势
傅里叶变换红外光谱（FTIR）	氙灯或钨灯，广泛波长的红外光	热湿法：通过伴热管线，保留气体的温度和湿度	光源发出的光经过干涉仪，形成干涉图样。通过傅里叶变换算法，将干涉图样转换为气体的红外光谱，分析光谱中各个波长的吸收强度，从而确定气体的种类和浓度	多组分测量、适合高温酸性气体
非分散红外光谱（NDIR）	氦氖激光或发光二极管（LED），特定波长的红外光	冷干法：需先将气体冷却干燥，受采样和预处理设备性能的影响大	使用滤光片来选择特定波长的红外光，以确保只测量目标气体的吸收，通过测量未被吸收的光强度与入射光强度的比值，可以计算出气体的浓度	成本相对较低

8.3.3　颗粒物的自动监测

在生活垃圾焚烧发电行业中，主要采用激光散射法对烟气中的颗粒物进行实时监测。激光散射法是一种基于激光光束与颗粒物相互作用原理的监测技术。当激光光束照射到颗粒物时，颗粒物会散射光线。通过分析散射光的强度和角度，可以推算出颗粒物的浓度和粒径分布（遵循朗伯-比尔定律）。

8.3.4　烟气参数的自动监测

除烟气污染物浓度外，生活垃圾焚烧发电行业还需测量烟气的关键参数，包括烟气温度、烟气压力、烟气流量（简称"温压流"）以及含氧量，以确保垃圾焚烧工况和污染物排放的稳定性。

（1）含氧量监测：含氧量的监测通常采用氧化锆传感器。氧化锆传感器能够在高温环境下准确测量气体中的氧浓度。其原理为氧化锆在高温下具有良好的离子导电性。当氧化锆传感器的两侧分别暴露于不同浓度的氧气时，氧化锆内部会产生电动势（EMF），该电动势与气体中的氧浓度成正比。

（2）烟气温度监测：烟气温度的监测通常采用热电偶或红外温度传感器。①热电偶由两种不同金属材料组成，当两端存在温差时，会产生电压信号。通过测量电压，可以计算出烟气的温度。②红外温度传感器利用红外辐射原理，可以非接触式地测量烟气的温度。传感器接收烟气发出的红外辐射，并根据辐射强度计算温度。

（3）烟气压力监测：烟气压力的监测通常采用压力传感器。压力传感器通过测量烟气对传感器膜片的作用力来确定烟气的压力。传感器将压力信号转换为电信号，便于后续处理和显示。

（4）烟气流量监测：烟气流量的监测通常采用皮托管技术。皮托管通过测量烟气流动的静压和动压来计算流量。皮托管的前端插入烟气流中，测量到的总压与静压之差即动压。根据伯努利原理，可以计算出流速。再通过流速和烟道截面积的乘积，可以得到烟气的体积流量。

除上述常见的烟气污染物自动监测技术手段外，表2-8-7给出了常见的烟气污染物自动监测技术的总结，其中带有"*"标识的为市场占比较高的技术，GFC为气体过滤相关红外技术，DOAS为紫外差分光学吸收光谱技术。

表 2-8-7　常见的烟气污染物自动监测技术总结

采样监测方式	颗粒物	二氧化硫	氮氧化物	氧气	流速	温度	湿度
完全抽取式	β射线法、震荡天平法、光散射法	DOAS、GFC、NDIR*、FTIR*	DOAS、GFC、NDIR*、FTIR*	电化学法、氧化锆法、顺磁法	—	—	干湿氧法、红外法
稀释抽取式	—	紫外荧光法	化学发光法	—	—	—	—
直接测量式	浊度法、激光散射法*	—	—	氧化锆法*	皮托管法*、热平衡法、超声波法	铂电阻法、热电偶法*	干湿氧法、红外法*、高湿电容法

8.3.5　自动监测仪器的量程设置

《固定污染源烟气排放连续监测系统技术要求及检测方法（试行）》（HJ/T 76—2007，已被HJ 76—2017代替）曾定义"满量程值"为"根据实际应用需要设置CEMS的最大测量值，通常设置为高于排放源最大排放浓度的1～2倍"，而《固定污染源烟气（SO$_2$、NO$_x$、颗粒物）排放连续监测系统技术要求及检测方法》（HJ 76—2017）定义"满量程"为"根据实际应用需要设置CEMS的最大测量值"，删除了"通常设置为高于排放源最大排放浓度的1～2倍"的表述。这是因为2017年中共中央办公厅、国务院办公厅《关于深化环境监测改革提高环境监测数据质量的意见》要求"落实自行监测数据质量主体责任"，排污单位对其自行监测数据真实性、准确性、完整性负责。基于这份指导意见，《生活垃圾焚烧发电厂自动监测数据应用管理规定》第三条要求焚烧厂应当按照《固定污染源烟气（SO$_2$、NO$_x$、颗粒物）排放连续监测技术规范》（HJ 75）等标准规范要求，对自动监测设备开展质量控制和质量保证工作，保证自动监测设备正常运行，保存原始监测记录，并确保自动监测数据的真实、准确、完整、有效。在这些政策文件和法规的指导下，生态环境部办公厅《关于加强生活垃圾焚烧电厂自动监控和监管执法工作的通知》（环办执法〔2019〕64号）附件2要求焚烧厂应根据实际应用需要设置CEMS的最大测量值（满量程值）：污染物浓度较低时，应合理设置较小的满量程值，以避免监测单元示值误差干扰监测结果；污染物浓度较高时，应合理设置较大的满量程值，不得出现监测结果低于实际排放浓度的情况；污染物浓度波动幅度很大时，监测单元应具有多量程自动切换功能；分析仪器满量程值小于等于50 mg/m^{3}时，检出限应小于等于1.0 mg/m^3。此外，生态环境部办公厅《关于做好重点单位自动监控安装联网相关工作的通知》（环办执法函〔2021〕484号）附件2还要求"颗粒物或气态污染物执行超低排放限值或特别排放限值的，测试量程应设置双量程或多量程，低量程范围一般设置为相应污染物排放限值的1.5～2倍，高量程范围一般设置为原烟气最高浓度的1～1.5倍，污染源正常排放时使用低量程，污染物排放浓度超过低量程上限值时仪器自动切换成高量程，量程设置信息需自动传输（或填报）至生态环境主管部门监控平台。"

所谓双量程，是指将污染物指标的量程设置为两个，例如，某污染物指标量程设置为 $0 \sim 100$ mg/m³ 和 $0 \sim 1\,000$ mg/m³，当污染物排放浓度低于 100 mg/m³ 时，使用 $0 \sim 100$ mg/m³ 的量程进行监测与计算；当污染物排放浓度高于 100 mg/m³ 时，设备自动从 $0 \sim 100$ mg/m³ 切换到 $0 \sim 1\,000$ mg/m³ 的量程进行监测与计算；当污染物排放浓度降低后，设备再次自动切换到 $0 \sim 100$ mg/m³ 的量程，以保证自动监测数据的准确性。目前，基于非分散红外光谱（NDIR）的烟气自动监测设备一般能通过硬件配置实现双量程，但对于NDIR设备来说，设置双量程乃至多量程意味着需要两个乃至多个不同光程的测量池，增加了设备制造成本。基于傅里叶变换红外光谱（FTIR）的烟气污染物自动监测设备一般也能够设置双量程，且能够通过一个测量池实现多个量程的测量。根据《燃烧产生有毒气体及蒸气采样分析指南　傅里叶变换红外光谱法》（ISO 19702—2015）[①]第7.2条，FTIR 仪器测量池的光程长度和信噪比决定了检测限和量程。目前市面上基于FTIR的烟气污染物自动监测设备的测量池设计和光程长度一般能够支持多个量程，但需要设备厂商开放相关的软件权限。

8.4　水污染物的自动监测

生活垃圾焚烧发电厂的污水主要来源于垃圾渗滤液和卸料平台的洗车废水。《生活垃圾焚烧污染控制标准》（GB 18485—2014）对废水监测没有提出细化要求，只规定废水处理后满足《生活垃圾填埋场污染控制标准》（GB 16889）的要求后即可直接排放。根据GB 16889—2024的相关要求，若生活垃圾焚烧发电厂自建废水处理设施将废水处理后直接排放，则应在废水排放口设置废水自动监测设备，且对于没有自动监测技术规范的污染物应进行手工监测，监测频率不少于每月1次。由于焚烧厂的废水处理工艺相对成熟，且废水的产生量相对较少，许多焚烧厂还采用废水循环利用的方式实现

---

① Guidance for sampling and analysis of toxic gases and vapours in fire effluents using Fourier Transform Infrared (FTIR) spectroscopy.

废水"零排放"。因此，通常情况下，焚烧厂并不要求自行监测废水。然而，部分焚烧厂因地方政策要求或企业自我控制的需要，仍然安装了废水自动监测设备，以确保水质符合环保标准。主要的水污染物自动监测指标如下：

1）pH

pH自动监测通常采用pH电极，该电极由玻璃膜和参比电极组成。当电极浸入水中时，玻璃膜对氢离子敏感，能够产生与氢离子浓度成正比的电压信号。通过测量电极产生的电压，并利用能斯特（Nernst）方程，可以计算出水样的pH。

2）化学需氧量（COD）

化学需氧量的自动监测通常采用分光光度法。该方法将废水样品与重铬酸钾等试剂反应，消耗的重铬酸钾量与水中有机物的含量成正比。反应后，生成的有色化合物通过分光光度计测量其吸光度。根据吸光度与标准溶液的关系，绘制标准曲线，从而计算出水样中的化学需氧量。

3）氨氮（NH_3-N）

氨氮的自动监测同样采用分光光度法。通过将废水样品与特定试剂反应，生成有色化合物，利用分光光度计测量其吸光度。与化学需氧量监测类似，氨氮的浓度通过与标准曲线的比较来确定。

4）总氮（TN）

总氮的监测也采用分光光度法。但需先将水样中的氮化合物转化为可测量的形式，通常通过氧化反应生成氮气或其他化合物。反应后，生成的有色物质通过分光光度计测量其吸光度，进而计算出总氮的浓度。

8.5 自动监测数据的采集及传输

8.5.1 数采仪

根据《污染物在线监控（监测）系统数据传输标准》（HJ 212—2017），数据采集传输仪是指采集各种类型监控仪器仪表的数据、完成数据存储及与上位机数据传输通信功能的单片机、工控机、嵌入式计算机、可编程自动化控制器或可编程控制器，简称数采仪。在生活垃圾焚烧发电厂的烟气自动监测站房，每个烟气污染物排放口设置1台数采仪，连接多台自动监测设备（包括颗粒物监测设备、烟气参数监测设备、气态污染物监测设备、炉温监测设备），对多台自动监测设备产生的数据进行归集和计算，并通过通信网络与上位机通信，向上位机报送归集和计算的数据，或接收并转达上位机的指令。

根据《污染源在线自动监控（监测）数据采集传输仪技术要求》（HJ 447—2009），数采仪的数据采集单元应至少具备5个RS 232（或RS 485）数字输入通道、8个模拟量输入通道、4个开关量输入通道。根据生态环境部办公厅《关于加强生活垃圾焚烧电厂自动监控和监管执法工作的通知》（环办执法〔2019〕64号），数采仪的数据存储单元应能存储污染物及炉温的分钟数据1年以上、小时数据3年以上、日数据10年以上。为减少数据采用模拟量传输产生的干扰和衰减，自动监测设备通常自带模数转换单元，将监测数据转换为数字信号后通过RS 485接口进行串口通信，通信协议通常采用适用于工业现场的总线协议——Modbus协议。

8.5.2　环境监管执法要点

（1）数据接收：自动监测设备与数采仪通过RS 485等接口进行通信，自动监测设备产生的数据与数采仪上传及存储的数据在分钟数据、小时均值数据、日均值数据等3个数据粒度级别上应保持一致。若差距较大，应排查自动监测设备与数采仪之间的接线与通信情况。

（2）关键参数：数采仪负责自动监测数据的归集与计算，包括将污染物实测浓度折算成基准含氧量排放浓度，开展污染物小时均值计算、日均值计算等。部分关键参数影响数据的计算过程，从而对最终上报的污染物浓度数据造成影响。例如，根据《生活垃圾焚烧污染控制标准》（GB 18485—2014），生活垃圾焚烧发电厂的基准含氧量应设置为11%（或设置空气过量系数为2.1），污染物浓度折算公式见下式。若将下式中基准含氧量设置为大于11%，则会导致计算出的折算浓度小于实际的折算浓度。

$$\rho = \rho' \times \frac{21-O_2}{21-O_2'} \tag{2-8-2}$$

式中，ρ为大气污染物基准含氧量排放浓度（折算浓度），mg/m^3；ρ'为实测的大气污染物排放浓度，mg/m^3；O_2'为实测的含氧量，%；O_2为基准含氧量，对于生活垃圾焚烧发电厂设置为11%。

关键参数还包括污染物计算斜率、污染物计算截距、烟道截面积、皮托管系数、速度场系数、标准大气压等。这些参数的真实性和准确性影响最终上报数据的真实性和准确性，应与自动监测设备竣工验收报告中载明的参数一致。

（3）设备日志：根据《污染物在线监控（监测）系统数据传输标准》（HJ 212—2017），数采仪中参数和计算公式的变更操作，应保存在数采仪的操作日志中，可以通过操作日志追溯检查。查看操作日志需要数采仪的管理员账号和密码，需由排污单位或设备运维单位提供。

8.6 自动监测设备的管理和维护

8.6.1 日常巡检及维护

日常巡检及维护的目的在于使自动监测设备保持良好的状态，为保障自动监测数据真实、准确、完整、有效提供设备基础。根据《固定污染源烟气（SO_2、NO_x、颗粒物）排放连续监测技术规范》（HJ 75—2017），烟气污染物自动监测设备的运维单位应根据HJ 75—2017和仪器使用说明中的相关要求制订巡检规程，严格按照规程开展日常巡检工作并做好记录。日常巡检记录应包括检查项目、检查日期、被检项目的运行状态等内容，每次巡检应记录并归档。烟气污染物自动监测设备日常巡检时间间隔不超过7 d。

烟气污染物自动监测设备运行过程中的定期维护是日常巡检的一项重要工作。HJ 75—2017附表G.1～附表G.3规定了维护频次。定期维护应做到：

（1）污染源停运到开始生产前，应及时到现场清洁光学镜面。

（2）定期清洗隔离烟气与光学探头的玻璃视窗，检查仪器光路的准直情况；定期对清吹空气保护装置进行维护，检查空气压缩机或鼓风机、软管、过滤器等部件。

（3）定期检查气态污染物自动监测设备的过滤器、采样探头和管路的结灰和冷凝水情况，以及气体冷却部件、转换器、泵膜的部件的可用状态。

（4）定期检查流速探头的积灰和腐蚀情况、反吹泵和管路的工作状态。

（5）按照HJ 75—2017附表G.1～附表G.3的要求做好定期维护记录。

8.6.2　定期校准

定期校准的目的在于对自动监测数据开展质量控制和质量保证，以保障自动监测数据真实、准确、完整、有效。定期校准是开展自动监测数据质量控制的内部控制手段，主要是计算和评价设备的零点漂移、量程漂移等技术指标能否满足标准要求。生活垃圾焚烧发电厂烟气污染物自动监测设备的校准应满足《固定污染源烟气（SO_2、NO_x、颗粒物）排放连续监测技术规范》（HJ 75—2017）、生态环境部办公厅《关于加强生活垃圾焚烧电厂自动监控和监管执法工作的通知》（环办执法〔2019〕64号）等相关文件要求。

气态污染物自动监测设备的校准通常使用已知浓度的标准气体对设备进行测试，比较其测量值与标准值之间的差异，并根据需要进行调整。生活垃圾焚烧发电厂的气态污染物自动监测设备大多使用抽取式设备，应每7 d至少开展一次零点和量程校准，并记录零点漂移和量程漂移；应每3个月开展一次全系统校准，开展时应将零气和标准气体通过预设管线输送至采样探头处，经由样品传输管线回到站房，经过全套预处理设施后进入气体分析仪。发现漂移超出HJ 75—2017的技术要求时，应及时维护、维修或更换。

颗粒物自动监测设备的校准很难采取使用标准气体进行测试的方法。因为生活垃圾焚烧发电厂的烟气颗粒物自动监测设备大多使用基于激光散射法的原位直接测量式设备，所以零点漂移校准一般采用洁净空气，量程漂移校准一般采用校准镜片。根据HJ 75—2017的要求，应每15 d至少开展一次零点和量程校准，并记录零点漂移和量程漂移。校准时须对实际测量光路进行全光路校准，确保发射光先经过出射镜片，再经过实际测量光路，到校准镜片后，再经过入射镜片到达接收器，不得只对激光发射器和接收器进行校准。

　　自动监测设备的校准操作中，某监测因子的零点漂移（或量程漂移）采用下式计算：

$$Z_d = \frac{Z_i - Z_0}{R}$$
（2-8-3）

式中，Z_d 为计算得到的零点漂移（或量程漂移），mg/m^3。Z_i 为本次向自动监测设备通入零气（或高浓度标准气体），待示值稳定后记录的自动监测设备示值，mg/m^3；值得注意的是，此次记录示值前，并未开展校准操作。Z_0 为上次（至少6 h以前）向自动监测设备通入零气（或与本次操作相同的高浓度标准气体），校准设备至零点（或标准气体的浓度值）后记录的示值，mg/m^3；R 为自动监测设备的满量程值，mg/m^3。

8.6.3　定期校验

　　校验是指用参比方法对烟气污染物自动监测设备（含取样系统、分析系统）检测结果进行相对准确度、相关系数、置信区间、允许区间、相对误差、绝对误差等的比对检测过程。定期校验是开展自动监测数据质量控制的外部控制手段，主要是计算和评价设备的绝对误差、相对误差、相对准确度等3种技术指标能否满足标准要求。《固定污染源烟气（SO_2、NO_x、颗粒物）排放连续监测技术规范》（HJ 75—2017）要求"没有自动校准功能的测试单元每3个月至少做一次校验"，故生活垃圾焚烧发电厂自动监测设备一般每3个月做一次校验，校验的相对准确度或绝对误差应满足HJ 75—2017表2以及生态环境部办公厅《关于加强生活垃圾焚烧发电厂自动监控和监管执法工作的通知》（环办执法〔2019〕64号）表1的要求。

　　根据HJ 75—2017，自动监测设备校验结果使用绝对误差、相对误差、相对准确度3种技术指标评价。

　　（1）绝对误差。某监测因子的绝对误差是指多次比对监测的自动监测结果与参比方法监测结果之间差值的算术平均值，适用于污染物浓度较低时的校验评价，采用下式计算：

$$\overline{d_i} = \frac{1}{n}\sum_{i=1}^{n}\left(c_i' - c_i\right) \tag{2-8-4}$$

式中，$\overline{d_i}$ 为多次比对监测的绝对误差，mg/m^3；n 为比对监测的次数，即成对的自动监测设备监测结果与参比方法监测结果的数据数量，对于颗粒物来说，$n \geqslant 5$，对于气态污染物和含氧量来说，$n \geqslant 9$；c_i' 为第 i 次比对监测的自动监测结果，即自动监测设备测定的第 i 个浓度，mg/m^3；c_i 为第 i 次比对监测的参比方法结果，即与自动监测设备同时段通过参比方法测定的第 i 个浓度，mg/m^3。

（2）相对误差。对于校验操作得到的第 i 组成对数据来说（$i \leqslant n$），自动监测设备的相对误差采用下式计算：

$$e_i = \frac{\overline{d_i}}{c_i} \tag{2-8-5}$$

式中，e_i 为第 i 次比对监测的相对误差，mg/m^3；$\overline{d_i}$ 为多次比对监测的绝对误差，mg/m^3；c_i 为第 i 次比对监测的参比方法结果，即与自动监测设备同时段通过参比方法测定的第 i 个浓度，mg/m^3。

（3）相对准确度。HJ 75—2017规定的相对准确度是指考虑 n 次比对监测结果符合 t 分布时得到的统计计算值，采用下式计算：

$$r = \frac{\left|\overline{d_i}\right| + \left|t_{(n-1),0.95}\right|\sqrt{\dfrac{n}{n-1}\sum_{i=1}^{n}\left(c_i' - c_i - \overline{d_i}\right)^2}}{\dfrac{1}{n}\sum_{i=1}^{n}c_i} \tag{2-8-6}$$

式中，r 为多次比对监测的相对准确度，量纲一；$\overline{d_i}$ 为多次比对监测的绝对误差，mg/m^3；n 为比对监测的次数，即成对的自动监测设备监测结果与参比方法监测结果的数据数量，对于颗粒物来说，$n \geqslant 5$，对于气态污染物和含氧量来说，$n \geqslant 9$；$t_{(n-1),0.95}$ 为95%置信水平下自由度为 $n-1$ 的 t 统计量，可通过查表或使用统计软件获取；c_i' 为第 i 次比对监测的自动监测结果，即自动监测设备测定的第 i 个浓度，mg/m^3；c_i 为第 i 次比对监测的参比方法结果，即与自动监测设备同时段通过参比方法测定的第 i 个浓度，mg/m^3。

8.6.4 环境监管执法要点

在环境监管执法实践中，可通过对污染源自动监测设备技术指标进行抽检的方式来获取检查信息。抽检的技术指标可采用绝对误差、相对误差、相对准确度3种校验的技术指标，但需要获取至少5组比对监测的成对数据，耗时较长，对比对监测的要求高；也可以采用零点漂移、量程漂移2种校准的技术指标，每个监测因子的校准只需几分钟至十几分钟，耗时较短，无须比对监测；还可以考察系统响应时间、示值误差等耗时较短的技术指标。

（1）系统响应时间。系统响应时间指从自动监测设备采样探头通入标准气体的时刻起，到设备监测示值达到标准气体标称值90%的时刻止，中间的时间间隔。系统响应时间包括管线传输时间和仪表响应时间。系统响应时间应重复测试3次，取平均值。

（2）示值误差。示值误差是指向自动监测设备依次通入零气和高浓度标准气体（80%～100%的满量程值）并将设备示值与通入气体浓度调节一致后，再依次通入零气、高浓度标准气体、零气、中浓度标准气体（50%～60%的满量程值）、零气、低浓度标准气体（20%～30%的满量程值），所读取稳定示值和标准气体浓度之间的差值与标准气体浓度（或满量程值）之间的比值。若低浓度标准气体浓度高于排放限值，则还需通入浓度低于排放限值的标准气体。每种标准气体浓度下的示值误差应重复测试3次，取平均值。每种标准气体浓度下的示值误差按下式计算：

$$L_{ei} = \frac{c_{di} - c_{si}}{c_{ri}} \tag{2-8-7}$$

式中，L_{ei} 为第 i 种标准气体浓度下的示值误差；c_{di} 为第 i 种标准气体浓度下测定示值的平均值；c_{si} 为第 i 种标准气体浓度值；c_{ri} 为第 i 种标准气体浓度下示值误差计算的分母，当 SO_2 满量程值小于 100 μmol/mol 或 NO_x 满量程值小于 200 μmol/mol 时，c_{ri} 等于相应的满量程值，否则，c_{ri} 等于 c_{si}。

8.7　二噁英类的监测方法

8.7.1　监测方法分类

按照不同原理，将二噁英类的监测方法分为化学分析法、生物检测法和间接监测法3种。

化学分析法，采用高分辨的气相液相质谱联用仪（HRGC-HGMS）对二噁英类的各组分定量检测，可以对二噁英类的每种同分异构体进行痕量乃至超痕量的定量分析，灵敏度和可靠性高，是目前的主流监测方法，但样品前处理复杂，检测周期较长，分析仪器昂贵，对实验分析人员的素质要求高。

生物检测法，利用二噁英类化合物的毒性作用机制，通过测定产生预期生物活性的能力（如芳香烃受体的活化程度）来定量分析由一种或多种组分引起的生物活性反应，从而对二噁英类的毒性当量进行定量分析。常用的有乙氧基-异吩噁唑酮-脱乙基（EROD）酶活性法、萤光素酶诱导活性法、酶免疫分析法（EIA）、时间分辨荧光分析法，具有快速、简便、经济、灵敏等优点，检测限能达到10^{-12}级，但生物检测法只能测定PCDD/Fs的总量，不能对不同PCDD/Fs同系物进行分析测定。

间接监测法，是从二噁英类的生成机理出发，探究工况参数、常规污染物浓度或前体物浓度与二噁英类含量的相关性，从而通过监测指示物浓度的方式间接实现二噁英类含量的监测。该方法监测周期短、实时性好，但是监测模型的拟合效果和泛化能力仍是待解决的难题。

综上所述，化学分析法是目前二噁英类检测分析最被认可的方法，也是各国相关监测标准中规定的方法。美国的USEPA 1613标准、日本的JIS K0311标准、我国的HJ 77.2等标准均使用HRGC-HGMS来分析检测二噁英类。

8.7.2　化学分析法监测的流程

HRGC-HGMS可用于测定气相、液相、固相和生物样品中四至八氯代PCDD/Fs的含量，在样品采集和分析的过程中，加入各PCDD/Fs异构体的同位素标记内标，以保证定量分析的准确性。一套完整的二噁英类监测分析流程如图2-8-4所示。

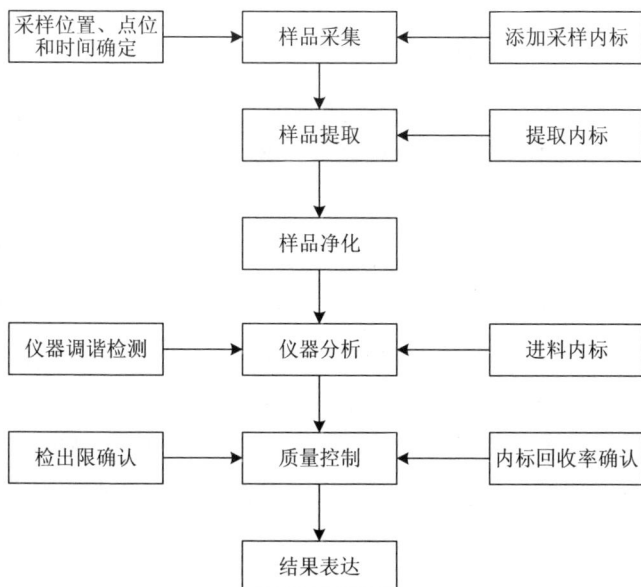

图 2-8-4　二噁英类监测分析流程

开展二噁英类监测的机构必须取得中国计量认证（CMA）证书，在其CMA资质的认定项目中，涵盖二噁英类的检测，具体涉及：

（1）水（含大气降水）和废水中的二噁英类检测，依据标准为《水质二噁英类的测定　同位素稀释高分辨气相色谱-高分辨质谱法》（HJ 77.1—2008）；

（2）环境空气和废气中的二噁英类检测，依据标准为《环境空气和废气二噁英类的测定　同位素稀释高分辨气相色谱-高分辨质谱法》（HJ 77.2—2008）；

（3）土壤和水系沉积物中的二噁英类检测，依据标准为《土壤和沉积物二噁英类的测定　同位素稀释高分辨气相色谱-高分辨质谱法》（HJ 77.4—2008）；

（4）固体废物中的二噁英类检测，依据标准为《固体废物　二噁英类的

测定　同位素稀释高分辨气相色谱-高分辨质谱法》（HJ 77.3—2008）。

8.7.3　化学分析法监测的注意事项

　　样品采集是二噁英类监测分析过程中最关键的一步，直接关系到整个监测过程能否实现监测目标。如果不注重采样过程，采集的样品没有代表性，那么无论后续的实验室分析多么精确，都没有意义。《生活垃圾焚烧污染控制标准》（GB 18485—2014）及其2019年修改单指出，测定均值是指在一定时间内采集的一定数量样品中污染物浓度测试值的算术平均值，对于二噁英类的监测，应在6～12 h内完成不少于3个样品的采集。

　　对于生活垃圾焚烧发电厂烟道等固定污染源的排气采样，由于排气温度较高，二噁英类分布在颗粒物和气体两相中，而当排气温度降低、水蒸气冷凝后，二噁英类分布在颗粒物、冷凝水、气体三相中。在采集气态样品时，颗粒物被富集在滤筒或滤膜上，冷凝水及采样器内壁的冲洗水单独收集，气相中的二噁英类被树脂吸附柱吸附。三个相态中二噁英类分别被净化、提取，经混合后按照《环境空气和废气　二噁英类的测定　同位素稀释高分辨气相色谱-高分辨质谱法》（HJ 77.2）的有关要求，送仪器检测，完整得到排放烟气中的二噁英类含量。

8.7.4　二噁英类的长时采样和自动监测

　　现阶段，二噁英类的自动监测仍面临诸多挑战和局限，主要原因有以下几点：首先，二噁英类物质的浓度通常非常低［根据《生活垃圾焚烧污染控制标准》（GB 18485—2014）规定的排放限值为0.1 ng TEQ/m^3］，因此需要高灵敏度的检测设备。目前常用的检测设备是高分辨气相色谱-高分辨质谱联用仪（HRGC-HRMS），但使用这种设备进行二噁英类监测的成本相对较高，导致连续实时监测在实际操作中不具备可行性。目前的研究方向之一是针对二噁英类物质的指示物质进行自动监测。这种方法通过监测垃圾焚烧烟气中的氯苯、氯酚等二噁英类前驱物，间接推算出纳克级的二噁英类排放情况。常用的指示物质包括一氯苯、1,2,3-三氯苯、1,2,4-三氯苯、1,2,4,5-四氯苯、五氯苯、2,3,4,6-四氯酚和2,3,4,5,6-五氯酚等。这种监测方法在相关领域的研究中逐渐受到重视，旨在提高二噁英类监测的效率和准确性。

为了更全面地监测和评估长时间周期内的二噁英类排放情况，可对二噁英类长时采样监测，即在烟气二噁英类采样过程中，将采样时长从几个小时延长至2～4周。这种方法在采样后，仍然使用HRGC-HRMS进行实验室分析。虽然二噁英类的自动采样实际上是一种半连续式的长周期采样，但在2～4周的采样期间，通常只能获得一个混合样品，因此分析的响应时间较长。这种长时采样方法能够更好地反映生活垃圾焚烧发电厂在较长时间段内的二噁英类污染物排放水平，避免了由于工况波动带来的数据干扰。

8.8 企业自行监测的开展和监管

8.8.1 重点排污单位的主体责任

生活垃圾焚烧发电厂属于重点排污单位。《中华人民共和国大气污染防治法》第二十四条规定重点排污单位名录"按照国务院生态环境主管部门的规定，根据本行政区域的大气环境承载力、重点大气污染物排放总量控制指标的要求以及排污单位排放大气污染物的种类、数量和浓度等因素，商有关部门确定"。《企业事业单位环境信息公开办法》（环境保护部令 第31号）第八条指出，污染物集中处置单位等污染物排放行为引起社会广泛关注的或者可能对环境敏感区造成较大影响的企业事业单位，应当列入重点排污单位名录。《重点排污单位名录管理规定（试行）》（环办监测〔2017〕86号）第三条要求："设区的市级地方人民政府环境保护主管部门应当依据本行政区域的环境承载力、环境质量改善要求和本规定的筛选条件，每年商有关部门筛选污染物排放量较大、排放有毒有害污染物等具有较大环境风险的企业事业单位，确定下一年度本行政区域重点排污单位名录。"第六条进一步明确了固体废物集中焚烧设施的运营单位应纳入大气环境重点排污单位名录。生活垃圾焚烧发电厂作为污染物集中处置单位和固体废物集中焚烧设施，且排放烟气中的二噁英类属于有毒有害污染物，其运营单位理应被纳入大气环境重点排污单位名录。

重点排污单位开展排污状况自行监测是法律明确的责任和义务。《排污许可管理条例》第十三条要求排污许可证应当记载的信息包括"自行监测、环境管理台账记录、排污许可证执行报告的内容和频次等要求";第十九条要求"排污单位应当按照排污许可证规定和有关标准规范,依法开展自行监测,并保存原始监测记录。原始监测记录保存期限不得少于5年。排污单位应当对自行监测数据的真实性、准确性负责,不得篡改、伪造"。《排污许可管理办法》(生态环境部令 第32号)第十九条要求排污单位在申请排污许可证时,应当按照自行监测技术指南,编制自行监测方案。在具体实施层面上,《排污单位自行监测技术指南 总则》(HJ 819—2017)、《排污许可证申请与核发技术规范 生活垃圾焚烧》(HJ 1039—2019)和《排污单位自行监测技术指南 固体废物焚烧》(HJ 1205—2021)为生活垃圾焚烧发电厂开展自行监测提供了技术指导,支撑排污许可证申请与核发,规范企业自证守法行为。地方政府在核发排污许可证时,应参照相应的自行监测技术指南对企业自行监测提出明确要求,并在排污许可证中进行载明,依托排污许可制度进行实施。

在国务院行政法规和部门规章之外,生态环境部门规范性文件很早就强调了排污单位自行监测的重要性和违规责任。《国家重点监控企业自行监测及信息公开办法(试行)》(环发〔2013〕81号)第二十一条要求负责备案的环境保护主管部门应当对企业自行监测方案内容和自行监测工作开展情况进行监督检查,对不符合环境监测管理规定和技术规范的自行监测行为,应要求企业及时整改,并将整改结果报环境保护主管部门。第二十三条指出,企业拒不开展自行监测、不发布自行监测信息、自行监测报告和信息公开过程中有弄虚作假行为,或者开展相关工作存在问题且整改不到位的,环境保护主管部门可视情况采取"暂停其建设项目环境影响评价文件审批""暂停发放排污许可证"等环境管理措施,并按照相关法律规定进行处罚。

8.8.2 自行监测的开展

根据《排污单位自行监测技术指南 总则》(HJ 819—2017)、《排污许可证申请与核发技术规范 生活垃圾焚烧》(HJ 1039—2019)和《排污单位自

行监测技术指南　固体废物焚烧》（HJ 1205—2021），生活垃圾焚烧发电厂开展自行监测需遵循以下全流程要求：

1）制定与调整监测方案

方案总体上需涵盖单位基本情况、监测点位及示意图、监测指标、执行标准及限值、监测频次、采样与保存方法、分析仪器、质量控制措施等。

监测点位包括：废气排气筒（每条焚烧线独立设置）、废水总排口、渗滤液处理排放口、厂界噪声点、周边环境敏感区等。

监测指标包括：

（1）废气：颗粒物、SO_2、NO_x、HCl、CO、二噁英类、重金属（Hg、Cd、Pb 等）；

（2）废水：pH、COD、氨氮、总磷、总氮、粪大肠菌群等；

（3）噪声：厂界等效声级；

（4）炉膛工况：温度（≥850℃）、含氧量等。

2）监测设施建设与运行

（1）废气监测。每条焚烧线需独立安装烟气污染物自动监测设备（CEMS），监测颗粒物、SO_2、NO_x、HCl、CO 等 5 项常规污染物指标，并与生态环境部门联网。焚烧炉需配置温度在线监测装置，实时记录炉膛温度（5 min 均值≥850℃）。

（2）废水监测。《生活垃圾焚烧污染控制标准》（GB 18485—2014）对废水监测没有提出细化要求，只规定废水处理后满足《生活垃圾填埋场污染控制标准》（GB 16889）的要求后即可直接排放。根据 GB 16889—2024 的相关要求，若生活垃圾焚烧发电厂自建废水处理设施将废水处理后直接排放，则应在废水排放口设置废水自动监测设备，且对于没有自动监测技术规范的污染物应进行手工监测，监测频率不少于每月 1 次。

（3）监测平台。采样孔、监测平台按《固定污染源排气中颗粒物测定与气态污染物采样方法》（GB/T 16157）、《固定源废气监测技术规范》（HJ/T 397）、《固定污染源烟气（SO_2、NO_x、颗粒物）排放连续监测技术规范》（HJ 75）等标准建设，设置永久性排污口标志。

3）监测实施

（1）废气：颗粒物、SO_2等常规指标实时自动监测；二噁英类每年至少1次手工监测（超标时加密至季度）。

（2）废水：总排口直接排放按月监测，间接排放按季度监测；雨水排放口有流动水时按月监测。

（3）噪声：每季度至少1次。

4）质量保证与合规要求

（1）建立质量体系。根据本单位自行监测的工作需求，设置监测机构，梳理监测方案制定、样品采集、样品分析、监测结果报出、样品留存、相关记录的保存等监测的各个环节中，为保证监测工作质量应制定的工作流程、管理措施与监督措施，建立自行监测质量体系。委托其他有资质的检（监）测机构代其开展自行监测的，排污单位不用建立监测质量体系，但应对检（监）测机构的资质进行确认。

（2）开展监测质量保证。定期对自行监测工作开展的时效性、自行监测数据的代表性和准确性、管理部门检查结论和公众对自行监测数据的反馈等情况进行评估，识别自行监测存在的问题，及时采取纠正措施。管理部门执法监测与排污单位自行监测数据不一致的，以管理部门执法监测结果为准，作为判断污染物排放是否达标、自动监测设施是否正常运行的依据。

5）数据管理

自动监测数据实时上传至全国污染源监控平台并公示，焚烧炉工况异常和自动监测设备异常需按《生活垃圾焚烧发电厂自动监测数据应用管理规定》等文件的要求标记。原始监测记录（含采样、分析、质控）保存期限不少于5年。

9 生活垃圾焚烧发电厂的建筑和景观

9.1 建筑风格

9.1.1 国内焚烧厂

建造于2010年以前的生活垃圾焚烧发电厂建筑风格大多以弧形屋顶的传统厂房形式和未做外墙装饰的现代主义风格为主，那个时期的厂房建筑多考虑实用功能，美观为辅。随着社会的发展，特别是最近10年，人们对生活环境质量的要求越来越高，为化解人们对垃圾焚烧项目的邻避心理，新建的生活垃圾焚烧发电厂项目开始把建筑造型美观化放在越来越重要的位置。符合大众审美和时代特色的各种建筑风格开始运用到垃圾焚烧的新建、扩建和改造项目当中，如现代主义风格、民族特色风格和后现代主义风格等，特别是后现代主义风格开始引领国内外生活垃圾焚烧发电厂建筑设计的潮流，它刷新了人们心目中带着大烟囱的工业建筑的灰色形象，在满足建筑设计准则的框架下，赋予生活垃圾焚烧发电厂新的文化特性与时尚潮流。未来趋势显示，生活垃圾焚烧发电厂正从单一功能设施转向兼具技术美学、文化表达与公共教育属性的城市地标设施。

鉴于此，可将国内生活垃圾焚烧发电厂的建筑风格划分为以下4种[97]（图2-9-1）：

（1）传统厂房风格，以功能性为主导，强调工业建筑的理性与实用性，体量方正简洁，注重工艺逻辑与空间效率。典型的如深圳市宝安生活垃圾焚烧发电厂一期、二期项目以及太仓市协鑫生活垃圾焚烧发电厂。

（2）现代主义风格，采用几何化、参数化设计语言，强调科技感与未来感，注重表皮材料与光影效果。典型的如青岛市小涧西生活垃圾焚烧发电厂，其借鉴包豪斯校舍建筑的非对称布局和简洁的立方体结构，采用色料三原色红、黄、蓝作为点缀，通过色彩对比和几何色块排列营造视觉冲击力；重庆市百果园生活垃圾焚烧发电厂以大量的几何线条和类似素混凝土的外墙风格营造大工业建筑的厚重感。近年来，现代主义风格的生活垃圾焚烧发电厂大量采用金属板幕墙、玻璃幕墙等外墙装饰，突出科技感和视觉效果，以打破传统工业建筑形态。典型的如宁波市鄞州区生活垃圾焚烧发电厂，其采用蜂巢状金属板幕墙，呈现一种商业中心的既视感。

（3）民族特色风格，融合地域文化与自然景观，通过抽象符号或传统建筑元素体现在地性。典型的如南宁市三峰生活垃圾焚烧发电厂采用了扁桃树叶的造型；惠州市榄子垅生活垃圾焚烧发电厂、广州市第六资源热力电厂采用了岭南建筑风格；苏州市光大生活垃圾焚烧发电厂采用了江南水乡建筑风格。

（4）后现代主义风格，强调象征隐喻与艺术化表达，突破工业建筑常规形态，赋予建筑叙事性。典型的如佛山市南海生活垃圾焚烧发电厂的不规则外立面设计；深圳市宝安生活垃圾焚烧发电厂一期、二期项目改造以及新建三期项目外立面呈现出后现代主义风格，"绿色飘带"从屋顶飘过，把分三期建设的三个工程联系成一个整体，又与周边起伏的山林和自然流淌的水体相呼应（图2-9-2）；广州市福山生活垃圾焚烧发电厂采用蓝白相间的极简主义配色，建筑外墙上设计了一些不规则线条，烟囱顶部设计为面积400 m^2 的环形玻璃观光平台（"环保明珠"），蕴含了"天圆地方"、环保节能的理念。

（a）传统厂房风格（太仓市协鑫生活垃圾焚烧发电厂）（b）现代主义风格（青岛市小涧西生活垃圾焚烧发电厂）

（c）民族特色风格（惠州市榄子垅生活垃圾　　　（d）后现代主义风格（佛山市南海生活垃圾
　　　焚烧发电厂）　　　　　　　　　　　　　　　焚烧发电厂）

图 2-9-1　国内四种典型生活垃圾焚烧发电厂建筑风格

（a）改造前的传统工业厂房风格　　　　　　　（b）改造后的后现代主义风格

图 2-9-2　深圳市宝安生活垃圾焚烧发电厂一期、二期改造工程和三期新建工程效果图

9.1.2　国外焚烧厂

国外生活垃圾焚烧发电厂有3类常被人称赞的"高颜值"典型建筑设计案例（图2-9-3）：

（1）建筑大师百水设计的奥地利维也纳施比特劳生活垃圾焚烧发电厂、日本大阪舞洲工场焚烧厂，建筑外墙立面色彩斑斓而充满童趣，让人感觉就像是童话城堡；还有新加坡滨海湾地区的超级树公园，将树枝状的管状装饰物与垃圾焚烧厂的烟道进行融合……与我国生活垃圾焚烧发电厂的民族特色风格有异曲同工之处，如北京市鲁家山生活垃圾焚烧发电厂的风格就与之相似。

（2）呈现隐喻性现代主义或后现代主义风格的丹麦能源之塔，多孔设计的外墙和经过颜色处理的金属铝板，极大地增强了建筑的观赏性。白天，能源之塔展示出本真的棕色和金属光泽；夜晚，两层立面之间的灯光系统让能源之塔展现出另一番韵味。我国深圳市盐田生活垃圾焚烧发电厂的外立面改造借鉴了这种风格。

（3）呈现现代主义包豪斯风格的法国巴黎塞纳河生活垃圾焚烧发电厂，看起来像一座豪华的写字楼，或是一个绿荫环绕的图书馆。我国天津市北辰生活垃圾焚烧发电厂的主厂房设计借鉴了这种风格。

（a）奥地利维也纳施比特劳生活垃圾焚烧发电厂　　（b）北京市鲁家山生活垃圾焚烧发电厂

（c）丹麦能源之塔　　　　　　　　　（d）深圳市盐田生活垃圾焚烧发电厂

（e）法国巴黎塞纳河生活垃圾焚烧发电厂　　（f）天津市北辰生活垃圾焚烧发电厂

图2-9-3　国外典型的垃圾焚烧发电厂建筑风格与国内类似案例

9.2 外墙装饰

生活垃圾焚烧发电厂为了美化建筑外观，大量地应用幕墙、彩绘等外墙装饰。参考《建筑幕墙》（GB/T 21086—2007），建筑幕墙的主要形式有构件式建筑幕墙、单元式幕墙、玻璃幕墙、石材幕墙、金属板幕墙、人造板幕墙（包括瓷板、陶板、微晶玻璃）、点支撑玻璃幕墙、双层幕墙等。

9.2.1 金属板幕墙

因金属板具有质轻、色彩多样化、安全性好、加工性能优良等优点，能适应各种复杂造型的设计，成为受建筑设计师青睐的垃圾焚烧厂建筑外墙设计材料。国内典型的应用有2类案例：

（1）深圳盐田生活垃圾焚烧发电厂，外墙装饰材料选择的就是穿孔铝板幕墙，流线造型，光面材质，大小不一的孔径，在灯光的照射下熠熠生辉；

（2）康恒环境宁波鄞州区生活垃圾焚烧发电厂采用蜂巢状金属板幕墙，以及康恒环境旗下类似风格的生活垃圾焚烧发电厂。

9.2.2 玻璃幕墙

玻璃幕墙是当代的一种新型墙体，它的最大特点是将建筑美学、建筑功能、建筑节能和建筑结构等因素有机地统一起来，建筑物从不同角度呈现不同的色调，随阳光、月色、灯光的变化给人以动态的美。玻璃幕墙在生活垃圾焚烧发电厂建筑造型中的特色应用包括隐框玻璃幕墙、明框玻璃幕墙等（图2-9-4）。

（1）隐框玻璃幕墙。深圳东部生活垃圾焚烧发电厂是国内外最大比例使用玻璃幕墙的焚烧厂主体建筑，玻璃幕墙作为"深能圆"主体建筑的重要组成部分，与圆形屋顶形成呼应，让主厂房被直径约300 m的巨型圆形罩（钢结构+玻璃幕墙）覆盖。该厂别具特色的是，所使用的玻璃幕墙为圆弧造型，以配合主体结构的巨型圆形罩造型。当然，这种建筑风格的成本不菲。

（2）明框玻璃幕墙。广州市第四资源热力电厂外立面改造中，以玻璃幕墙构筑虚体，与砖墙实体、冲孔铝板半虚体交错穿插，形成丰富的立体结构。这家生活垃圾焚烧发电厂的外立面改造成本较低、便于实施。

(a) 隐框玻璃幕墙（深圳东部生活垃圾焚烧发电厂）　(b) 明框玻璃幕墙（广州市第四资源热力电厂）

图 2-9-4　国内生活垃圾焚烧发电厂两种玻璃幕墙设计的实景照片

9.2.3　外墙彩绘

外墙瓷砖、外墙涂料、外墙彩绘等也是垃圾焚烧厂建筑常用的外墙装饰形式，其中外墙彩绘多用于生活垃圾焚烧发电厂改造项目。

9.3　园林景观

园林景观作为生活垃圾焚烧发电厂项目建设的配套工程，在设计和建设中应满足功能性和美观性等方面的要求，主要包括以下几点：

（1）园林景观风格定位应与建筑主体的设计风格相得益彰，使绿化和建筑相融合、相呼应。目前国内焚烧厂园林景观风格多以现代园林景观和中国古典园林景观为主。

（2）园林规划的总体布局应做到利于企业的日常生产，充分了解焚烧厂的运行特点，特别是道路系统的布置，以更利于生产活动的顺利开展。

（3）充分发挥绿地的卫生防护美化作用，增加空气湿度，减少尘土飞扬，形成空气清新、环境优美的工作环境，使焚烧厂建筑设施掩映于绿荫之中。

（4）由于部分厂区的空气、水质、土壤状况可能比较差，树种选择时首先要做到"适地适树"，即栽植的植物生态习性能适应当地的自然条件，应优先考虑乡土植物。

（5）植物配置应层次丰富，采用"大乔+小乔+大灌木+小灌木+草"的组合方式，疏密有致，打造出与自然群落融合为一体的较稳定的植物体系，并在设计中考虑季节变换所带来的景观差异。

（6）厂前区域在一定程度上代表着厂区的形象，体现企业的面貌，应作为景观设计的重点，地面材质和植物品种的选择均可上升一个标准，亦可在此设置喷泉水景、雕塑小品、假山石等。若是人工水景，水域面积不宜过大，便于后期养护管理和节约水电资源。

（7）办公区和生活区是员工活动的主要区域，应打造适宜的户外活动空间和休憩空间，为员工提供舒适便捷的工作生活环境。

（8）生产区是厂区的主体，该区园林景观应以满足功能上的要求为主，如满足车辆、人流通行和绿化防护的需求。

（9）在厂区园林景观设计中，切忌硬质景观过多，应合理提高绿化植物所占比例，因为绿化植物更有利于厂区生态环境的改善。

9.4　外观与环保的协调

本书著者曾于2018—2019年对全国177家生活垃圾焚烧发电厂外观进行系统评价，首次提出了生活垃圾焚烧发电厂美观度的量化评价体系，以美观度来衡量中国生活垃圾焚烧发电厂的社会可持续性，构建了基于层次分析法的定量分析体系，对177座焚烧厂的外观、环保水平进行关联性分析和空间分析，为缓和"邻避效应"和垃圾焚烧行业可持续发展提出可行建议[97]。

研究发现，生活垃圾焚烧发电厂外观与污染排放具有不同的统计分布特征（图2-9-5）。177家生活垃圾焚烧发电厂的外观水平（AP）得分为33.75～93.00，平均值59.88，标准差10.79；环保水平（EP）得分为20.83～98.67，平均值81.63，标准差13.82。正态Q-Q图反映出EP分数不服从正态分布，而AP分数基本上服从正态分布。但是，AP分数和EP分数之间存在一定的相关性，Spearman相关系数为0.45，具有统计意义，意味着外观美观度高的生活垃圾焚烧发电厂倾向于在污染控制方面表现良好。二者得分的差异反映出生活垃圾焚烧发电厂的社会可持续性的提升滞后于环境可持续性，应持续改善。

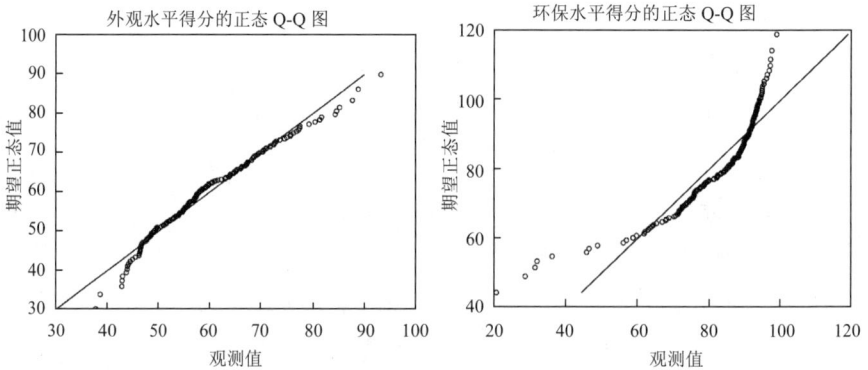

图 2-9-5　AP 分数和 EP 分数的正态分布 Q-Q 图[97]

　　将AP分数和EP分数按焚烧厂建设年份进行汇总和平均，以揭示建设年份的影响（图2-9-6），可见，AP得分随着时间的推移呈上升趋势，表明较新的焚烧厂比早期建造的焚烧厂外观更美观。这是因为早期焚烧厂的设计往往侧重功能性，设计单位在建筑和景观设计方面并不专业，因此美观性往往被忽视。近年来，美观性越来越受到重视，尤其是在受到邻避效应困扰的大城市。通过改造外立面提升焚烧厂的外观视觉效果，从而产生"邻利"协同效应。而EP分数波动较大，并未随着建设年份的缩短出现明显的增长。原因是所有焚烧厂的污染排放在2016年后都需要达到《生活垃圾焚烧污染控制标准》（GB 18485—2014）的要求，环境监管的收严促使焚烧厂通过技改、加强运营管理等方式提升其污染控制水平。

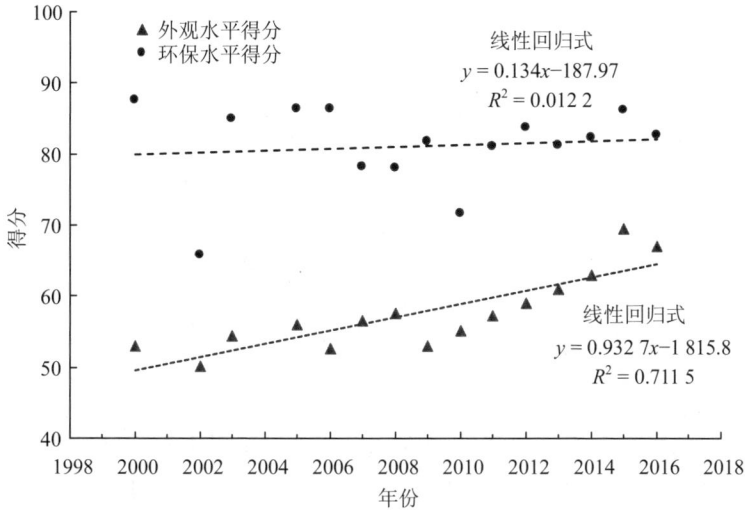

图 2-9-6　AP 分数与 EP 分数和建设年份的关系[97]

　　通过空间聚类分析，将177家生活垃圾焚烧发电厂分为4类：A类（AP分数71.78，EP分数88.92）、B类（AP分数55.02，EP分数88.86）、C类（AP分数52.44，EP分数71.23）、D类（AP分数50.49，EP分数36.29）。A类和B类焚烧厂主要集中在东部省份，但一些中西部省份，如湖南、广西、贵州、四川等，也已建成若干个AP分数和EP分数均较高的示范厂，以弱化邻避效应。此外，东部省份的焚烧厂分布情况也存在差异。江苏、广东大部分焚烧厂属于A类和B类，表现非常出色。山东省沿海地区的焚烧厂表现优于内陆地区。浙江省B类厂较多，A类厂较少。福建省C类厂居多，需要进一步改进。空间分布的差异部分是由焚烧厂的启用年份造成的，山东、浙江和福建很早就开始应用垃圾焚烧，许多外观和环保水平有限的老旧焚烧厂仍在使用。相比之下，广东和江苏对许多老旧焚烧厂进行了改造或翻新，以提高"邻利"协同作用的整体水平。

10　生活垃圾焚烧发电的产业政策

10.1　税收优惠政策

生活垃圾焚烧发电厂享受的税收优惠政策包括以下3个方面[20]:

（1）增值税优惠政策。根据《关于完善资源综合利用增值税政策的公告》（财政部、税务总局公告　2021年第40号）中的《资源综合利用产品和劳务增值税优惠目录》（2022年版），以垃圾为燃料生产电力或者热力时，垃圾用量占发电燃料的比重不低于80%并且生产排放达到《火电厂大气污染物排放标准》（GB 13223—2011）或《生活垃圾焚烧污染控制标准》（GB 18485—2014）规定的技术要求，实行增值税即征即退政策，退税比例为100%。该公告同时规定，纳税人申请享受本公告规定的即征即退政策时，申请退税税款所属期前6个月（含所属期当期）不得发生因违反环境保护的法律法规受到处罚（警告、通报批评或单次10万元以下罚款、没收违法所得、没收非法财物除外；单次10万元以下含本数）的情形。

（2）企业所得税优惠政策。《中华人民共和国企业所得税法实施条例》第八十八条规定:"企业所得税法第二十七条第（三）项所称符合条件的环境保护、节能节水项目，包括公共污水处理、公共垃圾处理、沼气综合开发利用、节能减排技术改造、海水淡化等。项目的具体条件和范围由国务院财政、税务主管部门商国务院有关部门制订，报国务院批准后公布施行。企业从事前款规定的符合条件的环境保护、节能节水项目的所得，自项目取得第一笔生产经营收入所属纳税年度起，第一年至第三年免征企业所得税，第四年至第六年减半征收企业所得税。"简而言之，垃圾焚烧发电厂企业所得税实行"三免、三减半"的优惠政策。

（3）环境保护税暂予免征政策。在环境保护税征收方面，根据《中华人民共和国环境保护税法》，依法设立的污水集中处理、生活垃圾集中处理场所排放相应应税污染物，不超过国家和地方规定的排放标准的；纳税人综合利用的固体废物，符合国家和地方环境保护标准的，暂予免征环境保护税。

10.2 可再生能源补贴政策

10.2.1 行业发展早期的补贴政策

国家发展和改革委员会2005年11月发布的《可再生能源产业发展指导目录》（发改能源〔2005〕2517号）将"城市固体垃圾发电（包括燃烧发电和填埋场沼气发电）"纳入生物质能发电范畴。

《可再生能源发电价格和费用分摊管理试行办法》（发改价格〔2006〕7号）第七条规定：生物质发电项目上网电价实行政府定价的，由国务院价格主管部门分地区制定标杆电价，电价标准由各省（自治区、直辖市）2005年脱硫燃煤机组标杆上网电价加补贴电价组成。补贴电价标准为每千瓦时0.25元。发电项目自投产之日起，15年内享受补贴电价；运行满15年后，取消补贴电价。自2010年起，每年新批准和核准建设的发电项目的补贴电价比上一年新批准和核准建设项目的补贴电价递减2%。发电消耗热量中常规能源超过20%的混燃发电项目，视同常规能源发电项目，执行当地燃煤电厂的标杆电价，不享受补贴电价。

国家环境保护总局《关于加强生物质发电项目环境影响评价管理工作的通知》（环发〔2006〕82号，现已废止）要求"现阶段，采用流化床焚烧炉处理生活垃圾作为生物质发电项目申报的，其掺烧常规燃料质量应控制在入炉总质量的20%以下。其他新建的生物质发电项目原则上不得掺烧常规燃料。国家鼓励对常规火电项目进行掺烧生物质的技术改造，当生物质掺烧量按照质量换算低于80%时，应按照常规火电项目进行管理"就是以《可再生能源发电价格和费用分摊管理试行办法》第七条为依据的。值得注意的是，环发〔2006〕82号文件虽然已经废止，但"产品燃料80%以上来自所列资源"的有关要求已经沿用至《关于完善资源综合利用增值税政策的公告》（财政部、税务总局公告　2021年第40号）中的《资源综合利用产品和劳务增值税优惠目录》（2022年版）。

《国家发展改革委关于完善垃圾焚烧发电价格政策的通知》（发改价格〔2012〕801号）进一步明确：

（1）以生活垃圾为原料的垃圾焚烧发电项目，均先按其入厂垃圾处理量折算成上网电量进行结算，每吨生活垃圾折算上网电量暂定为280 kW·h，并执行全国统一垃圾发电标杆电价每千瓦时0.65元（含税）；其余上网电量执行当地同类燃煤发电机组上网电价。

（2）垃圾焚烧发电上网电价高出当地脱硫燃煤机组标杆上网电价的部分实行两级分摊。其中，当地省级电网负担每千瓦时0.1元，电网企业由此增加的购电成本通过销售电价予以疏导；其余部分纳入全国征收的可再生能源电价附加解决。

此外，《国家发展改革委关于调整可再生能源电价附加标准与环保电价有关事项的通知》（发改价格〔2013〕1651号）等文件明确了垃圾焚烧可再生能源补贴的核算方法。

10.2.2　2020年调整后的补贴政策

2020年，垃圾焚烧可再生能源补贴的核算方法进行了大幅调整，行业内称之为"国补退坡"。财政部、国家发展和改革委员会、国家能源局印发《关于促进非水可再生能源发电健康发展的若干意见》（财建〔2020〕4号）以及修订后的《可再生能源电价附加资金管理办法》（财建〔2020〕5号），指出：①财政部按照以收定支的原则向电网企业和省级财政部门拨付可再生能源发电项目补助资金；②针对享受补助资金的可再生能源发电项目，按照新增项目和存量项目区别对待，凡符合条件的存量项目均纳入补贴清单，新增补贴项目规模由新增补贴收入决定；③明确兑付主体责任，确保及时兑付；④全面推行"绿证"，鼓励金融机构给予信贷支持。

2020年9月，财政部、国家发展和改革委员会、国家能源局联合印发了《关于〈关于促进非水可再生能源发电健康发展的若干意见〉有关事项的补充通知》（财建〔2020〕426号），对于生活垃圾焚烧项目的可再生能源补贴政策作出了进一步的细化调整，主要要求包括：

（1）明确各类可再生能源发电项目（风电、光伏、生物质发电等）的合理利用小时数，即发改委核定电价时采用的小时数。

（2）生物质发电包括农林生物质发电、生活垃圾焚烧发电和沼气发电项目，全生命周期合理利用小时数为8.25万h。2020年10月的《中国环境报》文章《国家补贴"断供"后，垃圾焚烧项目盈利靠什么？》指出"8.25万 h"是按行业平均发电水平测算的，即5 500（可享受补贴部分利用小时数）h/a×15年=82 500 h，也就是说，5 500这一利用小时数可保证垃圾焚烧项目享受15年的国家补贴。其中的每年5 500 h，是政策制定时根据生物质发电项目（包括农林生物质发电、生活垃圾焚烧发电和沼气发电项目）的平均利用小时数来确定的。

（3）生物质发电项目自并网之日起满15年后，无论项目是否达到全生命周期补贴电量，不再享受中央财政补贴资金。

（4）项目全生命周期补贴电量=项目容量×项目全生命周期合理利用小时数。其中，项目容量以核准（备案）时确定的容量为准。如项目实际容量小于核准（备案）容量，以实际容量为准。所发电量超过全生命周期补贴电量部分，不再享受中央财政补贴资金，核发绿证准许参与绿证交易。

10.3 可再生能源补贴的联动

《生活垃圾焚烧发电厂自动监测数据应用管理规定》第十七条规定"垃圾焚烧厂因污染物排放超标等环境违法行为被依法处罚的，应当依照国家有关规定，核减或暂停拨付其国家可再生能源电价附加补贴资金"。

《关于核减环境违法垃圾焚烧发电项目可再生能源电价附加补助资金的通知》（财建〔2020〕199号）指出："国家发展改革委、国家能源局、财政部需适时对项目开展核查，核查结果将作为补贴发放的重要依据。核查结果不合格的项目，电网企业应暂停发放补贴。"具体要求包括：

（1）明确了垃圾焚烧发电项目纳入补贴清单、拨付补贴资金的必要条件。一是垃圾焚烧发电项目依法依规完成"装、树、联",才能纳入补贴清单;二是垃圾焚烧发电项目依法依规完成"装、树、联"且自动监测数据向社会公开,才能拨付补贴资金,未公开自动监测数据期间的补贴资金需进行核减;三是2020年6月30日前已纳入补贴清单,但未完成"装、树、联"的垃圾焚烧发电项目,需暂停拨付补贴资金,待满足前述2个必要条件后方可拨付。

(2)明确了垃圾焚烧发电项目发生环境违法行为时,补贴资金核减、暂停拨付和恢复拨付的要求。一是某台焚烧炉发生五项常规污染物日均值超标或炉温不达标的行为,且所在企业被处罚,应核减这台焚烧炉超标当日的补贴资金;二是某台焚烧炉一个自然月内出现上述违法情形3次以上,且所在企业被处罚,则取消这台焚烧炉该月的补贴资金,同时暂停拨付补贴资金;三是焚烧炉补贴资金暂停拨付后,需要连续30 d监测数据达标方可恢复拨付。

(3)明确了垃圾焚烧发电项目被移出补贴清单的情形。一是移出清单仅适用于篡改、伪造自动监测数据的垃圾焚烧发电项目;二是移出清单的时间节点为公安、生态环境部门做出行政处罚决定或人民法院判决生效之日(指篡改、伪造自动监测数据的事实已被立案处罚,且被处罚企业对此无异议不进行复议);三是被移出清单的垃圾焚烧发电项目自移出之日起3年内不得再纳入补贴清单。

(4)确定了电网企业和当地生态环境部门、发展改革部门信息共享和协调联动机制(图2-10-1)。一是电网企业向当地生态环境部门、发展改革部门提供纳入补贴的项目清单和基本情况,并按季度向生态环境部门申请清单内项目行政处罚情况;二是当地生态环境部门向电网企业抄送清单内项目环境违法行为的处罚决定;三是电网企业根据处罚决定核减或暂停拨付补贴资金,并与垃圾焚烧发电项目结算。

(5)落实了生态环境部、财政部和电网企业等的主要职责。一是生态环境部需按季度将各地垃圾焚烧发电项目环境违法行为处罚决定函告财政部和国家发展改革委;二是财政部根据函告结果,与电网企业进行核算。

(6)参照《可再生能源电价附加资金管理办法》(财建〔2020〕5号)第

十五条，进一步明确了各级财政、生态环境、发展改革部门及其工作人员违法违纪行为的处罚依据。

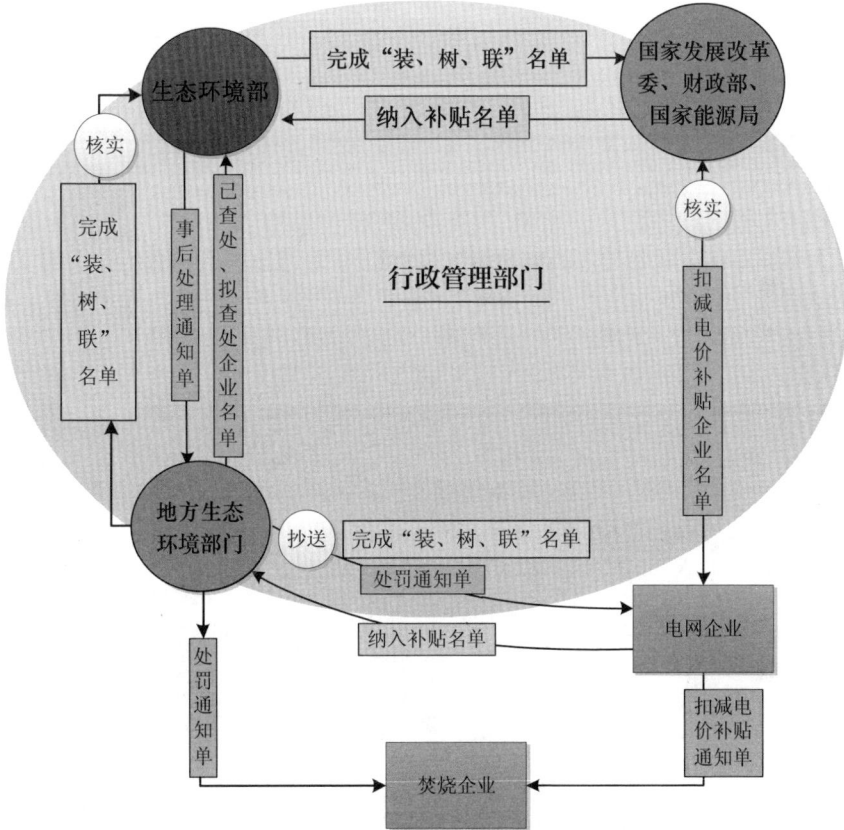

图 2-10-1　生活垃圾焚烧发电厂可再生能源补贴的联动惩罚机制

第 3 部分

生活垃圾焚烧发电厂
环境监管执法实战

1 生活垃圾焚烧发电厂现场监督检查

1.1 《生活垃圾焚烧发电厂现场监督检查技术指南》（HJ 1307—2023）介绍

1.1.1 制定背景和原则

生活垃圾焚烧发电厂的运营和监管涉及生产工艺、污染防治、环境监测等多个领域，需要遵循和参照的标准、规范、指南众多，监管人员学习成本高，缺少一部内容清晰、易于学习、可操作性强的标准规范，不利于在全国范围内提高生态环境主管部门以及企业内部监管机构的精准监管水平。而生态环境部《关于印发〈关于加强排污许可执法监管的指导意见〉的通知》（环执法〔2022〕23号）明确提出要坚持精准治污、科学治污、依法治污，以固定污染源排污许可制为核心，创新执法理念，加大执法力度，优化执法方式，提高执法效能，构建企业持证排污、政府依法监管、社会共同监督的生态环境执法监管新格局。

在此背景下，本书著者在生态环境部有关司局的指导下，在《生活垃圾焚烧发电厂自动监测数据应用管理规定》等行业环境监管新政[20]取得良好成效的基础上，牵头起草了《生活垃圾焚烧发电厂现场监督检查技术指南》（HJ 1307—2023）。HJ 1307—2023的制定原则包括：

（1）实用性。严格遵照现行法律、法规，以污染物稳定达标排放、持续改善生态环境质量为目标，以有关标准、规范为技术支撑，前期结合现场调研，充分遵循我国现阶段生活垃圾焚烧发电厂发展实际，坚持实事求是原则，确保本标准能落地、可操作，切实提升各级生态环境主管部门的监管执法水平，有效带动生活垃圾焚烧发电厂运营管理水平提升。

（2）针对性。针对生活垃圾焚烧发电厂运营及环境管理中的关键环节和节点，细化检查要素，将检查要素分为制度落实和责任履行、垃圾焚烧炉运行、污染防治设施运行、污染物排放、自行监测等5个大类，贯穿生活垃圾焚烧发电厂运营管理的全过程，从而使现场监督检查更有针对性。

（3）前瞻性。紧扣全国生活垃圾焚烧发电厂发展趋势和相关规划，充分考虑市场政策对垃圾焚烧发电行业长效达标的影响，针对行业现状趋势做好技术预判。

1.1.2 法律依据

对排污单位开展现场监督检查和核查是生态环境主管部门的法定职责和权力。《中华人民共和国环境保护法》第二十四条规定"县级以上人民政府环境保护主管部门及其委托的环境监察机构和其他负有环境保护监督管理职责的部门，有权对排放污染物的企业事业单位和其他生产经营者进行现场检查"。《排污许可管理条例》第二十八条规定"生态环境主管部门根据行政执法过程中收集的监测数据，以及排污单位的排污许可证、环境管理台账记录、排污许可证执行报告、自行监测数据等相关材料，对排污单位在规定周期内的污染物排放量，以及排污单位污染防治设施运行和维护是否符合排污许可证规定进行核查"。

1.1.3 检查要素

HJ 1307—2023根据《中华人民共和国环境保护法》《中华人民共和国大气污染防治法》《中华人民共和国固体废物污染环境防治法》《排污许可管理条例》《生活垃圾焚烧发电厂自动监测数据应用管理规定》（生态环境部令第10号），以及《生活垃圾焚烧污染控制标准》（GB 18485—2014）等的相关规定，将检查要素划分为5个大类，其中第1类侧重于管理水平，涉及生活垃圾焚烧发电厂从建设到运营的全生命周期，第2类到第4类侧重于运营水平，涉及污染物产生、防控到排放、监测的全过程监管。具体见表3-1-1。

表 3-1-1　HJ 1307—2023 给出的检查要点

检查要素	检查项目	依据和说明
1-制度落实和责任履行情况	1-1-环境影响评价责任	《中华人民共和国环境保护法》《中华人民共和国环境影响评价法》《建设项目环境保护管理条例》
	1-2-"三同时"责任	《中华人民共和国环境保护法》《中华人民共和国环境影响评价法》《建设项目环境保护管理条例》
	1-3-环境保护责任制度	《中华人民共和国环境保护法》
	1-4-排污许可证及排污管理	《排污许可管理条例》
2-垃圾焚烧炉运行情况	2-1-入炉垃圾特性	入炉垃圾特性来自 GB 18485—2014 的相关规定,涉及入炉垃圾能否保证燃烧稳定、入炉垃圾中其他固废的掺烧量等;入炉垃圾负荷来自《生活垃圾焚烧炉及余热锅炉》(GB/T 18750—2022)的要求,垃圾焚烧炉不能过度超负荷(>110%)运行,也不能过度欠负荷(<70%)运行;在《固定源废气监测技术规范》(HJ/T 397—2007)中也有类似的要求[4.3.5　建设项目竣工环境保护验收监测应在工况稳定、生产负荷达到设计生产能力的 75%以上(含 75%)情况下进行],主要是为了避免生活垃圾焚烧发电厂通过欠负荷运行的方式逃避监管
	2-2-炉膛内焚烧温度和烟气停留时间	炉温与烟气二噁英防控息息相关,在 GB 18485—2014 和生态环境部第 10 号令中均有相关要求
	2-3-焚烧炉渣热灼减率	焚烧炉渣热灼减率用于评价炉内垃圾燃烧的完全性,来自 GB 18485—2014 的相关规定
	2-4-工况标记和运行时长	烘炉、启炉、停炉、停炉降温、故障、事故等焚烧炉工况标记的时长要求来自 GB 18485—2014;生态环境部第 10 号令发布实施以来,实现了对生活垃圾焚烧发电厂"互联网+全天候监管+非现场执法"管理,对焚烧炉工况标记提出了相关要求

检查要素	检查项目	依据和说明
2-垃圾焚烧炉运行情况	2-5-设施运行参数	来自《排污许可管理条例》和 GB 18485—2014 有关运行情况记录的要求
3-污染防治设施运行情况	3-1-烟气净化 3-2-恶臭污染物治理 3-3-废水收集和处理 3-4-固体废物收集、贮存和厂内处理 3-5-噪声污染防治	《排污许可管理条例》第二十一条要求"排污单位应当建立环境管理台账记录制度，按照排污许可证规定的格式、内容和频次，如实记录主要生产设施、污染防治设施运行情况以及污染物排放浓度、排放量"。GB 18485—2014 中 10.2 规定"在任何情况下，生活垃圾焚烧发电厂均应遵守本标准的污染物排放控制要求，采取必要措施保证污染防治设施正常运行。各级环保部门在对生活垃圾焚烧发电厂进行监督性检查时，可以现场即时采样获得均值，将监测结果作为判定排污行为是否符合排放标准以及实施相关环境保护管理措施的依据"
4-污染物排放情况	4-1-烟气污染物排放	《中华人民共和国环境保护法》《中华人民共和国大气污染防治法》
	4-2-恶臭污染物排放	《中华人民共和国环境保护法》《中华人民共和国大气污染防治法》
	4-3-废水排放	《中华人民共和国环境保护法》《中华人民共和国水污染防治法》
	4-4-固体废物转移	《中华人民共和国环境保护法》《中华人民共和国固体废物污染环境防治法》
	4-5-噪声排放	《中华人民共和国环境保护法》《中华人民共和国噪声污染防治法》
5-自行监测情况	5-1-自行监测方案制定和执行	《排污许可管理条例》第十九条要求"排污单位应当按照排污许可证规定和有关标准规范，依法开展自行监测，并保存原始监测记录"。自行监测方案的制定在《排污单位自行监测技术指南 固体废物焚烧》（HJ 1205）中有明确要求；采样位置和采样点设置的规范性在《固定污染源排气中颗粒物测定与气态污染物采样方法》（GB/T 16157）、HJ/T 397、《固定污染源烟气（SO_2、NO_x、颗粒物）排放连续监测技术规范》（HJ 75）中有明确要求；污染物监测指标、频次和方法在 HJ 1205 中有明确要求；自动监测设备的安装、联网和运行维护在生态环境部第 10 号令中有明确要求

检查要素	检查项目	依据和说明
5-自行监测情况	5-2-自行监测数据质量与保证措施	自行监测数据的信息记录、报告在 HJ 1205、《排污单位自行监测技术指南 总则》（HJ 819）中有明确要求
	5-3-自行监测数据公开	生活垃圾焚烧发电厂应通过电子显示板、自动监测数据公开平台如实公开自动监测数据

1.1.4 检查任务

检查任务包括以下3项，生态环境主管部门应结合检查目的、检查线索、检查人员、检查时间等因素，选取全部或部分检查要素作为检查任务。

（1）排查是否存在环境违法情形，参见HJ 1307—2023附录A中表A.1，表中列出了涉及生活垃圾焚烧发电厂的涉嫌环境违法情形、依据；

（2）排查是否存在违反管理性规定的情形，参见HJ 1307—2023附录A中表A.2，表中列出的部分情形并未违反标准、规范性文件的强制性要求，但可能影响污染物排放达标能力或监测数据质量；

（3）排查是否存在可以改进的情形，参见HJ 1307—2023附录A中表A.3，表中列出的情形尚不违反法律法规或相关的管理性规定，不足以支撑生态环境主管部门对生活垃圾焚烧发电厂实施行政处罚或下达有关整改的行政命令，不作为环境行政执法依据。

1.1.5 检查流程

HJ 1307—2023将生活垃圾焚烧发电厂的现场监督检查分为检查前的准备、检查过程、检查结果的处理3个阶段（图3-1-1），其目的在于制定优化的生活垃圾焚烧发电厂现场监督检查流程，尽量使监管人员在非现场期间能够收集足够资料、整理出问题线索，到达现场后"按图索骥"，根据不同的检查任务从5类检查要素中识别重点，综合采用听取陈述、现场查看、核查、抽检等4种方法，对照附录A提供的涉嫌环境违法情形、违反管理性规定情形、存在可以改进的情形一一排查，从而能够快速准确地核实问题线索、抓住关键问题。

```
              ┌─────────────────────────────┐
              │       检查要素（5类）        │
              └─────────────────────────────┘
  ┌──────────┬──────────┬──────────┬──────────┬──────────┐
┌─┴─────┐ ┌──┴────┐ ┌───┴────┐ ┌───┴───┐ ┌───┴───┐
│制度落实和│ │垃圾焚烧炉│ │污染防治设施│ │污染物排放│ │自行监测│
│责任履行情况│ │运行情况 │ │运行情况  │ │情况    │ │情况   │
└──────────┘ └───────┘ └────────┘ └───────┘ └───────┘

              ┌─────────────────────────────┐
              │       检查任务（3类）        │
              └─────────────────────────────┘
    ┌────────────────┬──────────────────┬───────────────┐
┌───┴────────┐  ┌────┴─────────┐  ┌─────┴────────┐
│是否存在环境违法│  │是否存在违反管理性│  │是否存在可以改进的│
│情形        │  │规定的情形    │  │情形          │
└────────────┘  └──────────────┘  └──────────────┘

              ┌─────────────────────────────┐
              │        检查前的准备          │
              └─────────────────────────────┘
┌──────────────┐  ┌──────────────┐  ┌──────────────┐
│人员、文件、装备│  │基本情况的熟悉  │  │检查线索的整理  │
│的准备        │  │              │  │              │
└──────────────┘  └──────────────┘  └──────────────┘

              ┌─────────────────────────────┐
              │          检查过程            │
              └─────────────────────────────┘
              ┌─────────────────────────────┐
              │      检查方法措施（4类）      │
              └─────────────────────────────┘
┌──────────┐  ┌──────────┐  ┌──────────┐  ┌──────────┐
│ 听取陈述 │  │ 现场查看 │  │  核查    │  │  抽检    │
└──────────┘  └──────────┘  └──────────┘  └──────────┘

              ┌─────────────────────────────┐
              │        检查结果的处理        │
              └─────────────────────────────┘
```

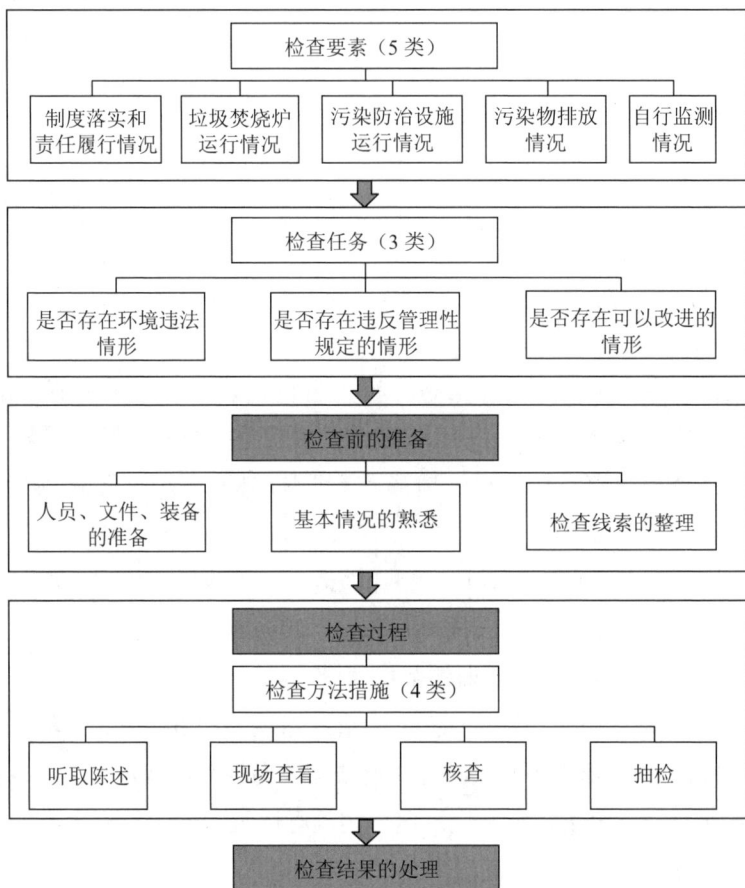

图 3-1-1　生活垃圾焚烧发电厂的检查流程

1.1.6　注意事项

开展检查时，应注意提取书证、物证、视听资料、自行监测数据等客观性证据，保证取证主体的合法性、证据形式的合法性以及取证程序的合法性，以形成全面客观、相互印证、完整稳定的证据链，避免出现只提取主观性证据、客观性证据为孤证、取证程序不合法等情况。

开展检查应促进监管、执法和帮扶的衔接，切实发挥发现并查实环境违法行为、督促和帮扶检查对象提升运营水平、防范化解生态环境风险等作用。对排污单位开展帮扶是落实国家机关"谁执法、谁普法"普法责任制的重要措施。《中华人民共和国环境保护法》第九条规定"各级人民政府应当加强环境保护宣传和普及工作，鼓励基层群众性自治组织、社会组织、环境保护志愿者开展环境保护法律法规和环境保护知识的宣传，营造保护环境的良好风气"。2017年中共中央办公厅、国务院办公厅印发《关于实行国家机关"谁执法、谁普法"普法责任制的意见》，指出要围绕环境保护等热点、难点问题向社会开展普法，"加强对当事人等诉讼参与人、行政相对人、利害关系人以及相关重点人群的政策宣讲和法律法规讲解，把矛盾纠纷排查化解与法律法规宣传教育有机结合起来"。生态环境部《关于优化生态环境保护执法方式提高执法效能的指导意见》（环执法〔2021〕1号）要求"健全执法普法制度。各级生态环境部门要按照'谁执法、谁普法'的原则，以现场检查环节为重点，以推进说理式文书为突破，推行全程说理式执法。……市、县生态环境部门重点要针对中小企业进行执法帮扶，每年至少开展一次普法培训。对区域典型行业或存在的普遍性问题组织专家集中把脉会诊，及时发现问题苗头，帮助企业消除违法隐患，降低违法风险，营造良好的执法守法环境"。

1.2 检查前的准备

为保障现场监督检查工作的顺利开展，在检查前需做好人员、文件、装备等方面的准备，可要求检查对象提供环境影响评价、排污许可证、自行监测等方面的相关资料，用于了解检查对象和检查要素的基本情况，对照HJ 1307—2023资料性附录A"生活垃圾焚烧发电厂相关的检查任务"（或本书第3部分第2.1节）整理检查线索，确保现场监督检查的精准高效。

1.2.1 一般要求

为保障现场监督检查工作的顺利开展，有必要在检查前做好以下3方面的准备：

（1）人员需求。成立检查组，做好分组安排，根据检查任务合理配备行政执法人员和生产工艺、污染防治、环境监测等领域的专家。

（2）文件需求。熟悉检查对象的基本情况，对照HJ 1307—2023附录A（或本书第3部分第2.1节）整理检查线索，准备行政执法证件和文书，便于在检查过程中及时对发现的疑点取证、制作相关文书并形成证据链。环境行政执法所需的调查询问笔录、现场检查（勘察）笔录在《环境行政执法文书制作指南》（环办环监〔2016〕55号）中已有相关要求。检查组宜通过收集、阅读以下资料的方式来熟悉检查对象和检查要素的基本情况：①项目取得排污许可证以前的文件资料，包括经批复的环境影响评价文件和竣工环保验收文件。阅读这些资料有助于更快掌握检查对象、检查要素的基本情况。②项目取得排污许可证以来的文件资料，包括排污许可证以及相关的环境管理台账记录、排污许可证执行报告，检查对象提供的排污单位基本情况、产排污环节、污染物及污染防治设施信息应按《排污许可证申请与核发技术规范 生活垃圾焚烧》（HJ 1039）的要求整理。阅读这些资料有助于更快掌握检查对象执行排污许可管理制度的情况。③自行监测方案、自行监测数据、自行监测信息记录和报告。阅读这些资料有助于了解自行监测数据的"真准全"情况。

（3）装备需求。检查前宜准备以下器材和设备：用于调查取证（视听资料）的录音、照相、摄像等设备器材，便于在检查过程中录音录像；移动执法装备；用于实时联系的对讲机；用于查验自动监测设备的数字多用表、信号校准仪；其他现场检查所必要的设备。

1.2.2　检查线索

检查前，检查组可对照HJ 1307—2023附录A提前整理检查线索，检查线索的整理过程贯穿了排污许可管理制度的有关要求，包括：

（1）对于制度落实和责任履行情况，可通过以下方式提前整理检查线索：①分析建设项目环境保护责任的履行情况；②分析排污许可制度等环境管理制度的完备性，包括是否按照排污许可证规定记录和保存环境管理台账、是否按照排污许可证规定提交排污许可证执行报告；③分析检查对象能否有序应对突发环境事件。

（2）对于垃圾焚烧炉运行情况，可通过以下方式提前整理检查线索：①核算垃圾焚烧炉的实际焚烧处理负荷，具体为：基于检查对象提供的物流台账记录，核算垃圾焚烧炉的实际运行负荷，检查其是否超出额定焚烧处理量的70%～110%。②核算垃圾焚烧炉的正常工况时长、工况标记次数和时长，包括：基于自动监测数据，检查一个自然年内运行时长是否低于8 000 h；基于自动监测数据，检查一个自然年内启炉、停炉、故障、事故等标记的累计时长是否超过60 h；基于自动监测数据，检查一个自然年内烘炉、停炉降温等标记的累计时长是否超过700 h。

（3）对于污染防治设施运行情况，可通过以下方式提前整理检查线索：①基于检查对象提供的物流台账记录，核算各类环保耗材的实际用量，比较其与经批复的环境影响评价文件中设计用量、理论计算值、行业经验值的差异，以在检查中了解原因；②基于检查对象提供的物流台账记录，核算渗滤液、焚烧飞灰、焚烧炉渣的产率，比较其与行业经验值的差异，以在检查中了解原因。

（4）对于污染物排放情况，可通过以下方式提前整理检查线索：①分析污染物排放是否超过许可排放浓度、许可排放量；②分析污染物排放与行业经验值（参见HJ 1307—2023的附录B.1，或本书第3部分第2.2节）的相符性。

（5）对于自行监测情况，可通过以下方式提前整理检查线索：①分析自行监测是否按照《生活垃圾焚烧污染控制标准》（GB 18485）、《排污单位自行监测技术指南　总则》（HJ 819）、《排污单位自行监测技术指南　固体废物焚烧》（HJ 1205）的要求开展，例如，检查烟气中重金属类污染物的监测频次是否低于每月至少1次、烟气中二噁英类污染物的监测频次是否低于每年至少1次、焚烧炉渣热灼减率的监测频次是否低于每月至少1次，检查焚烧飞灰厂内处理产物的监测频次是否低于每天至少1次，检查烟气中常规污染物的监测频次是否低于每季度至少1次。②分析自行监测数据质量是否可靠。

1.2.3　焚烧厂自评

检查前，检查组可要求检查对象对照HJ 1307—2023的附录A（或本书第3部分第2.1节）开展自评，再结合自评结果整理检查线索。

1.3　检查过程

1.3.1　听取陈述

听取陈述是第一层级的方法措施，用于建立对检查对象的宏观了解，适用于掌握检查对象制度落实情况、环境保护责任履行情况以及运营概况。在听取陈述时，检查组可通过询问检查对象的方式来补充获取检查信息，以增加对检查对象及检查要素的了解；检查对象可在询问过程中列举事实、理由和证据，对有关情况进一步陈述、说明、解释和申辩。对于检查对象提出的事实、理由和证据，检查组应予以核查。

1.3.2　现场查看

现场查看是第二层级的方法措施，通过现场查看、询问的方式来增强对检查对象的直观了解。在现场查看中可以掌握以下情况，并将实际情况与《生活垃圾处理处置工程项目规范》（GB 55012）、HJ 1307—2023附录B.1（或本书第3部分第2.2节）中行业经验值进行比较，差异较大时宜调查原因：

（1）生活垃圾焚烧发电厂的设施布局、厂容厂貌，以增加对检查对象的了解；

（2）制度落实与责任履行有关的公示牌、标志牌、防护措施等，检查责任履行是否到位；

（3）垃圾焚烧炉运行情况，包括垃圾预处理措施和入炉垃圾物理尺寸、垃圾焚烧炉的外观，以及炉内燃烧情况等，检查垃圾焚烧炉的运行稳定性；

（4）污染防治设施运行情况，包括烟气净化系统的组成与布局、环保耗材计量与输送、生活垃圾贮存设施（垃圾池）的密闭性、焚烧炉停运期间的除臭措施、废水收集处理系统，以及各类固体废物的收集、贮存场所及厂内处理情况等，检查污染防治设施的完备性以及运行的正常性；

（5）自行监测情况，包括监测点位、监测采样措施、监测仪器设备、运行维护情况和质量保证措施等，检查自行监测的规范性。

1.3.3　核查

核查是第三层级的方法措施，通过核查相关报告、台账等文件资料或者提取DCS数据、自动监测数据、监控视频等数据资料，对检查对象依法依规的运行情况进行判断。

1）核查文件

检查组可通过核查文件的方式来获取检查信息。可核查以下文件：

（1）垃圾焚烧炉运行情况的相关文件，用于检查垃圾焚烧炉运行的燃烧工况是否稳定，焚烧炉工况标记期间的记录是否真实、是否如实标记，包括入炉垃圾特性检测报告、烟气停留时间核算文件、焚烧炉渣热灼减率检测报告、焚烧炉工况标记的证明文件，以及操作记录、设备检修记录等。

（2）污染防治设施运行情况的相关文件，用于检查污染防治设施是否正常运行，包括设备检修记录、环保耗材采购凭证、环保耗材的品质自检报告、排污许可证执行报告、焚烧飞灰厂内处理台账、危险废物转移联单（含电子联单），以及固体废物收集、贮存和转移的台账等。

（3）污染物排放情况的相关文件，用于检查污染防治设施是否能够达到预期的污染控制效果，包括烟气排放监测报告、恶臭污染物监测报告、焚烧飞灰厂内处理产物监测报告、废水监测报告等。

（4）自行监测情况的相关文件，用于检查自行监测是否合法合规、自动监测设备是否正常运行，从而辅助判断自动监测数据是否真实、准确、完整、可信，包括手工监测的结果报告、信息记录、信息报告，以及自动监测设备的技术指标验收测试报告、运行维护记录等。

2）核查数据和监控视频

检查组可通过核查数据和监控视频的方式来进一步获取检查信息。可核查以下内容：

（1）垃圾焚烧炉运行情况的相关数据和监控视频，用于进一步检查垃圾焚烧炉运行的燃烧工况是否稳定，焚烧炉工况标记期间的记录是否真实、是否如实标记，包括入炉垃圾计量数据、投料口监控视频、进料斗挡板的开闭情况、给料器的行程、垃圾焚烧炉的配风量、炉膛温度、余热锅炉蒸发量、辅助燃料的投入量等。

（2）污染防治设施运行情况的相关数据，用于进一步检查污染防治设施是否正常运行、是否能够达到预期的污染控制效果，包括各类环保耗材的实时用量、累计用量，以及袋式除尘器的压差等。

（3）自动监测设备运行数据，用于进一步检查自动监测是否合法合规、自动监测设备是否正常运行，从而辅助判断自动监测数据是否真实、准确、完整、可信，包括自动监测数据及数据标记内容、自动监测设备日志等。

（4）生活垃圾焚烧发电厂在主要生产工序、治理工艺或排放口等关键位置安装了工况参数、用水用电用能、视频探头监控等间接反映水或大气污染物排放状况的仪表和传感器设备的，仪表和传感器设备的相关数据列入核查内容。

3）核查的具体方法

检查组可参考HJ 1307—2023附录B.2给出的方法，基于获取的文件和提取的数据核算关键指标，检查环境管理台账记录的真实性以及自行监测数据质量。生产运行阶段排放的水污染物、大气污染物、固体废物和噪声的自行监测应遵循《排污单位自行监测技术指南　固体废物焚烧》（HJ 1205）的规定；法律法规或环境影响评价文件中明确要求开展周边环境质量影响自行监测的，应遵循HJ 1205和《工业企业土壤和地下水自行监测技术指南（试行）》（HJ 1209）的规定。

检查组可参考HJ 1307—2023附录B.3给出的方法，基于提取的数据，对照《生活垃圾焚烧发电厂自动监测数据标记规则》的规定，核查焚烧炉工况标记的真实性。自动监测设备标记的核查应遵循《污染物排放自动监测设备标记规则》的规定。

1.3.4 抽检

抽检是第四层级的方法措施，通过技术指标抽检、即时采样监测等方式，采用指定的方法检验指定的技术性能指标，从而对检查对象提供的文件、数据进一步判断。

（1）对污染源自动监测设备技术指标进行抽检，用于检查污染源自动监测设备是否正常运行，自动监测数据是否真实、准确、完整、可信。对烟气污染物自动监测设备技术指标的抽检应遵守《固定污染源烟气（SO_2、NO_x、颗粒物）排放连续监测技术规范》（HJ 75）等相关文件的规定，对废水自动监测设备技术指标的抽检应遵守《水污染源在线监测系统（COD_{Cr}、NH_3-N等）运行技术规范》（HJ 355）的规定。

（2）对垃圾焚烧炉炉温热电偶测量准确性进行抽检，用于检查炉温自动监测设备是否正常运行，炉温自动监测数据传输过程中的误差是否合理。对垃圾焚烧炉炉温热电偶测量准确性的抽检可参照HJ 1307—2023附录C（或本书第2部分第8.1节）的方法开展。

（3）对污染物排放情况开展现场即时采样监测，通过即时采样监测进一步判断排污单位的自行监测数据是否可信。现场即时采样监测的监测点位、采样和样品保存方法、监测分析方法和仪器、质量保证与质量控制等内容应遵守《生活垃圾焚烧污染控制标准》（GB 18485）、《固定污染源排气中颗粒物测定与气态污染物采样方法》（GB/T 16157）、《固定源废气监测技术规范》（HJ/T 397）、《固定污染源废气　低浓度颗粒物的测定　重量法》（HJ 836）等相关环境监测规范的规定。

1.4 检查结果的处理

检查组应结合检查前的线索整理以及检查中采取的方法措施，对各检查要素和检查项目与法律、标准规范、行业经验值的符合性一一作出判断。

现场监督检查的信息获取与结果报告流程见图3-1-2。

（1）对于检查中发现并查实的环境违法情形，检查组应及时固定证据，按照有关规定制作行政执法文书。

（2）对于检查中发现的违反管理性规定的情形，检查组应保存证据并将发现的问题及时反馈给检查对象，督促检查对象整改并提交整改完成报告。

（3）对于检查中发现的可以改进的情形，不作为环境执法依据，检查组应从帮扶角度给出改进建议。

（4）对于检查中发现的特色亮点做法，检查组可予以记录，在征得检查对象同意后可用作监督执法宣贯培训的素材。

其中，检查过程中的证据收集、固定、保存，可参照《环境行政处罚证据指南》（环办〔2011〕66号）；行政执法文书制作，可参照《环境行政执法文书制作指南》（环办环监〔2016〕55号）。

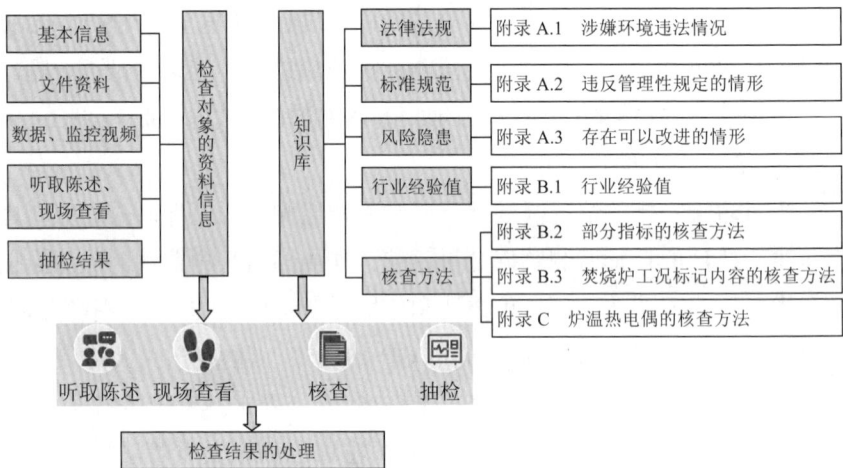

图 3-1-2　现场监督检查的信息获取与结果报告流程

2　生活垃圾焚烧发电厂现场监督检查的资料库

2.1　检查可能发现的三类问题

2.1.1　涉及生活垃圾焚烧发电厂的环境违法情形

　　表3-2-1中列出了涉及生活垃圾焚烧发电厂主要的涉嫌环境违法情形、依据,给出了除调查询问笔录、现场检查(勘察)笔录以外关键证据的提取建议。本表的依据中还列出了与法律执行有关的部分管理性规定。本表的依据以法律法规和标准规范的最新要求为准。

2.1.2　涉及生活垃圾焚烧发电厂的违反管理性规定的情形

　　表3-2-2中列出了涉及生活垃圾焚烧发电厂的违反管理性规定的主要情形。部分情形并未违反标准、规范性文件的强制性要求,但可能影响污染物排放达标能力或监测数据质量,本表中进行了说明。若地方已制定相关的管理性规定,也应参照执行。本表中的依据以法律法规和标准规范的最新要求为准。

2.1.3　涉及生活垃圾焚烧发电厂的可以改进的情形

　　表3-2-3中列出了涉及生活垃圾焚烧发电厂的可以改进的主要情形。这些情形尚不违反法律法规或相关的管理性规定,不足以支撑生态环境主管部门对生活垃圾焚烧发电厂实施行政处罚或下达有关整改的行政命令,不作为环境行政执法依据。但是,由于这些情形可能影响污染物排放达标能力或监测数据质量,所以本表中给出了改进建议。本表中的依据以法律法规和标准规范的最新要求为准。

表 3-2-1　涉嫌环境违法的情形（HJ 1307—2023 表 A.1）

序号	检查要素	检查项目	问题情形	依据	关键证据建议
1	1-制度落实和责任履行情况	1-1-环境影响评价责任	建设项目的环境影响评价文件未依法经生态环境主管部门审查或者审查后未予批准，擅自开工建设	《中华人民共和国环境保护法》第六十一条；《中华人民共和国环境影响评价法》第三十一条	环境影响评价文件未予批准的书证，擅自开工建设的物证和视听资料
2			未依法进行环境影响评价，被责令停止建设，拒不执行	《中华人民共和国环境影响评价法》第六十一条、第三十一条第一项	责令停止建设的书证，拒不执行的物证和视听资料
3			环境影响评价文件经批准后，生产工艺或者防治污染、防止生态破坏的措施发生重大变动，而未按规定重新报批建设项目的环境影响评价文件	《中华人民共和国环境影响评价法》第二十四条、第三十一条；关于印发《污染影响类建设项目重大变动清单（试行）》的通知（环办环评〔2020〕688号）	经批复的环境影响评价文件、环保验收报告等书证，竣工环境保护验收书证，工艺或措施发生重大变动的物证和视听资料
4		1-2-"三同时"责任	未保证污染治治设施与主体工程同时设计、同时施工、同时投产使用	《中华人民共和国环境保护法》第四十一条；《建设项目环境保护管理条例》第二十二条、第二十三条	经批复的环境影响评价文件等书证，未保证"三同时"的物证和视听资料
5			未落实环境影响评价文件中提出的环境保护对策措施	《建设项目环境保护管理条例》第二十二条、第二十三条	经批复的环境影响评价文件等书证，未落实"三同时"责任的物证视听资料
6		1-3-环境保护责任制度	未按照国家有关规定制定突发环境事件应急预案，报生态环境主管部门和有关部门备案	《中华人民共和国水污染防治法》第九十三条第一项；《中华人民共和国固体废物污染环境防治法》第一百二十三条第十二项；《中华人民共和国突发事件应对法》第六十四条；环境保护部关于印发《企业事业单位突发环境事件应急预案备案管理办法（试行）》的通知（环发〔2015〕4号）	相关的书证和证人证言

序号	检查要素	检查项目	问题情形	依据	关键证据建议
7	1-制度落实和责任履行情况	1-3-环境保护责任制度	未在发生或者可能发生突发环境事件时，立即采取措施处理，及时通报可能受到危害的单位和居民，并向生态环境主管部门和有关部门报告	《中华人民共和国水污染防治法》第九十三条第二项；《中华人民共和国环境保护法》第四十七条第三款；《中华人民共和国突发事件应对法》第六十四条	突发环境事件应急预案等存证，证人证言证、视听资料
8		1-4-排污许可证及排污管理	未取得或重新申请取得排污许可证排放污染物；排污许可证未在有效期内；未按照排污许可证的要求排放污染物	《中华人民共和国环境保护法》第六十三条第二项；《排污许可管理条例》第十四条、第三十条、第三十三条、第三十五条、第三十六条、第四十四条	经批复的环境影响评价文件、排污许可证、环境监测报告等书证，排放污染物的视听资料、证人证言和环境监测报告
9			未建立环境管理台账记录制度，或者未按照排污许可管理规定记录（例如《排污许可管理条例》第二十一条规定"环境管理台账记录保存期限不得少于5年"）；未如实记录主要生产设施及污染治理设施运行情况或者污染物排放浓度、排放量	《排污许可管理条例》第三十七条第一项、第二项	证明未建立台账记录制度的书证，证明台账记录与实际运行情况不符的书证和自动监测数据
10			未按照排污许可证规定提交执行报告；未如实报告排放污染物的排放浓度、排放量	《排污许可管理条例》第三十七条第三项、第四项	证明未如实报告的环境监测报告书证，证明报告情况与实际运行情况不符的书证和自动监测数据
11	2-垃圾焚烧炉运行情况	2-1-入炉垃圾特性	未取得危险废物经营许可证而以营利为目的，将危险废物作为燃料	《最高人民法院、最高人民检察院关于办理环境污染刑事案件适用法律若干问题的解释》（法释〔2023〕7号）第十八条	证明废物性质的环境监测报告或鉴定报告，证明将危险废物作为燃料和资料和自动监测数据

序号	检查要素	检查项目	问题情形	依据	关键证据建议
12	2-垃圾焚烧炉运行情况	2-2-炉膛内焚烧温度和烟气停留时间	生活垃圾焚烧发电厂正常工况下焚烧炉炉膛内热电偶测量温度的5 min均值低于850℃，一个自然日内累计超过5次的，认定为"未按照国家有关规定采取有利于减少持久性有机污染物排放的技术方法和工艺"	《中华人民共和国大气污染防治法》第一百一十七条第七项；《生活垃圾焚烧发电厂自动监测数据应用管理规定》第十一条；《生活垃圾焚烧发电厂自动监测数据标记规则》3.4	炉温不达标相关的自动监测数据（如DCS中存储的各温度测点的自动监测数据），反映炉温的电偶布点的书证（如设计文件），证明炉温热电偶测点结焦、损坏、维护和更换的视听资料
13		2-4-工况标记和运行时长	排放污染物期间未按照标记规则标记，对焚烧炉开展虚假工况标记，认定为"通过逃避监管的方式排放大气污染物"	《中华人民共和国大气污染防治法》第九十九条第三项；《生活垃圾焚烧发电厂自动监测数据应用管理规定》第十三条	与HJ 1307—2023附录B中表B.2标记内容相关的书证（如工作票、操作票），视听资料（如监控视频，自动监测数据（如DCS数据）
14	3-污染防治设施运行情况	3-各类污染防治设施	通过不正常运行污染防治设施等逃避监管的方式违法排放污染物	《中华人民共和国环境保护法》第六十三条第三项；《排污许可管理条例》第三十四条第二项	证明设施不正常运行的物证、视听资料和自动监测数据
15		3-2-恶臭污染物治理	未安装净化装置或者未采取其他措施，防止排放恶臭气体	《中华人民共和国大气污染防治法》第一百一十七条第八项	证明未采取措施的设计施工文件、物证，视听资料，环境监测报告
16		3-4-固体废物收集、贮存和厂内处理	未按照国家有关规定制定危险废物管理计划；未按照国家有关规定建立危险废物管理台账并如实记录	《中华人民共和国固体废物污染环境防治法》第一百一十二条第一款第十三项	台账等书证，与台账有关的自动监测数据，视听资料

序号	检查要素	检查项目	问题情形	依据	关键证据建议
17			将危险废物提供或者委托给无许可证的单位或者其他生产经营者从事收集、贮存、利用、处置活动	《中华人民共和国固体废物污染环境防治法》第一百一十二条第一款第四项	合同、委托书和收付款凭证等书证,证人证言、物证,视听资料,环境监测报告
18	3-污染防治设施运行情况	3-4-固体废物收集、贮存和厂内处理	未按照国家环境保护标准贮存、利用、处置危险废物或者将危险废物混入非危险废物中贮存的;未采取相应防范措施,造成危险废物扬散、流失、渗漏或者其他环境污染	《中华人民共和国固体废物污染环境防治法》第一百一十二条第一款第六项、第十项	联单、台账等书证,现场取得的样品,操作车辆机械等物证,现场照片等视听资料,证人证言,环境监测报告
19		3-4-噪声污染防治	贮存工业固体废物未采取符合国家环境保护标准的防护措施	《中华人民共和国固体废物污染环境防治法》第一百零二条第一项	描述现有防护措施的书证、物证和视听资料,证人证言,环境监测报告
20			未采取有效措施防止工业噪声污染	《中华人民共和国噪声污染防治法》第七十四条	发出振动和噪声的物证和视听资料,证人证言,环境监测报告
21	4-污染物排放情况	4-各类污染物排放	超过许可排放浓度、许可排放量排放污染物	《排污许可管理条例》第三十四条第一项	排污许可证等书证,证明污染物超标或超许可量排放的自动监测数据和环境监测报告

序号	检查要素	检查项目	问题情形	依据	关键证据建议
22	4-污染物排放情况	4-1-烟气污染物排放	一个自然日内，焚烧炉非停运期间排放烟气中颗粒物、氮氧化物、二氧化硫、氯化氢、一氧化碳等污染物的自动监测数据，有一项或者一项以上超过《生活垃圾焚烧污染控制标准》（GB 18485）或者地方污染物排放标准规定的相应污染物 24 h 均值日均值或者日均值限值或者日均值应用管理规定，并且该焚烧炉一个自然年内非"启炉""停炉""故障""事故"的累计时长已大于 60 h，或者标记"烘炉""停炉降温"的累计时长已大于 700 h，可以认定污染物排放超标	《中华人民共和国大气污染防治法》第九十条第二项；《生活垃圾焚烧发电厂自动监测数据应用管理规定》第六条、第十条	排污许可证等证、污染物排放以及与 HJ 1370—2023 附录 B 中表 B.2 标记内容相关的自动监测数据（注：自动监测的小时均值数据超标宜用作超标排放的证据），环境监测报告
23		4-3-废水排放	利用渗井、渗坑、裂隙、溶洞、私设暗管、篡改、伪造监测数据，或者不正常运行水污染防治设施等逃避监管的方式排放水污染物；未按照规定进行预处理，向污水集中处理设施排放不符合处理工艺要求的工业废水	《中华人民共和国水污染防治法》第八十三条	经批复的环境影响评价文件和排污许可证等证书、视听资料、证人证言、环境监测报告，自动监测数据

序号	检查要素	检查项目	问题情形	依据	关键证据建议
24	4-污染物排放情况	4-4 固体废物转移	未按照规定设置危险废物识别标志；擅自倾倒、堆放危险废物（含不符合豁免管理条件的焚烧飞灰）提供或者委托给无许可证的单位或者其他经营者从事经营活动；未按照国家有关规定填写危险废物转移联单或者未经批准擅自转移危险废物	《中华人民共和国固体废物污染环境防治法》第一百一十二条第一项、第三项至第五项	台账、联单等书证，未按规定设置的识别标志等物证、视听资料，证人证言，环境自动监测数据
25			焚烧飞灰向厂外转移时不能满足国家危险废物名录的豁免管理条件但未按危险废物管理，且符合"非法排放、倾倒、处置危险废物三吨以上的"，"排放、倾倒、处置含铅、汞、镉、铬、砷、铊、锑、铊、铍三种以上污染物超过国家或者地方污染物排放标准三倍以上的"或者"排放、倾倒、处置含镍、铜、锌、银、钒、锰、钴的污染物，超过国家或者地方污染物排放标准十倍以上的"中的任一种情形	《国家危险废物名录》（生态环境部令第15号）；《最高人民法院、最高人民检察院关于办理环境污染刑事案件适用法律若干问题的解释》（法释〔2023〕7号）第一条第二项至第四项	焚烧飞灰厂内处理产物的采样物证和视听资料，证明焚烧飞灰厂内处理产物指标不满足相关标准的环境监测报告，证明焚烧飞灰去向的书证
26		4-5 噪声排放	无排污许可证或者超过噪声排放标准排放工业噪声	《中华人民共和国噪声污染防治法》第七十五条	排污许可证等书证，证明噪声超标排放的视听资料，自动监测数据或环境监测报告

序号	检查要素	检查项目	问题情形	依据	关键证据建议
27	5-自行监测情况	5-1自行监测方案制定和执行	自行监测方案的监测点位、指标、频次等不符合国家自行监测规范或排污许可证要求，未按照排污许可证规定排污方案开展自行监测，且认定为"未按照排污许可证规定制定自行监测方案并开展自行监测"	《排污许可管理条例》第十一条第四项、第三十六条第五项	自行监测方案、排污许可证等书证、环境监测报告
28			烟气采样和采样位置的设置不符合GB/T 16157、HJ 75 和 HJ/T 397 等国家有关规定的要求，未按照国家有关规定和监测规范对污染物排放开展监测，且认定为"未按照规范对所排放的工业废气和有毒有害大气污染物进行监测并保存原始监测记录"	《中华人民共和国大气污染防治法》第一百条第二项；《固定污染源排气中颗粒物测定与气态污染物采样方法》（GB/T 16157—1996），4.2；《固定污染源烟气（SO_2、NO_x、颗粒物）排放连续监测技术规范》（HJ 75—2017），7.1.2.2、7.1.2.3；《固定源废气监测技术规范》（HJ/T 397—2007），5	证明烟气采样位置和采样点的物证、书证和视听资料
29			烟气污染物自动监测设备的安装不符合HJ 75 等国家有关规定的安装要求，或者违反 HJ 353 等国家有关规定使用的安装的要求，且认定为"生活垃圾焚烧处理单位未按照国家有关规定安装使用的监测设备，实时监测污染物的排放情况并公开污染物排放数据"	《中华人民共和国固体废物污染环境防治法》第一百零二项；《固定污染源烟气（SO_2、NO_x、颗粒物）排放连续监测技术规范》（HJ 75—2017）；《水污染源在线监测系统（COD_{Cr}、NH_3-N 等）安装技术规范》（HJ 353—2019）；《生活垃圾焚烧处理工程项目规范》（GB 55012—2021）	自动监测设备安装联网相关等书证、验收报告、设备安装说明书、设备监测数据、设备指标抽检相关的自动监测数据和环境监测报告

序号	检查要素	检查项目	问题情形	依据	关键证据建议
30			人为操纵、干预或者破坏排放单位生产工况，污染源净化设施，使生产或污染状况不符合实际情况（如生产或环境保护部《关于印发〈环境监测数据弄虚作假行为判定及处理办法〉的通知》（环发〔2015〕175号）中的相关情形，属于"通过篡改或者伪造监测数据等逃避监管的方式违法排放污染物"	《中华人民共和国环境保护法》第六十三条第三项；《中华人民共和国大气污染防治法》第九十九条第三项；《中华人民共和国水污染防治法》第八十三条第三项；《排污许可管理条例》第三十四条第二项	证明生产或污染状况不符合实际情况的书证（如生产）报表、操作票、工作票）和自动监测数据
31	5-自行监测情况	5-2-自行监测数据质量与保证措施	未按照规定安装、使用大气污染物排放自动监测设备或者未按照规定与生态环境主管部门的监控设备联网，并保证监测设备正常运行	《中华人民共和国大气污染防治法》第一百条第三项	自动监测设备安装联网相关的说明书、验收报告等书证、设备安装联网产生的自动监测数据、设备指标抽检相关的自动监测数据和环境监测报告
32			未按照相关标准规范的要求对自动监测设备开展质量控制和质量保证工作，保存自动监测记录，并确保自动监测数据的真实、准确、完整、有效［例如：在一个季度内，每台焚烧炉非停期间"烟气排放连续监测系统（CEMS）维护"的时段累计超过30 h］	《生活垃圾焚烧发电厂自动监测数据应用管理规定》第三条、第十二条	自动监测设备安装联网相关的说明书、验收报告等书证、设备安装联网产生的自动监测数据、设备指标抽检相关的自动监测数据和环境监测报告

序号	检查要素	检查项目	问题情形	依据	关键证据建议
33	5-自行监测情况	5-2-自行监测数据质量与保证措施	侵占、损毁或者擅自移动、改变大气污染物排放自动监测设备	《中华人民共和国大气污染防治法》第一百条第一项	证明侵占、损毁、移动、改变的物证，发生前述情况后设备产生的自动监测数据以及设备指标抽检情况
34			重点排污单位，实行排污许可重点管理的单位篡改、伪造自动监测数据或者干扰自动监测设施，排放化学需氧量、氨氮、二氧化硫、氮氧化物等污染物	《最高人民法院、最高人民检察院关于办理环境污染犯罪案件适用法律若干问题的解释》（法释〔2023〕7号）第一条第七项、第十一条第二款	封锁现场对照环境保护部《关于印发〈环境监测数据弄虚作假行为判定及处理办法〉的通知》（环发〔2015〕175号）收集证据
35			排放污染物期间未按照标记规则，对自动监测设备虚假开展自动监测标记，认定为"通过逃避监管的方式排放大气污染物"	《中华人民共和国大气污染防治法》第九十九条第三项；《生活垃圾焚烧发电厂自动监测数据应用管理规定》第十三条第一项	相关的自动监测数据及标记内容，设备运维记录相关的书证、视听资料，设备指标抽检情况

表 3-2-2 违反管理性规定的情形（HJ 1307—2023 表 A.2）

序号	检查要素	检查项目	问题情形	依据
1	1-制度落实和责任履行情况	1-3-环境保护责任制度	未建立环境保护责任制度、明确单位负责人和相关人员的责任	《中华人民共和国环境保护法》第四十二条第二款
2		1-4-排污许可证及排污管理	未遵守排污许可证规定，按照生态环境管理要求运行和维护污染防治设施，建立环境管理制度	《排污许可管理条例》第十七条第二款
3	2-垃圾焚烧炉运行情况	2-1-入炉垃圾特性	入炉垃圾特性不符合 GB 18485 的要求，但尚不构成因主要要原辅材料、燃料变化而造成的重大变动	《生活垃圾焚烧污染控制标准》（GB 18485—2014），第 1 章、第 6 章；《关于印发〈污染影响类建设项目重大变动清单（试行）〉的通知》（环办环评函〔2020〕688 号）
4			流化床焚烧炉未前置垃圾预处理系统（注：未经预处理的垃圾进入流化床焚烧炉焚烧，易发生炉内爆燃、排渣口堵塞，导致焚烧炉运行不稳定和烟气 CO 排放超标）	《生活垃圾焚烧发电厂运行维护与安全技术标准》（CJJ 128—2017），4.3.2
5			入炉垃圾量没有计量装置，入炉垃圾量能否满足设计标准或文件的要求（注：入炉垃圾量过大波动，可能影响焚烧炉的运行稳定性）	《生活垃圾焚烧炉及余热锅炉》（GB/T 18750—2008），6.2.12；《生活垃圾焚烧发电厂评价标准》（CJJ/T 137—2019），表 3.3.2
6		2-2-炉膛内焚烧温度和烟气停留时间	炉膛内烟气停留时间（具体指炉膛内焚烧监测点断面间的烟气停留时间）小于 2 s	
7		2-3-焚烧炉渣热灼减率	焚烧炉渣热灼减率大于 5%	《生活垃圾焚烧污染控制标准》（GB 18485—2014），表 1

序号	检查要素	检查项目	问题情形	依据
8	3-污染防治设施运行情况	3-1-烟气净化	烟气脱酸、活性炭喷射、除尘等基本的烟气净化装置迟于垃圾进入炉膛而启用，或早于炉膛内垃圾燃尽而停用（注：国家标准 GB 18485—2014 中 10.2 规定"任何情况下生活垃圾焚烧发电厂均应遵守本标准的污染物排放控制要求，采取必要措施保证污染治设施正常运行"）	《生活垃圾焚烧污染控制标准》（GB 18485—2014），10.2；《生活垃圾焚烧发电厂运行维护与安全技术标准》（CJJ 128—2017），7.1.3 至 7.1.6
9			烟气净化所需的环保耗材投加不能计量和调节	《生活垃圾焚烧发电厂运行维护与安全技术标准》（CJJ 128—2017），7.1.3 至 7.1.6（非强制性要求）
10		3-2-恶臭污染物治理	生活垃圾贮存设施（垃圾池）和渗滤液收集设施没有采取封闭负压措施，或无法保证其在运行期和停炉期均处于负压状态	《生活垃圾焚烧污染控制标准》（GB 18485—2014），5.2
11			生活垃圾贮存设施（垃圾池）、渗滤液收集设施等处的恶臭气体未经焚烧炉高温处理，或未收集并经除臭处理满足《恶臭污染物排放标准》（GB 14554）要求后排放	
12		3-3-废水收集和处理	未采取有效措施收集和处理产生的全部废水，防止污染环境	《中华人民共和国水污染防治法》第四十五条第一款
13			渗滤液浓液的处理方式不符合经审批的环境影响评价文件	《中华人民共和国环境影响评价法》第二十七条
14		3-4-固体废物收集、贮存和厂内处理	未保障焚烧炉内处理的计量装置运行正常，计量不准确	《生活垃圾焚烧发电厂运行维护与安全技术标准》（CJJ 128—2017），14.1.4-2（非强制性要求）
15			焚烧障飞灰厂内处理产物不符合豁免条件时，没有对其再处理的措施	《生活垃圾焚烧飞灰污染控制技术规范》（试行）（HJ 1134—2020），6.1 b)（非强制性要求）、6.6

序号	检查要素	检查项目	问题情形	依据
16		5-1-自行监测方案制定和执行	焚烧飞灰厂内处理产物的自行监测频次与生活垃圾焚烧发电厂的自行监测方案不符	《生活垃圾焚烧飞灰污染控制技术规范（试行）》(HJ 1134—2020)，第 7 章
17			手工比对监测断面未设置在烟气排放自动监测断面的下游，或影响自动监测断面采集样品的代表性	《固定污染源烟气（SO_2、NO_x、颗粒物）排放连续监测技术规范》(HJ 75—2017)，7.1.1.7 b)（非强制性要求）
18			自动监测设备的数据传输不满足 HJ 212 的相关要求	《污染物在线监控（监测）系统数据传输标准》(HJ 212—2017)
19	5-自行监测情况	5-2-自行监测数据质量与保证措施	无正当理由而不满足"上报至生态环境部门的实时数据（含炉温数据）需在自动监测设备存储 1 年以上，分钟数据存储 1 年以上，小时数据存储 3 年以上，日数据 10 年以上。软硬件更新维护时需要备份自动监测数据，不得因自动监测设备软件升级删除历史数据"等要求	《关于加强生活垃圾焚烧发电厂自动监控监管执法工作的通知》（环办执法〔2019〕64 号），附件 2
20			自动监测单元污染物浓度的满量程值（最大测量程值）设置不符合《关于做好重点单位自动监控安装联网相关工作的通知》(2021) 484（环办执法函〔2021〕484 号）等国家有关规定的要求，不能保证自动监测数据的真实性和准确性	《固定污染源烟气（SO_2、NO_x、颗粒物）排放连续监测技术规范》(HJ 75—2017)，9.3.1.6；《固定污染源烟气（SO_2、NO_x、颗粒物）排放监测方法》(HJ 76—2017)，3.3；《关于加强生活垃圾焚烧发电厂自动监控和监管执法工作的通知》（环办执法〔2019〕64 号）；《关于做好重点单位自动监控安装联网相关工作的通知》（环办执法函〔2021〕484 号）

序号	检查要素	检查项目	问题情形	依据
21			未为烟气排放自动监测的气态污染物指标配备不同浓度的有证标准气体（不确定度不超过±2%），不具备开展零点校准、量程漂移、示值误差、系统响应时间）、校验等日常运行质量保证的条件	《固定污染源烟气（SO₂、NOₓ、颗粒物）排放连续监测技术规范》（HJ 75—2017），6.5 和 11；《关于加强生活垃圾焚烧发电厂自动监控和监管执法工作的通知》（环办执法〔2019〕64 号）
22			未按规定对烟气排放自动监测设备开展定期校准（包括日常的零点和量程校准以及每 3 个月至少 1 次的全系统校准）	《固定污染源烟气（SO₂、NOₓ、颗粒物）排放连续监测技术规范》（HJ 75—2017），11.2
23		5-2-自行监测数据质量保证措施	零点漂移、量程漂移的校准和计算方法不正确。短时间内（小于 6 h）多次校准仪器至零点或标准气体浓度值，导致代入漂移计算公式中的零点读数或量程气体读数不真实，从而导致计算结果不可信	《固定污染源烟气（SO₂、NOₓ、颗粒物）排放连续监测技术规范》（HJ 75—2017），9.3.3.3
24	5-自行监测情况		未按规定频次对烟气排放自动监测设备开展定期巡检和维护	《固定污染源烟气（SO₂、NOₓ、颗粒物）排放连续监测技术规范》（HJ 75—2017），11.3
25			未按规定对烟气排放自动监测设备开展定期校验	《固定污染源烟气（SO₂、NOₓ、颗粒物）排放连续监测技术规范》（HJ 75—2017），11.4
26			烟气排放自动监测设备定期校准、校验期间的技术指标（零点漂移、量程漂移、准确度）不能满足规定要求时，未采取有效的解决措施	《固定污染源烟气（SO₂、NOₓ、颗粒物）排放连续监测技术规范》（HJ 75—2017），11.6
27		5-3-自行监测数据公开	厂门口口电子显示屏、生活垃圾焚烧发电厂自动监测数据公开平台等公开数据与自动监测设备监测数据不一致	《生活垃圾焚烧污染控制标准》（GB 18485—2014）、《关于加强生活垃圾焚烧发电厂自动监控和监管执法工作的通知》（环办执法〔2019〕64 号）

表3-2-3　可以改进的情形（HJ 1307—2023 表 A.3）

序号	检查要素	检查项目	问题情形	改进建议
1	2-垃圾焚烧炉运行情况	2-1-入炉垃圾特性	流化床焚烧炉的入炉垃圾物理尺寸与设计值不一致，可能因入炉垃圾物理尺寸过大而影响焚烧工况稳定	改进垃圾预处理系统，提高入炉垃圾的均质性，减少垃圾给料的热负荷波动。例如，使用12刀头以上的滚剪式破碎机开展至少1次破碎，以确保破碎后粒径不超过螺旋给料机的螺距；定期维护保养破碎机
2			炉排炉正常运行期间焚烧炉膛出口不能保障微负压，可能影响焚烧工况（注：炉膛负压不足时，可能导致烟气外溢，燃烧不完全等问题；炉膛负压过大时，可能导致炉膛漏风增大、燃烧不稳定等稳定问题）	参照《生活垃圾焚烧发电厂运行维护与安全技术标准》（CJJ 128—2017）中 5.1.6-1 或相关设计文件的要求，合理调节工况，提升运营精细化水平
3		2-5-设施运行参数	流化床正常运行期间焚烧炉膛出口压力不在-200～-100 Pa 范围内，返料器处床温不在900~950℃范围内，可能影响焚烧工况稳定	参照《生活垃圾焚烧发电厂运行维护与安全技术标准》（CJJ 128—2017）中6.1.7的要求，合理调节工况，提升运营精细化水平
4			省煤器出口烟气温度高于240℃，可能影响后续烟气净化效率	（1）检查校准烟气温度监测仪表和 DCS 组态；（2）评估烟气温度对脱酸装置、袋式除尘装置的影响
5		2-2-炉膛内焚烧温度和烟气停留时间	炉膛内焚烧温度过高，超出了热电偶的有效温度范围（如 K 型热电偶的温度上限为1 300℃），炉温测量值可能不准确	根据炉膛内焚烧温度的实际变化范围以及《热电偶 第1部分：电动势规范和允差》（GB/T 16839.1—2018）的规定，选用合适的热电偶分度号

序号	检查要素	检查项目	问题情形	改进建议
6	2-垃圾焚烧炉运行情况	2-4-工况标记和运行时长	焚烧炉工况标记中的"故障""事故"标记次数明显多于同类型的生活垃圾焚烧发电厂且持续时间偏短，可能是焚烧工况不稳定所导致，也可能是生活垃圾焚烧发电厂未如实标记	(1) 加强对生活垃圾焚烧发电厂自动监测数据规则的学习；(2) 及时开展技术评估和炉况标记，切实解决垃圾给料不均匀、炉膛出口不畅通、炉内燃烧不稳定等引发的频繁故障
7		2-5-设施运行参数	DCS焚烧炉及余热锅炉控制界面中的部分工况参数不能如实记录和显示，影响生活垃圾焚烧发电厂精细化运营	检查校准相关工况参数监测仪表和DCS组态，使工况参数如实记录和显示，以提高运营精细化水平
8			DCS工程师站不能存储至少3个月的数据，DCS历史站不能存储至少6个月的数据，影响生活垃圾焚烧发电厂自证清白	参照《火电发电厂分散控制系统技术条件》（DL/T 1083—2019）中 5.5.2 和 5.7.5 的要求，增大历史数据存储容量
9			DCS烟气净化控制界面中不能如实记录和显示某类环保耗材的实时用量或累计用量，可能因为测量装置故障，也可能是因为监测传感器故障，未安装环保耗材计量装置或计量装置运行不正常，难以精细化控制环保耗材投加量	(1) 检查校准环保耗材用量监测的仪表和DCS组态；(2) 采取线上监控和线下巡检相结合的措施，保障环保耗材的精准投放
10	3-污染防治设施运行情况		DCS记录某类环保耗材用量与设计用量、用台账核算的实时用量或累计用量偏差较大，也可能是因为烟气净化工艺有调整	(1) 检查校准环保耗材用量监测的仪表和DCS组态；(2) 规范运营操作，提升运营精细化水平
11		3-1-烟气净化	袋式除尘器的压力损失（设备阻力）异常时未及时排查或检修，可能影响烟气中颗粒物、二噁英类、重金属的净化效率	参照《袋式除尘器 滤袋运行维护技术规范》（JB/T 14089—2020）的要求做好袋式除尘器的运行维护
12			焚烧炉停运检修期间未对袋式除尘器滤袋全面检查和及时更换，可能影响烟气二噁英长效稳定达标	

序号	检查要素	检查项目	问题情形	改进建议
13	3-污染防治设施运行情况	3-1-烟气净化	分析数据发现，烟气污染物（CO 除外）排放浓度接近或超出设定阈值与烟气净化系统运行不正常有关，说明烟气净化系统及控制水平有待提升或待优化	及时采取技术改造措施，提升烟气净化系统的可用率和稳定性
14			余热锅炉烟气含氧量与排放烟气干基含氧量的差值偏大，可能是由烟道存在破损、泄漏等问题导致	(1) 检查校准烟气含氧量监测仪表和 DCS 组态；(2) 检查设备、烟道是否漏风
15		3-2-恶臭污染物治理	生活垃圾贮存设施（垃圾池）未安装负压控装置，或显示的负压不足（参见 HJ 1307—2023 表 B.1 第 7 项）	(1) 检查校准垃圾池负压的监测仪表；(2) 改造垃圾池及卸料大厅的密闭性，保障足够的换风量
16			其他的恶臭污染物产生场所密闭性不良	改进相关场所的密闭性，保障足够的换气风量，将恶臭物及时抽走并妥善处理
17		3-3-废水收集和处理	渗滤液产率偏离相关标准给出的经验值范围	检查进厂垃圾成分，垃圾池底部的排水通畅性，渗滤液流量监测仪表等
18			未定期对化处理、膜处理等污水处理单元进出水指标进行监测，没有及时掌握水污染物防治的实际效能	参照《生活垃圾焚烧发电厂运行维护与安全技术标准》（CJ 128—2017）中 15.1、《污水监测技术规范》（HJ 91.1—2019）中 5.2.2 等标准要求，定期开展监测评估
19			渗滤液处理效果偏离相关标准给出的经验值范围	检查评估渗滤液处理工艺是否合适，设施设备运行是否正常，完善环境
20			渗滤液等废水膜处理产生的浓液未准确计量	补充渗滤液浓液的计量措施，完善环境管理台账记录

序号	检查要素	检查项目	问题情形	改进建议
21	3-污染防治设施运行情况	3-4固体废物收集、贮存和厂内处理	焚烧飞灰厂内处理的混炼机等有关装置密封不良（注：可能导致扬尘、废气无组织排放等问题）	改进相关装置的密封性
22			焚烧飞灰产率偏离经验值范围（参见 HJ 1307—2023 表 B.1 第 8 项）	（1）检查校准焚烧飞灰的称重计量装置；（2）检查焚烧飞灰的收集、暂存、厂内处理是否符合相关标准的规定
23			焚烧炉渣产率偏离经验值范围（参见 HJ 1307—2023 表 B.1 第 9 项）	（1）检查校准焚烧炉渣的称重计量装置；（2）检查焚烧炉渣的收集、暂存是否符合相关标准的规定
24	4-污染物排放情况	4-1-烟气污染物排放	烟气污染物的排放浓度偏离行业经验值范围（参见 HJ 1307—2023 表 B.1 第 11 项），可能存在监测数据失真或不准确的问题	（1）检查校准烟气污染物自动监测设备；（2）通过理论计算、烟气净化前后监测对比等方式增强对污染防治工艺水平的掌握
25			活性炭使用量偏离经验值范围（参见 HJ 1307—2023 表 B.1 第 6 项）	（1）核查校准活性炭的称重装置；（2）检查活性炭的购买清单及使用情况
26	5-自行监测情况	5-1-自行监测方案制定和执行	经批复的环境影响评价文件、竣工环境保护验收报告中显示排污单位可能对周边环境质量存在影响，但排污单位未开展周边环境质量影响监测	参照《排污单位自行监测技术指南 总则》（HJ 819—2017）中 5.1.2 的要求，及时开展周边环境质量影响监测
27			自动监测站房内无视频监控、门窗无防盗措施，不利于生活垃圾焚烧发电厂履行主体责任	完善相关措施
28		5-2-自行监测数据质量与保证措施	无正当理由，烟气排放自动监测设备维护维修纸质台账与记录与电子日志、自动监测数据标记内容之间不一致（注：自动监测设备运维人员无法自证曾如实开展相关操作）	加强对自动监测设备运维人员的管理，增强内部制度的约束力
29			排放烟气自动监测数据与手工比对监测数据之间偏差明显	细化对监测操作的指导和约束，使手工比对监测能够切实发挥校准校验的功效

2.2　生活垃圾焚烧发电厂的行业经验值

表3-2-4给出了与生活垃圾焚烧发电厂检查要素有关的行业经验值，供检查人员未取得生活垃圾焚烧发电厂设计文件、设计值缺失或设计值与实际偏差较大等情况时参考。

表 3-2-4　生活垃圾焚烧发电厂检查要素相关的行业经验值（HJ 1307—2023 表 B.1）

序号	检查要素	检查项目	指标	经验值范围	说明或依据
1	2-垃圾焚烧炉运行情况	2-1-入炉垃圾特性	入炉垃圾的收到基碳元素含量	20%±5%	收到基碳元素含量直接影响垃圾热值。一般来说，经济较发达地区的垃圾，或者工业废物占比较高的垃圾，收到基碳元素含量较高
2		2-2-炉膛内焚烧温度和烟气停留时间	炉膛内焚烧温度	一般≤1 200℃	一般来说，炉膛内烟气携流飞灰的变形温度约为 1 150℃、软化温度约为 1 200℃、流动温度约为 1 220℃，为避免锅炉受热面结焦，炉温一般控制在 1 200℃以下
3			烟气停留时间	一般>2 s	停留时间一般应>2 s，可用 HJ 1307—2023 附录 B.2 中的式（B.5）核算
4		2-5-设施运行参数	单位垃圾燃烧所需的配风量（按11%含氧量折算）	见说明	配风量（m^3/h）约等于入炉废物收到基碳元素含量（%）×214 m^3/t×焚烧处理量（t/h）。配风量一般包括一次风量和二次风量，二次风量的占比一般不超过一次风量
5	3-污染防治设施运行情况	3-1-烟气净化	袋式除尘器压力损失（压差）	见说明	《垃圾焚烧袋式除尘工程技术规范》（HJ 2012—2012）中 6.2.3 条推荐的压力损失范围宜为 1 300～2 000 Pa，有关文献给出的推荐压力损失范围为 1 000～2 500 Pa，新袋式除尘器或全部滤袋更换后的压力损失范围一般为 600～2 500 Pa

序号	检查要素	检查项目	指标	经验值范围	说明或依据
6	3-污染防治设施运行情况	3-1-烟气净化	活性炭使用量	见说明	参照《生活垃圾焚烧发电厂评价标准》（CJJ/T 137—2019），使用粉末活性炭去除烟气特征污染物时，粉末活性炭的使用量不应小于 50 mg/m³
7		3-2-恶臭污染物治理	生活垃圾贮存设施（垃圾池）负压	见说明	在不影响卸料门开启的前提下，垃圾池与卸料大厅保持足够的压差。可参考《洁净厂房设计规范》（GB 50073—2013）中 6.2.2 规定："不同等级的洁净室之间的压差不宜小于 5 Pa，洁净区与非洁净区之间的压差不应小于 5 Pa，洁净区与室外的压差不应小于 10 Pa"
8		3-4-固体废物收集、贮存和厂内处理	焚烧飞灰产率	见说明	一般来说，炉排炉为 2%～5%，流化床焚烧炉为 8%～13%，主要受到烟气中含灰量、脱酸耗材用量、飞灰湿度等因素的影响
9			焚烧炉渣产率	见说明	一般为 8%～30%，主要受到入炉垃圾中无机物含量的影响，可用 HJ 1307—2023 附录 B.2 中的式（B.8）核算
10	4-污染物排放情况	4-1-烟气污染物排放	排放烟气参数	见说明	烟气流速一般≥5 m/s，烟气温度一般≥110℃（或满足设计值要求），烟气含水率一般≥12%（炉排炉）或≥5%（流化床），折算的标干烟气流量应与折算的配风量相近
11			排放烟气污染物浓度	见说明	正常运行期间多日平均的污染物浓度小时均值（标干状态，折算到 11%含氧量）的经验范围如下： （1）颗粒物浓度通过袋式除尘可降至 10 mg/m³ 以下，但在采样规范情况下很少出现监测值低于《固定污染源废气　低浓度颗粒物的测定重量法》（HJ 836—2017）中检出限（1.0 mg/m³）的情况； （2）NO_x 的生成浓度为 300～400 mg/m³，通过 SNCR 脱硝（效率为 40%～65%）可降至 160 mg/m³ 以下，

序号	检查要素	检查项目	指标	经验值范围	说明或依据
11	4-污染物排放情况	4-1-烟气污染物排放	排放烟气污染物浓度	见说明	但一般难以长期降至 120 mg/m³ 以下，即使联用 SCR 脱硝，一般也难以长期降至 30 mg/m³ 以下； （3）SO_2 通过半干法脱酸可降至 50 mg/m³，在投入大量脱酸耗材或加入 NaOH 溶液脱酸的情况下，可降至低于《固定污染源废气　二氧化硫的测定　定电位电解法》（HJ 57—2017）的检出限（3.0 mg/m³）； （4）HCl 通过半干法脱酸可降至 30 mg/m³ 以下，但即使在投入大量脱酸耗材或加入 NaOH 溶液脱酸的情况下，也难以降至低于《环境空气和废气　氯化氢的测定　离子色谱法》（HJ 549—2016）的测定下限（0.80 mg/m³）； （5）对于 CO，流化床焚烧炉通过技改可控制在 10～30 mg/m³；炉排炉可控制在 20 mg/m³ 以下，运行控制水平较高的炉排炉可控制到低于《固定污染源废气　一氧化碳的测定　定电位电解法》（HJ 973—2018）的检出限（3 mg/m³）

2.3　焚烧炉工况标记内容的核查方法

生活垃圾焚烧炉工况异常标记的有关要求见《生活垃圾焚烧发电厂自动监测数据标记规则》（生态环境部公告　2019年第50号），相关解读见《生活垃圾焚烧发电厂自动监测数据管理新政解读》[20]。

调取自动监测数据中的焚烧炉工况标记内容，按照表3-2-5的方法，检查标记内容与纸质台账（操作票、工作票、值长日志等）、电子记录（DCS历史数据、自动监测数据、监控录像）的一致性，从而核实焚烧炉工况标记的真实性。

表 3-2-5　焚烧炉工况标记内容的核查方法（HJ 1307—2023 表 B.2）

标记内容	检查要点和核查方法
烘炉	（1）炉膛内未投入垃圾。 　　核查方法： 　　　①调取垃圾投料相关的历史数据，检查投入受料槽的垃圾体积是否超出了受料槽及给料装置的充满容积；若是，则可能有垃圾进入炉膛内。 　　　②调取 DCS 历史数据，检查给料装置是否实质性地将垃圾从受料槽中转移至炉膛内；若是，则有垃圾进入炉膛内。 　　　③调取烟气自动监测历史数据，检查常规污染物浓度的变化是否与垃圾的燃料特性相符（例如，垃圾中的 Cl 元素会增加烟气 HCl 的实测浓度）；若是，则可能有垃圾进入炉膛内。 　　　④上一次因故障等原因导致焚烧炉停运后，本次投运前是否已经清空炉内垃圾；若否，则不符合"炉膛内未投入垃圾"。 （2）使用辅助燃烧措施将炉膛升至规定温度以上。 　　核查方法： 　　　①调取 DCS 历史数据，检查辅助燃烧器的阀门开关量、输油量、输油压力等参数的变化是否与炉温上升趋势相符；若否，则说明炉温升高的热量来源存疑。 　　　②若使用燃煤、燃气作为辅助燃料，则检查辅助燃料的投入量变化是否与炉温上升趋势相符。 （3）标记起点的炉温低于规定温度。 　　核查方法：调取 DCS 历史数据中的炉温曲线进行分析。 （4）标记终点的炉温高于规定温度。 　　核查方法：调取 DCS 历史数据中的炉温曲线进行分析。 （5）标记时长合理合规。 　　核查方法：调取 DCS 历史数据中的炉温曲线，与垃圾焚烧炉设计文件中的炉膛升温曲线进行比对。 （6）烘炉过程中是否及时开启烟气净化系统。 　　核查方法：调取 DCS 历史数据，检查标记期间烟气净化系统相关的阀门开关量、环保耗材输送流量等参数是否变化；若否，则可能没有及时开启烟气净化系统。 （7）标记过程与操作票、值长日志等操作记录一致

标记内容	检查要点和核查方法
启炉	（1）标记起点开始向炉膛内投入垃圾。 　核查方法：同"烘炉"标记核查方法第（1）条。 （2）标记期间逐步增加垃圾投入量，标记终点已达到工况稳定的效果。 　核查方法： 　①调取 DCS 历史数据，检查进料挡板、推料器等组成的给料装置的运行曲线是否已经平稳；若否，则说明尚未达到工况稳定的效果。 　②调取 DCS 历史数据，检查辅助燃烧器的辅助燃料投入量是否降低到较低水平或已经归零；若否，则说明当前炉温仍需借助辅助燃烧，尚未达到工况稳定的效果。 　③调取 DCS 历史数据，检查余热锅炉蒸发量是否达到额定蒸发量的 65% 以上；若否，则说明尚未达到工况稳定的效果。 　④调取烟气自动监测历史数据，检查常规污染物浓度特征是否接近或达到正常运行时的趋势；若否，则说明尚未达到工况稳定的效果。 （3）标记时长合理合规。 　核查方法： 　①检查标记时长是否与 DCS 历史数据变化趋势一致。 　②炉排炉的"启炉"标记时长范围一般为 40 min～4 h，流化床的"启炉"标记时长范围一般为 20 min～4 h。 （4）保持烟气净化系统运行。 　核查方法：调取 DCS 历史数据，检查标记期间烟气净化系统相关的阀门开关量、环保耗材输送流量等参数是否与正常运行的特征一致；若否，则说明烟气净化系统没有正常运行。 （5）标记过程与操作票、值长日志等操作记录一致
停炉	（1）标记开始后不再向炉膛内投入垃圾。 　核查方法：同"烘炉"标记核查方法第（1）条。 （2）标记终点炉膛内垃圾已燃尽，且通过及时启用辅助燃烧措施，炉膛温度保持在 850℃以上。 　核查方法： 　①调取 DCS 历史数据，检查辅助燃烧器的辅助燃料投入量是否逐步增加并达到或接近烘炉期间的最大投入量；若否，则说明炉内垃圾可能没有燃尽。 　②调取烟气自动监测历史数据，检查常规污染物的实测浓度变化是否符合垃圾逐步燃尽的规律（例如，垃圾逐步燃尽时，烟气 HCl 的实测浓度应逐步减少）；若不符合，则说明炉内垃圾可能尚未燃尽。 （3）标记时长合理合规。 　核查方法： 　①检查标记时长是否与 DCS 历史数据变化趋势一致。

标记内容	检查要点和核查方法
停炉	②炉排炉的"停炉"标记时长范围一般为 30 min～4 h，流化床的"停炉"标记时长范围一般为 10 min～4 h。 （4）保持烟气净化系统运行。 　　核查方法：调取 DCS 历史数据，检查标记期间烟气净化系统相关的阀门开关量、环保耗材输送流量等参数是否与正常运行的特征一致；若否，则说明烟气净化系统没有正常运行。 （5）因前序"故障"或本操作中故障导致炉膛内垃圾不能在 4 h 内完全燃尽的，应在自动监控系统中按要求说明。 （6）标记过程与操作票、值长日志等操作记录一致
停炉降温	（1）标记期间不得向炉膛内投入垃圾。 　　核查方法：同"烘炉"标记核查方法第（1）条。 （2）标记期间应按炉膛降温曲线降温，逐步减少辅助燃料投入量。 　　核查方法：调取 DCS 历史数据，检查是否按炉膛降温曲线降温、辅助燃料投入量是否逐步减少；若否，则说明没有进入停炉降温状态。 （3）余热锅炉应在炉膛温度降低的同时降温减压。 　　核查方法：调取 DCS 历史数据，检查余热锅炉蒸发量变化趋势是否一致。 （4）炉膛内所有燃料燃尽后可适时关闭烟气净化系统，关闭烟气净化系统前应关闭炉膛供风系统，流化床焚烧炉还应关闭返料系统。 （5）前序操作结束时炉膛内垃圾没有燃尽的，应在自动监控系统中按要求进行说明。 （6）标记过程与操作票、值长日志等操作记录一致
停运	（1）在含氧量监测单元附近开展动火作业的，烟气含氧量可比所在地空气中含氧量低 2%（应在自动监控系统中按要求说明），否则，不应比所在地空气中含氧量低 2%。 （2）焚烧炉已按《生活垃圾焚烧发电厂运行维护与安全技术标准》（CJJ 128—2017）的有关要求完成了停炉程序。 （3）停运期间，无特殊原因时，烟气污染物自动监测设备处于运行状态。 （4）标记过程与操作票、值长日志等操作记录、设备检修记录一致
故障	（1）适用于设备失去或降低其规定功能的事件或现象。 （2）每次时长不应超过 4 h，并应在自动监控系统中按要求说明。 （3）故障后的设备修复记录与工作票等操作记录、设备检修记录一致
事故	（1）适用于因非正常损坏造成停产或效能降低，直接经济损失超过规定限额的行为或事件。 （2）每次时长不应超过 4 h，并应在自动监控系统中按要求说明。 （3）事故后的设备修复记录与工作票等操作记录、设备检修记录一致

3 生活垃圾焚烧发电厂现场监督检查快速入门

为了使基层环境监管执法人员能够快速了解生活垃圾焚烧发电厂现场检查的要点，本书给出了现场检查简明指引——"五步工作法"。

1）预备动作：登录自动监控网站，提取焚烧厂"X光片"

掌握企业的基本信息资料，提前了解企业炉温水平、常规污染物日均值、标记合理性。

2）第一步：进厂房，检查垃圾进厂和入炉情况

（1）观察厂容厂貌。

查看生活垃圾焚烧发电厂的设施布局、厂容厂貌。可检查垃圾栈道是否密封，若没有密封栈道，则异味容易扩散。

（2）检查卸料大厅是否整洁干净。

检查卸料大厅是否设置可自动开闭的卸料门。卸料门是否仅在有垃圾车进行卸料时开启，其余时刻关闭，防止异味扩散。检查地面是否有垃圾污水、是否保持卫生整洁。卸料大厅是否采取负压、喷洒除臭剂等措施控制恶臭、防止臭气外逸。

（3）检查垃圾贮坑的密封性。

检查垃圾贮坑是否采取封闭负压措施，保证其在运行期和停炉期均处于负压状态。检查负压数据是否传输至DCS系统显示和储存。在不影响卸料门开启的前提下，垃圾贮坑与卸料大厅保持足够的压差。可参考《洁净厂房设计规范》（GB 50073—2013）中6.2.2规定："不同等级的洁净室之间的压差不宜小于5 Pa，洁净区与非洁净区之间的压差不应小于5 Pa，洁净区与室外的压差不应小于10 Pa。"

（4）检查垃圾池内布局和导排情况。

检查垃圾池内门前沟是否清理不及时，导致渗滤液导排受阻。垃圾贮坑

内的垃圾是否存在满溢的趋势。

（5）检查入炉焚烧物料情况。

工业垃圾、污泥等非生活垃圾入炉焚烧需办理相关审批手续，原则上危险废物不得入炉焚烧。检查垃圾热值是否符合环评设计，垃圾堆酵时间是否在3～7 d。在垃圾吊操作平台，调取投料数据，查看投料数据与视频记录是否吻合。计算垃圾入炉量，与设计负荷比对，检查是否存在入炉垃圾量过低（低于70%）或过高（高于130%）的情况。对于流化床焚烧炉，可检查垃圾预处理工艺和预处理后的垃圾尺寸。流化床焚烧炉的入炉垃圾物理尺寸与设计值不一致，可能因入炉垃圾物理尺寸过大而影响焚烧工况稳定。

3）第二步：进中控，检查现场和历史数据（90 min）

（1）查验炉温自动监测的偏差，30 min。

使用数字式多用表、信号发生器等工具进行查验（具体方法见本书第2部分第8.1节）。根据《关于加强生活垃圾焚烧发电厂自动监控和监管执法工作的通知》（环办执法〔2019〕64号），生活垃圾焚烧发电厂焚烧炉炉膛内热电偶测量温度信号传输、检测、显示的过程中，只应补偿热电偶参比端的环境温度，不应随意设置补偿温度。焚烧厂应加强对热电偶延长导线、中控室热电偶信号检测模块的精度控制，热电偶延长导线的信号传输偏差不应超出±5.0℃，中控室热电偶信号检测偏差不应超出±5.0℃，热电偶参比端环境温度检测偏差不应超出±3.0℃，使用精度±1.0℃的数字式多用表对炉膛内热电偶温度进行查验时的现场测量值与中控系统显示上传值之间的偏差不应超出±14.0℃。

（2）检查自动监测数据标记的真实性，30 min。

检查焚烧厂近几个月的"两票"和值长日志以及自动监控系统"企业端"。核对企业端标记与企业台账，6个要点包括"1提前""2短""3台账"，即"烘炉"期间是否提前投入了垃圾？"启炉"标记时间、"停炉"标记时间是否过短？各类焚烧炉"工况异常"标记、"热电偶故障"标记、"CEMS维护"标记是否有台账？

（3）工况记录与超标原因分析，30 min。

①调取中控室内在线监测历史数据，查阅手写台账记录，查看炉温和污

染物的达标情况。根据《生活垃圾焚烧污染控制标准》（GB 18485—2014）
的规定，炉膛内二次空气喷入点所在断面、炉膛中部断面和炉膛上部断面至
少选择2个断面分别布设炉温测点，炉膛内焚烧温度应长期稳定在850℃以
上。颗粒物、CO、SO_2、HCl、NO_x等污染物的排放浓度应稳定低于
GB 18485—2014所规定的限值。因焚烧炉启动、停炉、发生故障或事故而造
成超标排放的，应向相关管理部门报备并留有记录；根据GB 18485—2014的
规定，焚烧炉启动后应在4 h内达到稳定工况，每次故障或者事故持续排放污
染物时间不应超过4 h，每年启动、停炉过程排放污染物的持续时间以及发生
故障或事故排放污染物的持续时间累积不应超过60 h。

②关注含氧量数据，烟气含氧量一般介于6%～9%之间，且炉膛和烟道
尾部的含氧量偏差不宜过大，二者含氧量偏差超过5%的，说明烟气净化系统
漏风现象较为严重。

4）第三步：进车间，检查烟气净化设施是否正常（20 min）

检查车间内是否已安装脱酸塔、脱硝装置、活性炭喷射装置、袋式除尘
器等削减常规污染物的烟气净化设施，确认设施是否正常运行、药剂投加是
否准确计量。现场检查重点是查看活性炭喷射装置是否正常运行，活性炭仓
是否有充足的活性炭，喷射装置送料是否连续均匀、是否存在黏滞和堵塞现
象。大气污染防治设施未能正常运行的，违反《中华人民共和国大气污染防
治法》第二十条第二款"禁止通过偷排、篡改或伪造监测数据、以逃避现场
检查为目的的临时停产、非紧急情况下开启应急排放通道、不正常运行大气
污染防治设施等逃避监管的方式排放大气污染物"的规定，并依照该法第九
十九条规定，由县级以上人民政府生态环境主管部门责令改正或限制生产、
停产整治，并处十万元以上一百万元以下罚款。

5）第四步：环厂区，检查飞灰、污水处理是否合规（20 min）

（1）飞灰处理。一是审核监测数据和运行记录，检查焚烧炉渣和飞灰的
产量是否在合理范围内。机械炉排炉飞灰产量一般为2%～3%，流化床焚烧
炉一般为10%左右。二是核查焚烧飞灰处理是否按规定填写危险废物转移联
单。三是现场检查炉渣和飞灰处理是否合规。焚烧飞灰与炉渣应分开收集与
处理，飞灰应有称重计量和预处理措施，在收集、运输过程中密封。

（2）污水处理。一是核查污水产量是否在合理范围内，渗滤液产量一般为进场垃圾的10%～15%，反渗透膜的浓液产率约30%。二是现场检查污水处理设施运行情况，查阅污水处理设施的监测数据和运行、保养记录。污水处理应做到各环节计量措施可靠，药剂采购和投加有据可查，关键设备保养良好，膜管清洗和更换记录完善。深度处理产生的浓液回喷到炉内焚烧的，应不影响焚烧工况的稳定；外运处理的，应有完善的外运记录。

6）第五步：到站房，检查自动监测是否真实准确（20 min）

（1）通标气。随机选定一台CEMS，要求企业通一次标气，选定SO_2、NO_x、CO中的任一个有疑点的指标，观察200 s内仪器示值能否达到标气浓度的90%。

（2）查台账。检查监测站房内是否配备高、中、低3种浓度的有证标准气体，且在有效期内。标准气体应当包括零气和CEMS测量的各种气体（SO_2、NO_x、O_2）的量程标气。翻阅仪器校准台账，核查是否有按照规范定期校准。根据《固定污染源烟气（SO_2、NO_x、颗粒物）排放连续监测技术规范》（HJ 75—2017）中的规定，具有自动校准功能的颗粒物CEMS和气态污染物CEMS每24 h至少自动校准一次仪器零点和量程，同时测试并记录零点漂移和量程漂移；无自动校准功能的颗粒物CEMS每15 d至少校准一次仪器的零点和量程，同时测试并记录零点漂移和量程漂移。比对自动监测结果与参比方法结果误差是否在HJ 75—2017允许的范围内。查阅分析仪、数采仪和工控机同一时刻的数据是否一致，确认数采仪是否违规与计算机相串联。篡改、伪造自动监测数据或者干扰自动监测设施的行为，根据《中华人民共和国大气污染防治法》及相关规定，以破坏计算机信息系统罪论处。

7）结束动作：核文件数据，汇总检查结果（45 min）

具体可参考本书第3部分第1.3节至第2.3节。

参考文献

[1] ISWA. Waste-to-energy state-of-the-art-report statistics[M]. 6th ed. Rotterdam：International Solid Waste Association，2013.

[2] MICHAELS T. The 2014 ERC directory of waste-to-energy facilities[R]. Arlington：Energy Recovery Council，U.S.，2014.

[3] JAPAN MOE. The present situation of solid waste incineration facilities in the year 2013[R]. Tokyo：Ministry of the Environment of Japan，2015.

[4] KINC. Operating status of municipal solid waste recovery facilities in the year 2013[R]. Seoul：South Korean Association of Solid Waste Treatment Facilities，2014.

[5] LU J W，ZHANG S，HAI J，et al. Status and perspectives of municipal solid waste incineration in China：a comparison with developed regions[J]. Waste Management，2017，69：170-186.

[6] 徐海云. 全球生活垃圾焚烧处理发展分析[J]. 城市管理与科技，2014，16（6）：21-24.

[7] 谢冰，史力争，洪澄泱，等. 国内外生活垃圾焚烧烟气排放与监管标准比较分析[J]. 环境工程学报，2023，17（10）：3434-3443.

[8] BRINKMANN T，BOTH R，SCALET B M，et al. JRC reference report on monitoring of emissions to air and water from IED installations[R]. Brussels：European Commission's Joint Research Centre，2018.

[9] GEERTINGER A，BLINKSBJERG P，SPOELSTRA H，et al. Quality assurance of automated measuring systems-background for a new european standard：conference on emission monitoring—CEM 2001[C]. Arnhem，Netherlands，2001.

[10] CEWEP. Landfill taxes & bans[R]. Düsseldorf：Confederation of European Waste-to-Energy Plants，2014.

[11] UK DEFRA. Incineration of municipal solid waste[R]. London：The Department for Environment，Food & Rural Affairs of U.K.，2013.

[12] KLEAN INDUSTRIES. Tipping fees vary across the U.S.[R]. 2012.

[13] PSOMOPOULOS C，BOURKA A，THEMELIS N J. Waste-to-energy：a review of the status and benefits in USA[J]. Waste Management，2009，29（5）：1718-1724.

[14] 日本環境省. 廃棄物処理施設の発注仕様書作成の手引き（標準発注仕様書及びその解説）エネルギー回収推進施設編：ごみ焼却施設[M]. 2版. 2013.

[15] 千葉県環境生活部大気保全課. 事業者のための大気汚染防止法のてびき（平成28年4月版）[R]. 2016.

[16] WONG N W. Advocacy coalitions and policy change in China：a case study of anti-incinerator protest in Guangzhou[J]. Voluntas：International Journal of Voluntary and Nonprofit Organizations，2015：1-18.

[17] JOHNSON T. The politics of waste incineration in Beijing：the limits of a top-down approach？[J]. Journal of Environmental Policy & Planning，2013，15（1）：109-128.

[18] JOHNSON T. The health factor in anti-waste incinerator campaigns in Beijing and Guangzhou[J]. The China Quarterly，2013，214：356-375.

[19] LICATA A，HARTENSTEIN H U，TERRACCIANO L. Comparison of US EPA and European emission standards for combustion and incineration technologies：proceedings of the 5th annual North American waste-to-energy conference and exhibition[C]. Research Triangle Park，U.S.，1997.

[20] 生态环境部生态环境执法局，生态环境部华南环境科学研究所. 生活垃圾焚烧发电厂自动监测数据管理新政解读[M]. 北京：中国环境出版集团，2020.

[21] 于天昊. 垃圾焚烧发电行业如何做到"华丽转身"？[N]. 中国环境报，2021-03-15（1）.

[22] 陈郁. 我国垃圾焚烧发电行业专项整治取得显著成效，自动监测数据立功[N]. 经济日报，2021-01-04.

[23] 王玮，郭建兵. 垃圾焚烧发电行业专项整治行动成效系列报道（5）垃圾焚烧发电——可供世界借鉴的中国方案[J]. 环境经济，2023（1）：52-55.

[24] EU TWG. Integrated pollution prevention and control reference document on the best

available techniques for waste incineration[R]. Seville：European Commission Technical Working Group on Waste Incineration，2006.

[25] 雷鸣，谢冰，海景，等. 小型简易生活垃圾焚烧炉二噁英类排放特征及呼吸暴露风险评估[J]. 环境污染与防治，2019，41（12）：1471-1476.

[26] 雷鸣，谢冰，海景，等. 生活垃圾焚烧炉湿法洗涤后烟气二噁英的排放特征[J]. 环境工程，2019，37（7）：153-158.

[27] 雷鸣，海景，程江，等. 小型生活垃圾热处理炉二噁英和重金属的排放特征[J]. 中国环境科学，2017，37（10）：3836-3844.

[28] XIE Y，LU J W，XIE B，et al. Systematic evaluation of decentralized thermal treatment of rural solid waste：status，challenges，and perspectives[J]. Resources，Conservation & Recycling Advances，2022，15：200116.

[29] LEI M，HAI J，CHENG J，et al. Variation of toxic pollutants emission during a feeding cycle from an updraft fixed bed gasifier for disposing rural solid waste[J]. Chinese Journal of Chemical Engineering，2018，26：608-613.

[30] 雷鸣，海景，卢加伟，等. 上吸式固定床气化炉处理生活垃圾时二噁英的形成与迁移[J]. 华南理工大学学报（自然科学版），2017，45（11）：139-146.

[31] 吴宏杰. 生活垃圾分类与垃圾焚烧关系研究[J]. 城市管理与科技，2014，16（4）：36-38.

[32] 栗润喆，孙琦. 城市生活垃圾焚烧炉型简介[J]. 锅炉制造，2018（5）：33-34.

[33] 廖利，冯华，王松林. 固体废物处理与处置[M]. 武汉：华中科技大学出版社，2010.

[34] 李俊欣. 垃圾焚烧自动控制系统应用研究[D]. 广州：华南理工大学，2015.

[35] 宋阳，曹福毅，张德天，等. 某垃圾焚烧发电厂给料系统及其附属设备简析[J]. 沈阳工程学院学报（自然科学版），2020，16（2）：16-20.

[36] 龙吉生，刘志伟. 红外热成像管理系统在垃圾焚烧炉自动燃烧控制中的应用[J]. 环境卫生工程，2022，30（2）：1-8.

[37] 张燕星，易刚，李钢，等. 垃圾焚烧炉自动燃烧控制系统控制策略设计与应用[J]. 热能动力工程，2022，37（9）：188-196.

[38] NEUWAHL F，CUSANO G，BENAVIDES J G，et al. Best available techniques （BAT）reference document for waste incineration[R]. Seville：JRC Science Hub，2019.

[39] 卢加伟，郭欣，海景. 生活垃圾焚烧发电厂如何增强降碳效益？[J]. 中国环境监察，2022（9）：43.

[40] 曾纪进，陈国艳，段翠九. 余热锅炉布置方式对垃圾焚烧发电厂性能的影响[J]. 广东电力，2014，27（1）：1-4，12.

[41] 刘东. 垃圾焚烧电厂汽轮机真空严密性优化[J]. 电力系统装备，2021（11）：112-113.

[42] 张全胜. 垃圾焚烧发电厂冷却塔选型探讨[J]. 科技创新与应用，2017（10）：149.

[43] 郭海涛. 余热锅炉排污水回收利用的研究[J]. 科技风，2017（11）：141.

[44] 安伯胜. 锅炉排烟温度与锅炉效率的关系[J]. 科学与财富，2018（4）：64.

[45] 高通. 生活垃圾焚烧飞灰中炭和二噁英分布规律及浮选分离方法研究[D]. 徐州：中国矿业大学，2021.

[46] LU J W，ZHANG S，HAI J，et al. Status and perspectives of municipal solid waste incineration in China：a comparison with developed regions[J]. Waste Management，2017，69（C）：170-186.

[47] 沈华鑫，程江，谢颖诗，等. 垃圾分类背景下厨余垃圾剔除比例对生活垃圾焚烧发电厂NO_x排放的影响[J]. 环境工程学报，2021，15（12）：3957-3966.

[48] CHEN H，WANG Y，XU G，et al. Fuel-N evolution during the pyrolysis of industrial biomass wastes with high nitrogen content[J]. Energies，2012，5（12）：5418-5438.

[49] YAMAMOTO T，KUWAHARA T，NAKASO K，et al. Kinetic study of fuel NO formation from pyrrole type nitrogen[J]. Fuel，2012，93：213-220.

[50] HANSSONA K M，MANDA L E A，HABERMANNB A，et al. Pyrolysis of poly-L-leucine under combustion-like conditions[J]. Fuel，2003，82：653-660.

[51] LU G，LIU H，ZHANG Q，et al. Nitrogen conversion during the homogeneous and heterogeneous stages of sludge steam gasification：synergistic effects of Fenton's reagent and CaO conditioner[J]. Fuel，2019，241：1109-1116.

[52] HANSSON K M，SAMUELSSON J，TULLIN C，et al. Formation of HNCO，HCN，and NH_3 from the pyrolysis of bark and nitrogen-containing model compounds[J]. Combustion and Flame，2004，137（3）：265-277.

[53] ZHAN H，ZHUANG X，SONG Y，et al. Formation and regulatory mechanisms of N-containing gaseous pollutants during stage-pyrolysis of agricultural biowastes[J]. Journal

of Cleaner Production，2019，236.

[54] JENSEN A，JOHNSSON J E，ANDRIES J，et al. Formation and reduction of NO$_x$ in pressurized fluidized bed combustion of coal[J]. Fuel，1995，74（11）：1555-1569.

[55] DESROCHES-DUCARNE E，DOLIGNIER J C，MARTY E，et al. Modelling of gaseous pollutants emissions in circulating fluidized bed combustion of municipal refuse[J]. Fuel，1998，77（13）：1399-1410.

[56] DU H L，ZHANG M，ZHANG Y，et al. Characteristics of NO reduction by char layer in fixed-bed coal combustion[J]. Energy Sources，Part A：Recovery，Utilization，and Environmental Effects，2017，39（10）：963-970.

[57] LI H，HAN J，ZHANG N，et al. Effects of high-temperature char layer and pyrolysis gas on NO$_x$ reduction in a typical decoupling combustion coal-fired stove[J]. Journal of Thermal Science，2019，28（1）：40-50.

[58] LIU H，MA X，LI L，et al. The catalytic pyrolysis of food waste by microwave heating[J]. Bioresour Technol，2014，166：45-50.

[59] HANSSON K M，SAMUELSSON J，ÅMAND L E，et al. The temperature's influence on the selectivity between HNCO and HCN from pyrolysis of 2,5-diketopiperazine and 2-pyridone[J]. Fuel，2003，82（18）：2163-2172.

[60] LEICHTNAM J N. The behaviour of fuel-nitrogen during fast pyrolysis of polyamide at high temperature[J]. Journal of Analytical and Applied Pyrolysis，2000.

[61] OGINO Y，MIYAGAWA S，IGUCHI T. Subchapter 129G-2,3,7,8-tetrachlorodibenzo-p-dioxin/polychlorinated biphenyls[M]//ANDO H，UKENA K，NAGATA S. Handbook of hormones. 2nd eds. San Diego：Academic Press，2021：1011-1013.

[62] 卢加伟. "二噁英"的字形与读音辨析[J]. 环境工程学报，2023，17（10）：3454-3456.

[63] 何涓. 1932年以来杂环化合物的中文命名[J]. 化学通报，2019，82（4）：373-378.

[64] DE S K. Nomenclature and application of heterocyclic compounds[M]//DE S K. Applied organic chemistry：reaction mechanisms and experimental procedures in medicinal chemistry. WILEY-VCH GmbH，2021：449-467.

[65] DEVITO M，BOKKERS B，VAN DUURSEN M B M，et al. The 2022 world health

organization reevaluation of human and mammalian toxic equivalency factors for polychlorinated dioxins, dibenzofurans and biphenyls[J]. Regulatory Toxicology and Pharmacology, 2024, 146: 105525.

[66] STANMORE B R. The formation of dioxins in combustion systems[J]. Combustion and Flame, 2004, 136 (3): 398-427.

[67] WEBER R, HAGENMAIER H. PCDD/PCDF formation in fluidized bed incineration[J]. Chemosphere, 1999, 38 (11): 2643-2654.

[68] SIDHU S, KASTI N, EDWARDS P, et al. Hazardous air pollutants formation from reactions of raw meal organics in cement kilns[J]. Chemosphere, 2001, 42 (5-7): 499-506.

[69] ALTARAWNEH M, DLUGOGORSKI B Z, KENNEDY E M, et al. Mechanisms for formation, chlorination, dechlorination and destruction of polychlorinated dibenzo-p-dioxins and dibenzofurans (PCDD/Fs) [J]. Progress in Energy and Combustion Science, 2009, 35 (3): 245-274.

[70] BABUSHOK V I, TSANG W. Gas-phase mechanism for dioxin formation[J]. Chemosphere, 2003, 51 (10): 1023-1029.

[71] 陈彤. 城市生活垃圾焚烧过程中二噁英的形成机理及控制技术研究[D]. 杭州: 浙江大学, 2006.

[72] 陆胜勇. 垃圾和煤燃烧过程中二噁英的生成、排放和控制机理研究[D]. 杭州: 浙江大学, 2004.

[73] TUPPURAINEN K, HALONEN I, RUOKOJARVI P, et al. Formation of PCDDs and PCDFs in municipal waste incineration and its inhibition mechanisms: a review[J]. Chemosphere, 1998, 36 (7): 1493-1511.

[74] GULLETT B K, BRUCE K R, BEACH L O, et al. Mechanistic steps in the production of PCDD and PCDF during waste combustion[J]. Chemosphere, 1992, 25 (7-10): 1387-1392.

[75] HELL K, STIEGLITZ L, DINJUS E. Mechanistic aspects of the de-novo synthesis of PCDD/PCDF on model mixtures and MSWI fly ashes using amorphous ^{12}C-and ^{13}C-labeled carbon[J]. Environmental Science & Technology, 2001, 35 (19): 3892-3898.

[76] 朱柏杨. 生活垃圾焚烧飞灰重金属含量特征的影响因素研究[D]. 广州：华南理工大学，2022.

[77] 岳松岩. 焚烧飞灰重金属在低温烟气净化流程中的赋存特征变化规律[D]. 广州：华南理工大学，2023.

[78] 邱琪丽. 垃圾焚烧飞灰的微波水热法无害化处置及产物吸附性能研究[D]. 杭州：浙江大学，2019.

[79] 张刚. 城市固体废物焚烧过程二噁英与重金属排放特征及控制技术研究[D]. 广州：华南理工大学，2013.

[80] REN M，ZHANG H，FAN Y，et al. Suppressing the formation of chlorinated aromatics by inhibitor sodium thiocyanate in solid waste incineration process[J]. Science of the Total Environment，2021，798：149154.

[81] LIN X，YAN M，DAI A，et al. Simultaneous suppression of PCDD/F and NO$_x$ during municipal solid waste incineration[J]. Chemosphere，2015，126：60-66.

[82] MA H T，DU N，LIN X Y，et al. Inhibition of element sulfur and calcium oxide on the formation of PCDD/Fs during co-combustion experiment of municipal solid waste[J]. Science of the Total Environment，2018，633：1263-1271.

[83] GULLETT B K，BRUCE K R，BEACH L O，et al. Mechanistic steps in the production of PCDD and PCDF during waste combustion[J]. Chemosphere，1992，25（7-10）：1387-1392.

[84] BUEKENS A，HUANG H. Comparative evaluation of techniques for controlling the formation and emission of chlorinated dioxins/furans in municipal waste incineration[J]. Journal of Hazardous Materials，1998，62（1）：1-33.

[85] 李永华，胡小翠，郭建，等. 垃圾电厂二噁英的生成与控制技术[J]. 锅炉技术，2011，42（1）：70-77.

[86] 王伟. 垃圾焚烧中抑制二噁英二次生成的方法探讨[J]. 电力科技与环保，2011，27（1）：23-24.

[87] 诸冠华，蔡银科. 垃圾焚烧中二噁英的减排措施——应对欧盟标准[J]. 城乡与环境，2011，1：78-79.

[88] HUNG P C，LO W C，CHI K H，et al. Reduction of dioxin emission by a multi-layer

reactor with bead-shaped activated carbon in simulated gas stream and real flue gas of a sinter plant[J]. Chemosphere，2011，82（1）：72-77.

[89]　LV Z Y，YU Y，REN M，et al. Spraying polyacrylamide solution to improve the removal of particle-phase dioxins by bag filter in a full-scale municipal solid waste incineration system[J]. Chemosphere，2021，285：131392.

[90]　耿静，吕永龙，贺桂珍，等. 垃圾焚烧发电厂二噁英控制方案的技术经济分析[J]. 环境污染与防治，2012，34（1）：75-80.

[91]　HUANG Y，LU J W，XIE Y，et al. Process tracing of PCDD/Fs from economizer to APCDs during solid waste incineration：reformation and transformation mechanisms[J]. Waste Management，2021，120：839-847.

[92]　YANG C C，CHANG S H，HONG B Z，et al. Innovative PCDD/F-containing gas stream generating system applied in catalytic decomposition of gaseous dioxins over V_2O_5-WO_3/TiO_2-based catalysts[J]. Chemosphere，2008，73（6）：890-895.

[93]　WEBER R，SAKURAI T，HAGENMAIER H. Low temperature decomposition of PCDD/PCDF，chlorobenzenes and PAHs by TiO_2-based V_2O_5-WO_3 catalysts[J]. Applied Catalysis B：Environmental，1999，20（4）：249-256.

[94]　CHANG F Y，CHEN J C，WEY M Y，et al. Effects of particulates，heavy metals and acid gas on the removals of NO and PAHs by V_2O_5-WO_3 catalysts in waste incineration system[J]. Journal of Hazardous Materials，2009，170（1）：239-246.

[95]　KIM S C，JEON S H，JUNG I R，et al. Removal efficiencies of PCDDs/PCDFs by air pollution control devices in municipal solid waste incinerators[J]. Chemosphere，2001，43（4）：773-776.

[96]　方芳，刘国强，郭劲松，等. 三峡库区垃圾填埋场和焚烧厂渗滤液水质特征[J]. 重庆大学学报，2008（1）：77-82.

[97]　LU J W，XIE Y，XU B，et al. From NIMBY to BIMBY：an evaluation of aesthetic appearance and social sustainability of MSW incineration plants in China[J]. Waste Management，2019，95：325-333.